WIZARD

Rとトレード

確率と統計のガイドブック

Quantitative Trading with R
Understanding Mathematical and Computational Tools
from a Quant's Perspective

by Harry Georgakopoulos

ハリー・ゲオルガコプロス[著]
長尾慎太郎[監修]　山下恵美子[訳]

Pan Rolling

Quantitative Trading with R
: Understanding Mathematical and Computational Tools from a Quant's Perspective
by Harry Georgakopoulos

Copyright © Folk Creations, Inc., 2015.
All rights reserved.

Japanese translation rights arranged with Palgrave Macmillan,
a division of Macmillan Publishers Limited through Japan UNI Agency, Inc., Tokyo

監修者まえがき

　本書は、クオンツであり米国の大学の数量ファイナンスの非常勤講師でもあるハリー・ゲオルガコプロスが著した"Quantitative Trading with R：Understanding Mathematical and Computational Tools from a Quant's Perspective"の邦訳である。ここで取り上げられているR言語（以下"R"）は、オープンソース型のプログラミング言語で、だれでも無償で利用できること、有志の開発者が多く豊富なライブラリーがそろっていること、そして統計解析に向いていることが特徴である。このため金融機関のクオンツや金融工学系の学生にとって、RはVisual Basic系の言語に次いで利用頻度が高い言語になっている。実際、統計解析におけるRの機能は、GUI（graphical user interface）が弱い点を除けば、SASやSPSSといった有償の統計パッケージと比べても一般的な使用においてはほとんど遜色がない。このような統計ツールは、Excelに代表される汎用ビジネスツールやMetaTraderのようなトレードツールしか使ったことがない投資家やトレーダーにとっては異次元への扉であって、手にした人は初めて西洋文明に触れた明治初期の日本人のような驚きを感じることになる。本書はトレードシステムの開発を志向したRの入門書として初めてのものになるが、この方面で読者が抱えるかなりの問題はこれで解決されると思われる。

　だが、Rは極めて便利なツールである一方で両刃の剣でもあり、あくまで正しい使い方を知ることでのみ本来の威力を発揮する。現在、巷に見られるほとんどのトレードシステムは、実証主義由来のシステム科学のパラダイムで動いている。理論的には、対象とする系をハードシステムとして理解できればシステマティックな扱いが簡単になるが、マーケットのように複雑でかつ多元的な世界をすべて構造化し、

未来を予測することはそもそも不可能である。その意味では、既存の多くのトレードシステムはかなりの無理をしていることになる。そうした矛盾を避けるために、一般的には次善の策として確率モデルが導入されることになる。これはＲに代表される統計ツールの得意な分野である。そしてそれと同時に、マーケットにおいて確率モデルがシステム科学の観点からどの階層まで有効であるのか、その境界を見極めることが非常に重要になる。逆に、もしそれができなければ、統計解析を精緻に行えば行うほど、実際の結果は悲惨なものになり、結果として使い手はひどく傷つくことになるだろう。

　つまり、優れた道具であるＲを生かすも生かさないのも、すべてはシステム一般に関するメタな知識や視点による判断の巧拙次第なのである。ここで、初心者の方のために、この分野の学習に適した書籍を以下に２冊挙げておく（システム科学が体系的に学べるのなら、これら以外の本でも構わない）。本書と併せてお読みいただければ参考になると思う。

①ピーター・チェックランド著『新しいシステムアプローチ──システム思考とシステム実践』（オーム社。1985年）
②ハーバート・サイモン著『システムの科学』（パーソナルメディア。1987年）

　最後に、翻訳にあたっては以下の方々に心から感謝の意を表したい。山下恵美子氏は正確かつ迅速な翻訳を行っていただいた。そして阿部達郎氏にはいつもながら丁寧な編集・校正を行っていただいた。また、本書が発行される機会を得たのは、パンローリング社の後藤康徳社長のおかげである。

2015年11月

長尾慎太郎

ピネロピ、マリア、アナスタシアへ

監修者まえがき　　　　　　　　　　　　　　　　　　　1
謝辞　　　　　　　　　　　　　　　　　　　　　　　11

第1章　概説　　　　　　　　　　　　　　　　　　　13

ミッションステートメント　……… 14
金融市場と金融商品　……… 17
トレード戦略　……… 20
高頻度トレーディング　……… 21
オーダーブック（板情報）について　……… 22
トレードの自動化　……… 24
データはどこから入手すればよいか　……… 26
まとめ　……… 28

第2章　トレードのためのツール　　　　　　　　　29

R言語　……… 29
Rを始めよう　……… 34
ベクトル——c()オブジェクト　……… 39
行列——matrix()オブジェクト　……… 42
データフレーム——data.frame()オブジェクト　……… 45
リスト——list()オブジェクト　……… 48
環境——new.env()オブジェクト　……… 50
plot()関数の使い方　……… 52
関数型プログラミング　……… 58
Rで関数を書いてみよう　……… 60
分岐とループ　……… 64
推奨スタイルガイド　……… 66
6つの株式の各ペア間の相関　……… 68
まとめ　……… 74

第3章　データの取り扱い　　　　　　　　　77

Rにデータを読み込む　………　77
Rのパッケージのインストール　………　81
データの保存と伝送　………　83
スプレッドシートからデータを取り出す　………　86
データベースへのアクセス　………　89
dplyrパッケージ　………　93
xtsパッケージの使い方　………　98
quantmodパッケージの使い方　………　109
quantmodによるグラフの作成　………　110
ggplot2によるグラフの作成　………　113
まとめ　………　117

第4章　確率と統計──基礎編　　　　　　119

統計値とは何か　………　119
母集団と標本　………　120
Rにおける中心極限定理　………　124
不偏性と効率性　………　126
確率の基礎　………　135
確率変数　………　136
確率　………　138
確率分布　………　139
ベイズ法と頻度論的アプローチ　………　141
コインのシミュレーション　………　142
RStanの使用について　………　145
まとめ　………　146

第5章　確率と統計——中級編　　147

確率過程 ……… 147
株価の分布 ……… 149
定常性 ……… 152
urcaによる定常性検定 ……… 157
正規分布を仮定する ……… 159
相関 ……… 165
データのフィルタリング ……… 167
Rの公式 ……… 169
線形回帰の「線形」 ……… 176
ボラティリティ ……… 179
まとめ ……… 183

第6章　スプレッド、ベータ、リスク　　185

株式スプレッドの定義 ……… 185
最小二乗法と総最小二乗法 ……… 189
スプレッドの構築 ……… 192
シグナルの生成とその検証 ……… 196
スプレッドトレード ……… 203
リスクを考える ……… 210
損益曲線について ……… 212
戦略の特徴 ……… 219
まとめ ……… 221

第7章　Quantstratによるバックテスト　　223

バックテストの方法 ……… 224
blotterとPerformanceAnalyticsについて ……… 226

初期設定　………　227
　　戦略１──簡単なトレンドフォロー　………　230
　　戦略１のバックテスト　………　234
　　パフォーマンスの評価　………　240
　　戦略２──累積コナーズRSI　………　246
　　平均回帰戦略の評価　………　252
　　まとめ　………　260

第8章　高頻度データ　　　　　　　　　　　　263

　　高頻度データの建値　………　265
　　建値の到着時間　………　271
　　流動性のある時間帯を見つける　………　273
　　ミクロ価格　………　276
　　分布と自己相関　………　278
　　highfrequencyパッケージ　………　290
　　まとめ　………　291

第9章　オプション　　　　　　　　　　　　　293

　　オプションの理論的価値　………　293
　　オプションの歴史　………　294
　　オプションの評価　………　295
　　オプションのトレードデータ　………　301
　　インプライドボラティリティ　………　305
　　まとめ　………　313

第10章　最適化　315

放物線　……… 315
ニュートン法　……… 317
総当たり法　……… 323
Rの最適化ルーティン　……… 325
カーブフィッティングの練習問題　……… 326
ポートフォリオの最適化　……… 334
まとめ　……… 341

第11章　スピード、検証、レポートの作成　343

実行時間の向上　……… 344
Rコードの評価　……… 345
Rcppによる高速化　……… 346
RInsideを使ってC++からRを呼び出す　……… 351
testthatによる単体テスト　……… 352
knitrを使ってレポートを作成する　……… 355
まとめ　……… 361

参考資料　363

※編集部注　全角の［　］は参考資料の番号を示す。

謝辞

「巨人の肩の上に乗る」という諺は聞いたことがあると思うが、本書はまさにそういった巨人たちのおかげによるものだ。巨人たちが何年にもわたってインスピレーションを与えてくれ、導いてくれたおかげだ。本書はジェフ・リャン、ダーク・エッデルブエッテル、イリア・キプニス、ハドリー・ウィッカム、ジョシュア・ウルリッチ、ロマン・フランソワ、ガイ・ヨーリン、バーナード・プファッフ、エリック・ジボット、ポール・ティーター、イーフイ・シェー、ピーター・カール、ジャン・ヒューム、ブライアン・G・ピーターソン、トーマス・ハッチンソン、スティーブン・トッド、ディミトリオス・リアカコス、エド・ザレックほか多数の貢献がなければ日の目を見ることはなかった。

まず最初に、quantstratパッケージを使ってトレード戦略のバックテストを行ってくれたイリア・キプニスに感謝したい。イリアの洞察力あふれるブログには以下のウェブサイトからアクセス可能だ（http://quantstrattrader.wordpress.com/）。彼はまたR言語の有能な開発者でもある。彼のプロジェクトはGitHubのウェブサイト（https://github.com/IlyaKipnis）で見ることができる。

また、本書で使用した日中ヒストリカルデータを快く提供してくれたティック・データ社に感謝したい。ティック・データ社は実践家や学術研究者に研究開発レベルのヒストリカルマーケットデータ・ソリューションを提供している会社だ（ウェブサイトは、https://www.tickdata.com/）。本書の読者は、割引コード（13FC20）を使えば同社のオンラインストアからすべてのデータを20%引きで購入することができる。

ダーク・エッデルブエッテル（Rcpp、RProtoBuf、RQuantLibの使

い手として有名）は本書の初期段階で助言や洞察を与えてくれた。Ｒコミュニティーのなかでも特に多大な貢献をしてくれた彼に感謝したい。

　ロヨラ大学シカゴのFINC621（金融数学とモデリングⅡ）の学院生にも感謝したい。彼らは本書の内容に関して多くのインスピレーションを与えてくれた。

　最後になったが、Ｒ言語の向上・維持に貢献しているＲコアチームと多数のサードパーティーに感謝したい。Ｒ言語の向上・維持は今や私の日常業務のなかで不可欠なものになっている。

第1章 概説

An Overview

　私が本書を書いた第一の目的は、実践でも学術研究でも利用できる基本的なプログラミング、金融、および数学のツールを読者に提供することにある。本書では、クオンツやトレーダーたちが日常的に遭遇する問題を金融市場データを扱うことで解決するための手段としてのR言語およびR環境について説明する。このあとの各章は、私が個人的に有用であると感じ、クオンツトレーダーおよび開発者としてこの数年、私にとって役に立ったツールのチュートリアルと考えてもらいたい。私は本書を学術研究者の視点ではなく、クオンツ実践者の視点で書いている。本書の大部分は、私がシカゴのロヨラ大学で非常勤講師として教えている数量ファイナンスの大学院生レベルのクラスのレクチャーノートに基づいている。

　本書は入門書なので、プログラミングの経験や高度な数学の知識は必要ではない。とはいえ、数学やプログラミングの基礎的な知識があればスムーズに読み進めることができる章もある。数学関係では、微積分の基礎、線形代数、確率統計（基礎的な数学のスキルをブラッシュアップするための学習サイトで最もお勧めなのはカーン・アカデミー［Khan Academy］だ。特にお勧めなのが次のコースだ。線形代数［https://www.khanacademy.org/math/linear-albegra］、微分［https://www.khanacademy.org/math/differential-calculus］、積

分〔https://www.khanacademy.org/math/integral-calculus〕、確率統計〔https://www.khanacademy.org/math/probability〕）を復習しておくことをお勧めする。また、プログラミング関係では、VBA、パイソン（Python）、SQLの知識があればなおよい（パイソンはさまざまなデータ処理と分析を得意とする人気のスクリプト言語だ。学術界からも産業界からも大きな支持を得ている。基本情報については以下のサイトを参照してもらいたい。https://wiki.python.org/moin/BeginnersGuide/NonProgrammers、http://www.youtube.com/show/python101。YouTubeのWiseOwlTutorialsはエクセルVBAおよびSQLの入門ビデオシリーズを提供している。エクセルVBAとSQLは金融の世界では幅広く使われているため、学習しておくと役に立つこと請け合いだ。YouTubeのプレイリストは以下のウェブサイトからアクセス可能だ〔http://www.youtube.com/user/WiseOwlTutorials/playlists〕）。

　本書は初心者だけでなく、金融データの分析方法やワークフローを自動化するためにR言語の書き方を学びたい実践家やベテラントレーダーにとっても役立つはずだ。

　トレードもプログラミングもそれ自体大きなテーマなので、本書で完全な説明をしようとは思っていない。本書を読んでもプロのプログラマーになれるわけではなく、私のアドバイスに従っても市場で巨額の富を手に入れることはできないだろう。本書はトレード戦略や関連するクオンツ関連のテーマを分析、実装、提示する手助けになるツールとアイデアを提供するものだ。**図1.1**はこのあとの章で扱うテーマを示したものだ。

ミッションステートメント

　本書で取り上げる概念は若干ファジー——トレード戦略の作成

図1.1　本書で扱うテーマ

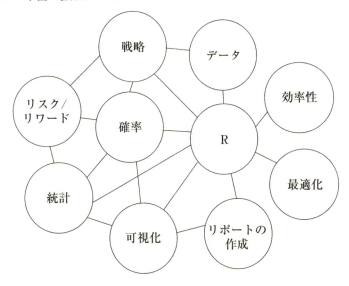

　――だが、必然的な質問に対しては妥当な回答を示していきたいと思う。質問としては次のようなものが考えられるだろう――トレードアイデアを自動化するにはどうすればよいのか、どのプログラミング言語を使えばよいのか、そしてその理由は？　戦略を評価するにはどんな数学ツール、ファイナンスツール、プログラミングツールが必要か、トレード戦略を検証するためのデータはどこで入手すればよいのか、戦略の善し悪しはどのように判断すればよいのか、得られた結果は他者に対してどのように提示すればよいのか。

　プログラミング本の大部分は参考書として使われることが多い。興味のある項目を見つけたら、そこに書いてあるページを開く。しかし、本書を最大限に活用するためには、この方法には従わないでもらいたい。最初からすべての章を書かれた順序どおりに読み進めていってもらいたい。これにはちゃんとした理由がある。読者に数量ファイナンスの考え方に触れてもらいたいのと、数量ファイナンスを考えていく

うえで自然に発生する現実世界における問題に立ち向かう自信をつけてもらいたいのだ。本書を最初から章に沿って読み進めることで、こうしたことを達成しながら、Rを使って望むタスクを自動化できるようになるはずだ。

自分がどこに向かおうとしているのか、その過程ではどんな障害が待ち受けているのかを知るうえで、頭のなかに地図を描いておくことは賢明だ。私たちの最終目標は、クオンツやトレーダーたちがよく出くわす問題を解決できるように必要なプログラミングスキルを身につけることだ。そしてもう1つの目標は、金融データを操作して、数学のテクニックを使ってトレード戦略を評価することである。

目標をより具体化するために、目標をミッションステートメントとして書いてみよう。出来上がったミッションステートメントは以下のとおりである。

> 流動性のある商品のポートフォリオを市場でトレードする自動化されたトレード戦略を構築する。その戦略は効率的で、堅牢で、拡張性のあるものでなければならない。また、その戦略は利益をもたらし、リスクは低くなければならない。

このミッションステートメントを読んだあと、当然ながら次のような疑問が生じるはずだ。

1. **市場**とは何か。
2. **商品**とは何を意味するのか。また**流動性のある商品**とは何か。
3. **トレード戦略**とは何か。どのように構築すればよいのか。
4. トレード戦略の**収益性**とはどのように定義されるのか。
5. **リスク**とは何か。トレード戦略の文脈でリスクはどう定量化すればよいのか。

6．トレード戦略を**自動化**するにはどうすればよいのか。
7．**効率的（効率性）**とはどういう意味か。

金融市場と金融商品

　市場とは、参加者の間で取引が発生する物理的、あるいは仮想的な場所だ。古代ギリシャではアテナイ人たちはアゴラ（古代ギリシャではアゴラは人々の集まる場所を意味し、通常は都市の中心部に位置し、市民は政治家のスピーチを聞いたり、投票したり、商品を取引するのに集まった。現在のギリシャ語の「私は買う」（agorazo）と「私は公に話す」（agorevo）は、アゴラ（agora）から派生したものだ［68、113］）に集まり、蜂蜜、オリーブオイルなどの農作物や加工品を等価物と物々交換した。物の取引は同じ価値の物と交換するという形で行われていた。古代世界では至るところで同様の市場が存在した。今の物理的市場と同様、こういった物理的市場では、参加者は価格と引渡条件を物理的に満たし同意しなければ、取引を確定することはできない。

　今日では物理的市場の多くは仮想的市場へと姿を変えている。アマゾン、イーベイ、アリババは仮想的市場の良い例だ。これらは買い手と売り手がコンピューターだけを介して取引する広大なオンライン市場である。この数年にわたって金融市場でも同じようなトレンドが発生している。フロアピットで取引されていた商品先物、株式、オプション取引は電子市場へと移行している。**表1.1**はCME（シカゴ・マーカンタイル取引所）の電子取引とフロア取引の出来高の比率を示したものだ。GlobexはCMEの電子取引システムのことである。

　組織化された市場の主たる目的は、商品やサービスを同意した価格で取引したい参加者を引き合わせることである。成功する市場の二次的な目的は、そうした取引を促進することである。電子金融市場はこ

表1.1　年ごとのグローベックスの出来高推移

年	CMEグローベックスの出来高（％）	その他（％）
1992	0.2	99.8
1993	0.4	99.6
1994	0.5	99.5
...	...	...
2007	78	22
2008	82	18
2009	86	14
...	...	...
2014	93	7

表1.2　人気の証券取引所

国	名称	ウェブサイト
米国	NYSE	www.nyse.nyx.com
米国	NASDAQ	www.nasdaqomx.com
米国	BATS	www.batstrading.com
米国	Direct Edge	www.directedge.com
日本	TSE	www.tse.or.jp/english
英国	LSE	www.nasdaqomx.com
英国	NYSE Euronext	www.euronext.com

表1.3　人気の先物取引所

国	名称	ウェブサイト
米国	CME	www.cmegroup.com
米国	ICE	www.theice.com
英国	Euronext	www.euronext.com
ドイツ	Eurex	www.eurexchange.com

表1.4　アクティブな取引の出来高

取引	ティッカー	出来高
ユーロドル	GE	2,482,899
Ｅミニ S&P500	ES	1,804,469
10年物Ｔノート	ZN	1,322,388
5年物Ｔノート	ZF	773,183

の目的にぴったり合致する。

　金融取引所や電子取引所は世界中に何百と存在する。**表1.2**は有名な証券取引所を示したものだ。

　表1.3は有名な先物取引所を示したものだ。

　こうした取引所では標準化された金融取引が効率的かつ秩序正しく行われる。金融商品は株式、先物、債券、通貨、バニラオプション、エキゾチックオプション、スワップ、スワップションなどなどいろいろある。なかには特に人気のある商品もある［35］。例えば、CMEで取引されているＥミニ金融先物とユーロドルは世界で最も流動性が高い。投資家やトレーダーたちは自分たちの市場や金利リスクを日々管理するのにこうした市場を使う。**表1.4**はCMEの主たる先物取引の日々の平均出来高を示したものだ［36］。

　流動性は、一定量の商品を望む価格でどれだけ簡単に売買できるかの目安になるものだ。流動性は、取引された出来高を調べることで大まかに知ることができる。投資家やトレーダーは流動性のある商品が好きだ。なぜならこういった商品は価格に悪影響を及ぼすことなく大量に取引することができるからだ。

トレード戦略

　金融機関はこの地球上で最も厳しく規制された存在だ（金融機関の規制は、少なくとも米国では控えめに言ってもかなり複雑だ。株式とオプションの取引所では、SEC［証券取引委員会］が支配的な力を持っている。SECは1934年の証券取引所法によって設立された。SECは米国の金融史で最も騒然とした時期に設立された。http://www.sec.gov/ によれば、SECの目的は投資家を保護し、フェアで秩序正しい効率的市場を維持し、資本形成を促すことである［139］。一方、オプション市場や先物市場はCFTC［米国商品先物取引委員会］によって管理されている。CFTCは商品先物取引委員会法に基づき1974年に農作物取引監督局の後継として設立された［118］。SECとCFTCは異なる組織だが、互いに協力して任務を遂行している。CFTCについてもっとよく知りたい人は http://www.cftc.gov/index.htm を参照のこと）。規則には一長一短ある。短所は、競争とイノベーションを阻害してしまうことだ。長所は、市場参加者が取引の有効性や公平性を確信することができることだ。取引の有効性を信じられるということは非常に重要なことだ。こうして投資家やトレーダーは、電子市場にアクティブに参加する電子トレードシステムの開発に多くの時間とお金を注ぎ込もうという気になるのである。投資家やトレーダーがある金融商品に対して買い注文や売り注文を出すことで合法的に利用することができる機会を見つけたとき、トレード戦略が生まれる。トレーダーが取引で利益を実現するためには、手仕舞いを行わなければならない。トレード戦略には保有期間というものがある。保有期間は、数マイクロ秒から数年までいろいろだ。トレード戦略にはさまざまなものがある。長期戦略、短期戦略、オポチュニスティック戦略、高頻度戦略、ローレイテンシー（レスポンスが速い）戦略など多岐にわたる。どういった名前が使われようと、トレード戦略は、トレーダーが利益

を出すという最終目的のために用いるよく定義されたルールの集合体にすぎない。トレード戦略は、市場における構造効果や、金融商品間の統計学的関係、あるいは極端な情報の流れを利用して利益を生みだすのである。

高頻度トレーディング

　高頻度トレーディングは非常に短い間に売買を繰り返すトレード戦略と思われがちだが、実際にはそれよりも広い意味を持つ。高頻度トレーディングではトレードの保有期間は必ずしも1秒未満である必要はない。仕掛けるときは瞬時に仕掛けるが、保有期間はそれよりもはるかに長いといったことはよくある。機会を探すために市場を徹底的に調べ尽くすが、機会が見つかったときには限定された数のトレードしか仕掛けないアルゴリズムのことを指す場合もある。これらのアルゴリズムはマーケットデータを高頻度で処理するが、トレードはそれほど高頻度では執行しない。人々をさらに混乱させる要因として、高頻度トレーディングはローレイテンシートレーディングと混同される場合もある。高頻度トレーディングやローレイテンシートレーディングは処理速度の速いコンピューターとネットワーク接続を使うので、混同されやすいのだ。さらにこれらの戦略の多くはマーケットメイキング（クォートドリブン）戦略、マーケットテイキング（オーダードリブン）戦略、オポチュニスティック（機会主義的。機会があるときだけ投資して、機会がないときは現金を保有する）戦略に分類することができる。

　高頻度マーケットメイキング戦略は、トレーディングアルゴリズムがほかの市場参加者に常に流動性を提供するような戦略を言う。この戦略では、アクティブなトレーダー（トレードの逆サイドを取るトレーダー）がパッシブな（マーケットメイクする）アルゴリズムよりも

情報量が多いという内在的リスクがある。こうした情報の非対称性を補うために、マーケットメイクするトレーダーに金銭的補償をする取引所もある。マーケットメイキング戦略がとらえられる利益は、マーケットテイキング戦略がとらえられる利益よりも少ない。利益が少ない分は量で稼ぐ。マーケットメイキング戦略は1トレード当たりわずか1ティックの利益に甘んずることもある。ティックとは、取引所で時々刻々と変化する値動きの最小単位のことを言う。実際にはこうした戦略は結局のところ、価格の逆行によって1ティックの数分の1しかとらえることができない場合も多い。

一方、マーケットテイキング戦略はトレード機会が発生すると指値を入れることなく買い気配値や売り気配値で売買する。こうしたトレード機会は、マーケットデータを分析しているアルゴリズムからの買いシグナルや売りシグナルの結果として発生するか、強気のニュースや弱気のニュースから発生する。こうしたタイプの戦略では、価格よりも執行の即時性が優先される。マーケットテイキング戦略はマーケットメイキング戦略よりも、1トレード当たりより大きなエッジを必要とする。

オーダーブック（板情報）について

オーダーブックはすべての市場参加者の指値注文を一覧にしたものだ（一般に、電子取引所に対してトレーダーが行えるアクションは3つある。1つ目は成り行き注文を出すこと。成り行き注文はスピーディーな約定が最重要事項であることを取引所に告げるもので、価格はそれほど重要視されない。2つ目は指値注文を出すこと。この場合は価格が重要だ。約定の速さよりも価格のほうが重視される。3つ目は注文の変更や取り消しだ。オーダーブックでは指値注文が主流を占め、成り行き注文を約定させたい人に安定した流動性を提供する）。オー

図1.2　オーダーブック

```
              | 12 | 150, 5
              | 11 | 230, 1
              | 10 | 202, 3
              |  9 | 100, 4
       125, 1 |  8 |
       200, 4 |  7 |
       300, 5 |  6 |
       210, 8 |  5 |
```

ダーブックはクリックトレーディングを行ったり、買い手と売り手の間で注文をマッチングさせるうえで、トレーダーや取引所にとって非常に便利なデータ構造だ。オーダーブックは、左側に買いが提示され、右側に売りが提示される。図1.2は価格と数量を縦方向に並べたオーダーブックを示したものだ［29］（縦方向に表示するオーダーブックはトレーディングテクノロジーズ社の特許。米国特許No.6,766,304および6,772,132［2004年］）。

　最良の買い気配値は、パッシブなトレーダーが買いたいと思う最高価格で、最良の売り気配値は、パッシブなトレーダーが売りたいと思う最低価格だ。図1.2の例では、最良の買い気配値は8で、最良の売り気配値は9である。また、最良の買い気配値の数量は125で、最良の売り気配値の数量は100である。さらに、最良の買い気配値には注文が1件、最良の売り気配値には注文が4件あることも見て取れる。これらの数字が変化すると、マーケットデータイベントが発生したことが分かる。例えば、価格7で1単位の注文の取り消しが発生したり、2番目に最良の売り気配値で新たな注文が発生したりといったことが考えられる。したがって、2番目に最良の買い気配値の新たな数量は

199になり、2番目に最良の売り気配値の新たな数量は増えることになる。どの取引所でも多くの商品が売買されていることを考えると、取引所が送受信したり取引所に蓄えられる情報量は巨大な量になることは簡単に察しがつく。この事実と、取引所が各トレーダーにリアルタイムで注文状況の情報を伝えなければならないことを考えると、こうしたデータを処理・保存するインフラがどれくらい複雑かは簡単に想像がつくはずだ。

トレードの自動化

　ピットで売買が行われた時代はそれほど遠い昔のことではない。通常の注文の流れは次のようになっていた。まず投資家がブローカーにトレードの意思のあることを電話か直接会って伝え、ブローカーはピットにいる彼らの仲間にその情報を伝える。相手側当事者がその反対売買の意思がある場合、取引は成立し、その旨がブローカーに伝達される。そして、ブローカーは顧客に執行価格と数量を伝える。

　今日ではテクノロジーの発達によって、トレードの仕掛けや手仕舞いは昔よりもはるかにスピーディーに行われるようになった。インタラクティブブローカーズ、Eトレード、アメリトレードなどによって提供される自動化トレーディングプラットフォームはトレードの仕掛けを素早く行うことを可能にし、しかもコストは安い。買い手と売り手のマッチングは、取引所自らが運用する集中マッチングエンジンでほぼ瞬時に行われる。マッチングエンジンはすべてのオーダーフローをトラッキングし、正しい数量をタイムリーに買い手と売り手に割り当てるコンピューターシステムだ。マッチングエンジンでトレードが約定すると、トレードを開始したトレーダーに注文確認書が送られる。取引所自身も、マーケットデータや取引所関連の状況メッセージといった注文報告書以外の情報を伝達する。

プロップファーム、銀行、ヘッジファンドは取引所のマッチングエンジンやマーケットデータフィードに直接つながっている。取引所はこれらの機関が要求する「スピード」を巧みに利用して、彼らにプレミアム価格でコロケーションサービス（彼らのサーバーを取引所のできるだけ近くに設置する）を提供している。遅延に非常に敏感なトレード戦略は、こういったコロケーションサービスにお金を支払う価値は十分にある。

自動化トレーディング業界では、プログラミング、数学、批判的思考は金融のスキルと同じくらい高く、あるいはそれ以上に評価される。エンジニアリング、コンピューターサイエンス、物理、応用数学の分野のプログラマーたちは世界中のヘッジファンドやトレード会社で働いている。これらの技術者が担っているのは、ネットワークインフラ、データストレージ、システム統合、データ処理、視覚化、アルゴリズムの開発だ。

今日の電子市場では、トレーダー、技術者、クオンツ間の役割には境界がなくなってきている。この業界では異種ソースからの情報を処理、分析、提示するスキルとその結果に基づいてトレード戦略を開発する能力が広く求められている。私の予想では、そう遠くない将来、トレーダーという言葉は今使われているのとはまったく違った意味を持ってくるだろう。経験豊かな技術者で、市場力学に対する鋭い感覚を持ち、利益の出るトレード戦略を構築・監視・利用するのにデータ駆動型アプローチを使う人。トレーダーはこういう人を指すようになると私は思っている。

市場の接続性、執行、アルゴリズムトレーディング、自動化についてもっとよく知りたい人は、バリー・ジョンソンの『アルゴリズミック・トレーディング・アンド・DMA――イントロダクション・トゥー・ディレクト・アクセス・トレーディング・ストラテジーズ（Algorithmic Trading and DMA：An Introduction to Direct Access Trading

Strategies)』がお勧めだ。同書のウェブサイトは、http://www.algo-dma.com/。

データはどこから入手すればよいか

金融データは成功するトレーディングビジネスに不可欠なものだ。トレードを始める前に、戦略の作成段階でその戦略がどう機能するのか感触をつかむことが重要だ。その戦略がどう機能するのかを知るには、ヒストリカルデータを分析し、提案された戦略のリアルタイムデータ、マーケットイベント、経済指標の発表などをモニタリングすることが必要だ。しかし、そういったデータはどこから入手すればよいのだろうか。特に、株式価格、先物価格、経済指標などの時系列データはどこから入手すればよいのだろうか。日々のデータについては次のサイトが人気があり無料で入手可能だ。

- Yahoo Finance　　　　http://finance.yahoo.com/
- Quandl　　　　　　　http://www.quandl.com/
- Google Finance　　　　http://www.google.com/finance
- Federal Reserve Bank Of St.Louis
 　　　　　　　　　http://Research.stlouisfed.org/fred2/

　本書ではYahoo Financeを使う。Yahoo Financeでは各銘柄とETF（上場投信）の日々の始値、高値、安値、終値を入手することができる。これらのデータは無料だが、使用には注意が必要だ。こうしたデータの質には慎重を期す必要がある。データはクリーニングし、フィルターにかけて間違った数値は取り除かなければならない。
　別の選択肢としては自分でデータを取り寄せる。これがベストだ。しかし、これにはそれ相応のインフラが必要で、コストも高くつき、

時間がかかる。機関投資家、銀行、プロップファームがやっているのがこの方法だ。彼らは世界中のさまざまな取引所と直接つながっているからこれが可能なのだ。通常、彼らのサーバーは取引所内に設置され、これらのマシンがデータをディスクに保存する。そのあと生データは処理され、クリーニングされ、将来的な検索のためにデータベースに保存される。

　これらの中間的な方法がデータをサードパーティーベンダーから入手する方法だ。こうしたベンダーは数多く存在し、データの質は貧弱なものから優秀なものまで玉石混交だ。お勧めのデータベンダーは以下のとおりである。

- Tick Data, Inc.
  http://www.tickdata.com/
- Bloomberg
  http://www.bloomberg.com/enterprise/data/
- Thomson Reuters
  http://thomsonreuters.com/financial/market-data/
- CME Group
  http://www.cmegroup.com/market-data/datamine-historical-data/
- NYSE Market Data
  http://www.nyxdata.com/Data-Products/NYSE
- Hanweck Associates
  http://www.hanweckassoc.com/
- Activ Financial
  http://www.activfinancial.com/
- Markit
  http://www.markit.com/

まとめ

　本章の最初のいくつかのセクションでは、本書の目的と読者対象について述べた。このあとの章で述べるテクニカルな議論を理解するためには、若干の数学とプログラミングの知識が必要だ。このあとの分析にアクティブに取り組んでもらうために、望ましいトレード戦略の最終目標を述べたミッションステートメントを提示した。また、金融市場、金融商品、トレード戦略についても簡単に説明した。そして最後に、高頻度トレーディング、戦略の自動化、日々および日中の金融データの入手方法について述べた。

第2章 トレードのためのツール

Tools of the Trades

　クオンツやトレーダーが日々の活動をするうえで必要となる主なツールは、直観、データ、コンピューターのハードウェア、コンピューターのソフトウェア、数学、ファイナンスの知識だ。彼らは目的を達成するための手段としてこれらのツールを巧みに操る。もちろん目的は、金融市場で一貫した利益を上げることである。直観だけに頼ってうまくやってきたトレーダーもたくさんいる。しかし、直観だけで素晴らしい成果が得られるわけではない。クオンツやトレーダーが好ましい結果を一貫して生みだす可能性を最大化するためには道具箱が必要だ。プログラミング言語はそういった道具（ツール）の1つだ。本書ではデータ操作、数学演算、ワークフローの自動化、視覚化、結果の再現性のためにR言語の使い方を学習する。

R言語

　R［88］はオープンソースのスクリプト言語で、統計学者、データサイエンティスト、学術研究者の間で人気が高まっている。本質的には関数型プログラミング言語だが、オブジェクト指向や、命令型プログラミングパラダイムもサポートしている（プログラミングパラダイムとは、特定の問題を効率的かつエレガントに解くのに役立つ、数学

的に導き出された概念の集合のことを言う。例えば、階層的に作用するオブジェクトといった抽象的な概念に分解される問題は、オブジェクト指向のプログラミングスタイルで最もよく記述することができる［85、137］。また、関数型プログラミングはデータの操作、変換、処理を含む問題を解くのに適している。関数型プログラミングは1936年にアロンゾ・チャーチによって考案されたラムダ計算に基づくものだ。このプログラミングパラダイム［プログラミングスタイル］では、基本的構成要素は関数で、基本的には、関数の入力だけに基づく結果を生みだす関数を組み合わせてプログラミングするというものだ。関数の外部には操作の影響は及ばない）。ある意味、Rはプログラミング言語であると同時に、開発の枠組みでもある。Rは高度なグラフィック機能を持ち、最先端の統計パッケージもたくさん用意されている。Rでは、条件文、ループ、関数、クラスのほかにも、VBAやC++のユーザーが使っている構造の大部分を使用することができる。サードパーティー、信頼できるユーザー、オープンソースコミュニティーが提供する数多くのパッケージが使えるのもRの強みだ。

　Rは2つの部分に分けることができる。

1．CRANからダウンロード可能な標準インストール
2．そのほかのすべて

　Rの標準インストールにはRを実行するのに必要なコードが含まれている。便利な関数やライブラリー（utils、stats、datasets、graphics、grDevices、methodsなど）もこの標準インストールに含まれている。

　R言語はS言語を基に開発され、S言語とほぼ同様の機能を持つ。S言語は1970年代後半にベル研究所のジョン・チェンバース、リック・ベッカー、アラン・ウィルクスによって開発された。Fortranライブ

ラリーの集合体としてスタートしたS言語は、ベル研究所内部で統計分析を行うのにのみ使われていた。1988年、システムの大部分がCで書き直され、1998年にはバージョン4がリリースされた[93]。1993年、インサイトフルコーポレーションとS言語関連のソフトウェア製品を商業的に開発・販売するライセンス契約が結ばれた。Rは1991年、ニュージーランドのオークランド大学のロス・イハカとロバート・ジェントルマンによって開発された。Rの名前の由来は、S言語の独自実装であり、S言語の「一歩手前」の「R」という意味や、2人の創始者であるRoss Ihaka（ロス・イハカ）とRobert Gentleman（ロバート・ジェントルマン）の共通の頭文字Rに由来しているとも言われている。Rが一般に公開されたのは1993年で、1995年にはGNU（General Public License）プロジェクトによってオープンソースになった[96]。1997年、Rコアグループが設立された。このグループは現在Rソースコードと主要なソフトウェアのリリースを管理している。Rの最初のバージョン（R 1.0.0）がリリースされたのは2000年のことである。そして2013年4月にバージョン3.0がリリースされ、大きな改善点としてロングベクトル（64ビットシステムで$2^{31}-1$以上の要素を持つベクトル）が使用できるようになった。

　Rはフリーソフトで、数多くの統計および分析ライブラリーのアドオンがダウンロード可能で、数量ファイナンスや学術分野での人気が高く、アイデアを素早くプロトタイプ化できる、著者が最も経験豊富なプログラミング言語だ。理論的に言えば、私たちは目的を達成するのにチューリング完全（シングルテープのチューリングマシンと同じ計算能力を持つとき、そのプログラミング言語はチューリング完全であるという。シングルテープのチューリングマシンは限られたメモリーを使った計算機を模倣するのに使われるメカニカルな構造だ。チューリングマシンについては、http://en.wikipedia.org/wiki/Turing_machine を参照してもらいたい。実用面で言えば、チューリング完

全は、十分なデータがあれば計算可能なほぼすべてのものを計算できるプログラミング言語を表現する方法でもある）なプログラミング言語を使うことができる。もちろん、プログラミング言語には学習や応用が簡単なものもあれば、難しいものもある。

　以下は、「Hello World!」をさまざまなプログラミング言語で書いたものだ。これらの例はウィキペディアから引いたものだ [124]。

Assembly x86-64 Linuxでは次のように書く。

```
    .section    .rodata
string:
    .ascii "Hello, world!\n"
length:
    .quad . -string
    .section    .text
    .globl _start
_start:
    movq $4, %rax
    movq $1, %rbx
    movq $string, %rcx
    movq length, %rdx
    int $0x80
    movq %rax, %rbx
    movq $1, %rax
    int $0x80
```

Brainfuckでは、

```
++++++++++[>+++++++>
++++++++++>+++>+>+++
+<<<<<-]> ++.>+.+++++++
..+++.>>>++++.<<++.<+++
+++++.--------.+++.------.-----
---.>+.>.
```

C++では、

```
#include <iostream>

int main()
{
  std::cout << "Hello, world!" << std::endl;
  return 0;
}
```

Juliaでは、

```
println("Hello, world!")
```

Swiftでは、

```
println("Hello, world!")
```

Python2では、

```
print "Hello, world!"
```

Rでは、

```
cat("Hello, world!\n")
```

　理想的なプログラミング言語は、アイデアを素早くプロトタイプ化でき、プログラマーに瞬時にフィードバックされ（コンパイル対インタープリット。コンパイルとは、プログラミング言語で記述されたソースコードを、コンピューターが解釈できる機械語としてのオブジェ

クトコードに変換すること。コンパイルされたコードは処理速度が速い。コンパイルの欠点は、コードをコンパイルするのに時間がかかることである。コンパイルの代替案として、コンピューターにプログラミング言語で書かれたコードをもっと扱いやすいものにインタープリット［翻訳］させるという方法がある。インタープリットは開発者とコードのより速い意思の疎通が可能になる。欠点は処理速度が遅くなることである）、チャートや複雑なグラフィックを効率的に作成でき、サードパーティーライブラリーを通じて機能が追加でき、プラットフォームに依存せず（ウィンドウズ、マック、リナックスで使用できる）、データに簡単にアクセス・操作する方法を持ち、拡張性（カスタム関数をRだけでなく、C、Fortran、C++ででも書ける）があり、処理速度が速く、フリーなプログラミング言語である。

　上記の条件をすべて兼ね備える枠組みはたくさんあるが、上記の条件をすべて兼ね備えるプログラミング言語は存在しない。数量ファイナンスの分野で最もよく用いられている言語は、Python、R、Matlab、Julia（Juliaは比較的新しいプログラミング言語で、科学的プログラミングの分野で将来有望視されている。LLVMベースのジャストインタイムのコンパイラーが特徴的で、数値的応用での処理速度が［Cに比べると］極めて速い。もっと詳しく知りたい人は、http://julialang.org/ を参照のこと）、C++、C#、Java、VBAである。一般に、Python、Julia、Matlab、VBAおよびRはプロトタイピング言語やリサーチ言語として用いられ、C++、C#およびJavaはアプリケーションやインフラの開発に用いられる。

Rを始めよう

　ウィンドウズあるいはマックマシンでRをインストールする方法は以下のとおりである。

図2.1 Rコンソール

1. http://www.r-project.org/ にアクセスし、「Getting Started」の「download R」リンクまたは左側のメニューの「CRAN」をクリックする。
2. 目的のマシンが存在する場所に最も近いミラーサイトを選ぶ。
3. Linax、MacまたはWindows用の基本パッケージを選ぶ。
4. インストールの選択肢として「all the default options」を選ぶ。インストールが完了したら、Rアイコンをクリックして、コンソールを開く。

図2.1はマックコンピューター上のRコンソールを示したものだ。Rではコマンドの入力には少なくとも3つの方法がある。

1. コンソールに直接書く。
2. オープンテキストファイルからコードをコピーし、Rコンソールにペーストする。
3. 外部ファイルから（source()コマンドを使って）コードを調達する。

次の例はRの基本的な機能のいくつかを示したものだ。コマンドの入力方法としては、テキストファイルにコマンドを入力して、それをRコンソールにコピーすることをお勧めする。こうすればステートメントの繰り返しや修正が簡単に行える。関数history()は今までに入力したコマンドを一覧で表示するものだ。例えば、history(4)は入力した最後の4つのコマンドを返してくる。1つのセッションで入力したすべてのコマンドを見たい場合は、history(Inf)ステートメントを使う。

Rは関数電卓として使用することができる。数学演算はコンソールに直接入力すれば答えが返ってくる。足し算、引き算、掛け算、割り算、累乗などの演算はよく知られたシンボル（+、−、*、/、^）で表すことができる。Rの基本要素は数値、文字列、論理型だ。

数値はおなじみの1、2、3、1e+06、3.1415といったシンボルで表す。文字列は一重引用符または二重引用符で囲まれた0個以上のシンボルで表す。例えば、

- "1"
- " "
- ""
- "this is string"
- 'Hello'
- '2+4'

といった具合だ。

ブール変数は「真」と「偽」のいずれかの状態をとる。Rでは、1 + 2 == 3 は「真」となる。等号が2つ使われていることに注意しよう（等号2つはイコールを意味する）。等号が1つの場合は代入演算になる。したがって、1 + 2 = 3 はエラーになる。Rコードでよく出

てくるそのほかのシンボルには、()、{}、[]と代入演算子の <- がある。
答えとして数値を返してくる例を見てみよう。

```
1 + 1
sqrt(2)
20 + (26.8 * 23.4) / 2 + exp(1.34) * cos(1)
sin(1)
5^4
sqrt(-1 + 0i)
```

　Rでは高度な数学演算も可能だ。次のコードはカスタム関数integrand()の作成と、Rの定義関数integrate()の呼び出しだ。カスタム関数の書き方については詳しくは次の項目で説明する。この例では、高度な数値アルゴリズムが、あらかじめ準備された関数を呼び出すことで実行できることを示した。

```
integrand <- function(x) 1 / ((x + 1) * sqrt(x))
integrate(integrand, lower = 0, upper = Inf)
```

　上記の関数は次の積分を表している。

$$\int_0^\infty \frac{1}{(x+1)\sqrt{x}} dx \tag{2.1}$$

数値を変数に代入するには <- 演算子を使う。

```
x <- 3
x <- x + 1
z <- x ^ 2
z <- "hello quants"
y <- "a"
```

```
Z <- sqrt(2)
new.X <- 2.3
```

注意点は以下のとおりである。

- Rでは大文字と小文字を区別する。したがって、変数zは変数Zとは異なる。スペースや特殊文字は変数の名前に使うことはできない。ただし、ドット（.）は例外。したがって変数の名前はドット（.）で始めてもよい（例えば、.myVaR）。変数の名前を数字で始めることはできない。
- ほかの言語とは違って、Rでは変数はint、double、stringといった型を宣言する必要はない。Rでは実行中に変数がどの型かを判別する。
- 変数の中身はほかの変数にコピーすることができる。
- 上記の例のなかの z <- x ^ 2 はxの値を変更するものではなく、xを二乗したものを新たな変数zに代入するという意味である。
- ほかの言語では代入を表すのに <- 演算子の代わりに = 演算子を用いる。Rでは両方使えるが、本書では一貫性を持たせるために <- 演算子を使う。

コンソールに5＋4と入力すると9が返ってくるはずだ。9の前の[1]は、ベクトルの最初の要素であることを示している。コードの出力を表すのには2つの#（##）を使う。1つの#はコード内でコメントを書くのに使う。これは本書のために便宜上そうしただけであって、どちらもコメントを書くのに使うことができる。

```
5 + 4
## [1] 9
```

数字の間のスペースや数字と + 記号の間のスペースは無視され、エラーにはならない。5　　+ 4と書いても出力には影響はなく、9が返される。エラーが出るのはRがコマンドを意味のあるコードとして解釈できない場合だ。例えば、5と4の間に + 記号を入力し忘れると、Error: unexpected numeric constant in "5 4"というエラーが出る。

データを扱うときにはデータを事前に適切な入れ物に格納する必要がある。重要なデータの入れ物は以下のとおりである。

● ベクトル
● 行列
● データフレーム
● リスト
● 環境

データをこうしたデータ構造のなかに格納すると、いろいろな操作が可能になる。

ベクトル ── c()オブジェクト

ベクトルは1次元の配列と考えることができる。ベクトルは同じ型のデータしか保持することができない。つまり、ベクトルには数値なら数値だけ、文字列なら文字列だけ、論理型なら論理型だけしか入れることができないということである。次の例は数値タイプと文字列タイプの3つのベクトルを示したものだ。

```
first_vector   <- c(1, 2, 3, 4, 5, 6)
second_vector  <- c("a", "b", "hello")
third_vector   <- c("a", 2, 23)
```

連結演算子c()は数値、文字列、論理型のベクトルを作成するのに使われる。上記のなかの３つ目の例は文字列と数値が混ざっている。文字列と数値が混ざっている場合、Rでは数値は文字列に変換される。Rコンソールにこの変数の名前を入力すると、新たに作成したベクトルの中身が分かる。

```
first_vector
## [1] 1 2 3 4 5 6

third_vector
## [1] "a" "2" "23"
```

　連結演算子c()は現存するベクトルを組み合わせて大きなベクトルを作成するのにも使われる。

```
new_vector <- c(first_vector, 7, 8, 9)

new_vector
## [1] 1 2 3 4 5 6 7 8 9
```

　ベクトルから要素を取り出すのには、[]演算子を使う。
　次の例はベクトルのさまざまな演算子を示している。インデックス（添字）という概念は入れ物から要素を取り出すときに重要になる。Rでは１をベースとするインデックスシステムを用いる（例えば、ベクトルの最初の要素のインデックスは１）。ほかの言語（例えば、C++、Java、Python）では最初の要素のインデックスは０である。
　最初の例はデータを取り出すのにインデックスを１つ使い、２番目の例はデータを取り出すのにインデックスを２つ使っている。インデックスを２つ使う場合、インデックスのベクトルを作成するのにc()演算子が使われていることに注意しよう。入れ物からデータ要素を取

り出すこの方法は非常に重要で、今後も繰り返し登場する。

```
# Extract the 4th element
example_1 <- new_vector[4]

# Extract the 5th and the 8th elements
example_2 <- new_vector[c(5, 8)]

example_2
## [1] 5 8
```

次はまた別の重要な概念であるベクトル化について見ていくことにしよう。ベクトルを使えば、一度に1つの要素だけを演算するのではなく、同時にすべての要素について同じ演算をすることが可能になる。概念上は、数値のベクトルは1つの数値として扱うことができる。以下は基本的な例を示したものだ。

```
x  <- c(1, 5, 10, 15, 20)
## [1] 1 5 10 15 20

x2 <- 2 * x
## [1] 2 10 20 30 40

x3 <- x ^ 2
## [1] 1 25 100 225 400

x4 <- x / x2
## [1] 0.5 0.5 0.5 0.5 0.5

x5 <- round(x * (x / x2) ^ 3.5 + sqrt(x4), 3)
## [1] 0.795 1.149 1.591 2.033 2.475

x6 <- round(c(c(x2[2:4], x3[1:2]), x5[4]), 2)
## [1] 10.00 20.00 30.00 1.00 25.00 2.03
```

- ベクトルを使えば、すべての要素をループする必要はない。演算は同時にすべての要素について行うことができる。
- ベクトルの4番目と6番目の要素だけに対して演算を行いたい場合は、ベクトルにインデックスを付ければよい（例えば、y <- x[4] + x[6]）。上記の最後の例x6は以前に説明した演算を組み合わせたものだ。ベクトルx2、x3、x5から特定の要素を取り出し、1つのベクトルを作成する。関数round()の最後の2は、演算結果を小数点以下2桁に丸めることを意味する。

行列 —— matrix()オブジェクト

行列は2次元のベクトルと考えることができる。行列もまた同じ型のデータしか保持できない。次のコードは2行3列の行列を定義したものだ。Rでは行列は列優先でデータを詰め込んでいく。

```
my_matrix <- matrix(c(1, 2, 3, 4, 5, 6),
  nrow = 2, ncol = 3)

my_matrix
##      [,1] [,2] [,3]
## [1,]   1    3    5
## [2,]   2    4    6
```

デフォルトのmatrix()コマンドでは、入力データは列優先で詰め込まれていく。データを行優先で詰め込んでいくには、前述の例を少し手直しする必要がある（関数my_matrix()の引数に、byrow=TRUEを追加する）。

```
my_matrix <- matrix(c(1, 2, 3, 4, 5, 6),
  nrow = 2, ncol = 3, byrow = TRUE)
```

```
my_matrix
##      [,1] [,2] [,3]
## [1,]   1    2    3
## [2,]   4    5    6
```

行列はオブジェクトだ。オブジェクトは属性を持つ。属性はオブジェクトを修飾する追加情報だ。行列の場合、便利な属性として行の名前の文字列ベクトルと列の名前の文字列ベクトルがある。これらの属性がリストオブジェクトに入れられ、関数dimnames()に引数として引き渡される。

```
dimnames(my_matrix) <- list(c("one", "hello"),
  c("column1", "column2", "c3"))
```

```
my_matrix
##        column1 column2 c3
## one         1       2   3
## hello       4       5   6
```

オブジェクトにその属性を尋ねることができる。

```
attributes(my_matrix)
## $dim
## [1] 2 3

## $dimnames
## $dimnames[[1]]
## [1] "one"   "hello"

## $dimnames[[2]]
## [1] "column1" "column2" "c3"
```

この結果から、この行列は2行3列であることが分かる。また、行

の名前と列の名前も分かる。

行列から要素を取り出すには [,] 演算子を使う。例えば、1 行 3 列にある要素を取り出すには次のコマンドを使う。

```
ans <- my_matrix[1, 3]

ans
## [1] 3
```

行列の演算もベクトル化することができる。

```
new_matrix_1 <- my_matrix * my_matrix

new_matrix_1
##      [,1] [,2] [,3]
## [1,]    1    4    9
## [2,]   16   25   36

new_matrix_2 <- sqrt(my_matrix)

new_matrix_2
##      [,1]     [,2]     [,3]
## [1,]    1 1.414214 1.732051
## [2,]    2 2.236068 2.449490
```

ベクトル化と要素の演算例は以下のとおりである。

```
mat1 <- matrix(rnorm(1000), nrow = 100)
round(mat1[1:5, 2:6], 3)
##        [,1]  [,2]   [,3]   [,4]   [,5]
## [1,] -1.544 1.281  1.397  0.407 -0.459
## [2,]  0.483 0.046 -1.817 -0.289  0.597
## [3,]  0.405 1.045 -0.726 -0.163  0.258
```

```
## [4,]   0.141 -0.294 -1.225 -0.217 -0.771
## [5,]  -0.537  0.226  0.126 -1.584 -1.237

mat2 <- mat1[1:25, ] ^ 2
head(round(mat2, 0), 9)[,1:7]
##      [,1] [,2] [,3] [,4] [,5] [,6] [,7]
## [1,]    1    2    2    2    0    0    7
## [2,]    0    0    0    3    0    0    0
## [3,]    0    0    1    1    0    0    1
## [4,]    0    0    0    2    0    1    4
## [5,]    1    0    0    0    3    2    1
## [6,]    2    1    3    1    1    1    1
## [7,]    0    0    0    0    0    1    0
## [8,]    1    2    0    0    1    2    0
## [9,]    0    0    3    0    2    2    0
```

データフレーム ── data.frame()オブジェクト

data.frame()オブジェクトは1枚のスプレッドシートと考えるとよい。データフレームは2次元のハイブリッドな入れ物で、数値、文字列、論理型、ファクタータイプを格納することができる。データを外部環境からRに読み込むと、得られるオブジェクトはデータフレームである場合が多い。次の例を見てみよう。

```
df <- data.frame(price  = c(89.2, 23.2, 21.2),
  symbol = c("MOT", "AAPL", "IBM"),
  action = c("Buy", "Sell", "Buy"))

df
##   price symbol action
## 1  89.2    MOT    Buy
## 2  23.2   AAPL   Sell
## 3  21.2    IBM    Buy
```

データフレームは入力値として列ごとにデータを列挙する。各列には名前が付けられる。データフレームは行列と同様、行の数はすべての列において同じでなければならない。行の数が違うとエラーになる。

ファクターは便利なデータ型で、データの分類や分析に便利に使える。このあとの分析ではこの構造は使わないので、文字列ベクトルをファクターに変換しないようにするために、data.frame()の呼び出しでstringsAsFactors = FALSE という引数を指定する。

```
df3 <-data.frame(price  = c(89.2, 23.2, 21.2)
  symbol = c("MOT", "AAPL", "IBM"),
  action = c("Buy", "Sell", "Buy"),
  stringsAsFactors = FALSE)

class(df3$symbol)
## [1] "character"
```

上記の例から分かることは以下のとおりである。

- 関数は複数の引数を取ることができる。標準的なR関数にどんな引数があるのかを調べたい場合は、関数名の前に？演算子を付ける（例えば、?data.frame）。
- オブジェクトはほかの関数に直接引き渡すことができる。関数もオブジェクトだ。Rではすべてがオブジェクトだ。

データフレームは[,]演算子を使ってインデックスを付け、その要素を取り出すことができる。

```
price <- df[1, 1]

price
## [1] 89.2
```

```
df2 <- data.frame(col1 = c(1, 2, 3),
  col2 = c(1, 2, 3, 4))

## Error in data.frame(col1 = c(1,2,3),
## col2 = c(1,2,3,4)) : arguments imply
## differing number of rows: 3, 4
```

$演算子はデータ列を名前で取り出すためのものだ。

```
symbols <- df$symbol

symbols
## [1] MOT  AAPL IBM
## Levels: AAPL IBM MOT
```

「Levels」記述子は変数の型が「ファクター」型であることを示している。

```
class(symbols)
## [1] "factor"
```

しかし、先ほど stringsAsFactors = FALSE という引数を指定したので、df3データフレームのsymbols列は文字列ベクトルを出力する。

```
symbols <- df3$symbol

symbols
## [1] "MOT"  "AAPL" "IBM"
```

リスト──list()オブジェクト

リストはRのプログラマーたちにとって非常に便利なデータ構造の1つだ。異なる型やサイズのオブジェクトを格納できるという意味で、これは最も汎用的な入れ物の1つである。次のコードは3つの要素を持つリストを作成するためのコードだ。

```
my_list <- list(a = c(1, 2, 3, 4, 5),
  b = matrix(1:10, nrow = 2, ncol = 5),
  c = data.frame(price = c(89.3, 98.2, 21.2),
    stock = c("MOT", "IBM", "CSCO")))

my_list
## $a
## [1] 1 2 3 4 5

## $b
##      [,1] [,2] [,3] [,4] [,5]
## [1,]    1    3    5    7    9
## [2,]    2    4    6    8   10

## $c
##   price stock
## 1  89.3   MOT
## 2  98.2   IBM
## 3  21.2  CSCO
```

リストmy_listの最初の要素はaで、そこには長さ5の数値ベクトルが入っている。2番目の要素は行列で、3番目の要素はデータフレームだ。Rの関数の多くはこのリスト構造を計算結果を保存する入れ物として使う。

リストの要素を取り出すには、二重角括弧演算子[[]]のなかに数値（リストの要素のインデックス）を入れたり、リストの要素名を入れ

る。

```
first_element <- my_list[[1]]

first_element
## [1] 1 2 3 4 5

class(first_element)
## [1] "numeric"
```

最初の例は、リストの要素のインデックスを入れた例である。次の例はリストの要素名を入れた例である。

```
second_element <- my_list[["b"]]

second_element
##      [,1] [,2] [,3] [,4] [,5]
## [1,]   1    3    5    7    9
## [2,]   2    4    6    8   10

class(second_element)
## [1] "matrix"
```

一重角括弧[]はリストの一部を取り出すのに使われる。これはRプログラマーの初心者が混乱する部分だ。二重角括弧はリストの要素を返し、一重角括弧はリスト（の一部）を返すと覚えておけばよいだろう。例を見てみよう。

```
part_of_list <- my_list[c(1, 3)]

part_of_list
## $a
```

```
## [1] 1 2 3 4 5

## $c
##   price  stock
## 1  89.3    MOT
## 2  98.2    IBM
## 3  21.2   CSCO

class(part_of_list)
## [1] "list"
```

リストのサイズは関数length()を呼び出して指定することができる。

```
size_of_list <- length(my_list)

size_of_list
## [1] 3
```

環境——new.env()オブジェクト

環境はパフォーマンスの向上に役立つパワフルなデータ構造だ。環境はほかの構造と異なり、参照セマンティクス（参照セマンティクスとは、変数がオブジェクトを値で保存せずに、オブジェクトの位置のアドレスを保存することを意味する。大きなオブジェクトは引き渡されるたびごとにコピーする必要がないため、より効率的なコードを作成することができる）を持つ。これはリストオブジェクトに似ているが、親環境をどんどん辿って参照していく点が異なる。環境はハッシュマップのエミュレートを定数時間O(1)で実行するのに使われることが多い（コンピューターサイエンスにおける大文字のOは、関数の引数が無限に近づくと関数の挙動が限定されることを意味する。O()の数学的な特性については、http://en.wikipedia.org/wiki/Big_O_

notationを参照のこと。実用面では、O(1)は入力サイズがどうであれ実行時間が同じであることを意味する。O(n)は実行時間がサイズnに対して直線的に増加することを意味する)。セマンティクスおよびこの構造の使い方については詳しくは、http://adv-r.had.co.nz/Environments.html を参照してもらいたい。

新しい環境はnew.env()コマンドで作成することができる。

```
env <- new.env()
env[["first"]] <- 5
env[["second"]] <- 6
env$third <- 7
```

リストオブジェクトと同様、名前と値のペアの割り当ては $ または[[]]演算子を使って行うことができる。しかし、リストオブジェクトとの違いは、envという名前をコンソールに入力しても名前や見慣れたデータが現れないことだ。

```
env
## <environment: 0x101ef2f18>
```

現れるのは16進数のコードである。環境の名前を入手するには、lsコマンドを使わなければならない。

```
ls(env)
## [1] "first"  "second" "third"
```

これらの名前に関連する値を入手するには、get()コマンドを使う。

```
get("first", envir = env)
## 5
```

環境から要素を削除するにはrm()コマンドを使う。

```
rm("second", envir = env)
ls(env)
## [1] "first" "third"
```

リスト、データフレーム、行列、ベクトルで可能だったコピーや修正は環境ではできない。参照セマンティクスという性質により、環境のコピーを作成し、要素の1つを修正しようとすると、元のオブジェクトの要素も修正されてしまう。例を見てみよう。

```
env_2 <- env
env_2$third <- 42

get("third", envir = env)
## [1] 42
```

plot()関数の使い方

　Rプログラミングの最大の特徴の1つは、豊富なグラフィック機能を備えていることだ。標準インストールにもさまざまなグラフィック機能が含まれている。しかし、高度なグラフィック機能を実現するにはggplot2、ggvis、rCharts、rglといった外部パッケージが必要になる。CRANタスクビュー（CRANタスクビューではテーマ別のパッケージリストを見ることができる。グラフィック関連については詳しくは、https://cran.r-project.org/web/views/Graphics.html を参照のこと）

では関連するパッケージのリストを見ることができる。本書ではプロットには基本的なplot()コマンドを使う。本書でグラフを書くにはこのコマンドで十分である。デフォルトのplot()コマンドの出力は以下のとおりである。

```
# Create a vector of numbers x and plot them
x <- c(1, 2, 3.2, 4, 3, 2.1, 9, 19)
plot(x)
```

引数typeを使えばグラフを点グラフから折れ線グラフに変換することができる。

```
# Convert the graph into a line plot
plot(x, type = "l")
```

?plotと入力すれば、グラフのタイプの説明を見ることができる。

- "p"は点グラフ
- "l"は折れ線グラフ
- "b"は点グラフと折れ線グラフ
- "c"は"b"の折れ線グラフのみ
- "o"は点グラフと折れ線グラフを重ね合わせたグラフ
- "h"はヒストグラム（度数分布）
- "s"は階段ステップグラフ
- "S"はそのほかのステップグラフ
- "n"はグラフのプロットなし

plotは絵を描くときのキャンバスと考えると分かりやすい。白紙の

図2.2 ベクトルのデフォルトグラフ

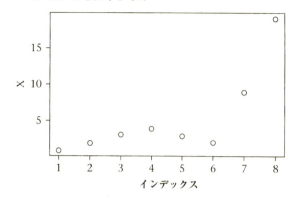

図2.3 ベクトルの折れ線グラフ

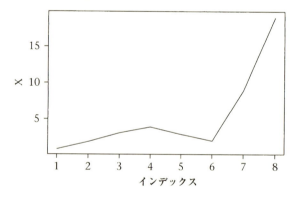

キャンバスは、デフォルトデータと引数を入れたplot()コマンドを呼び出すことで作成することができる。線やテキストはそれぞれの関数を呼び出すことで描画できる。次の例は、メーンタイトル、座標、基本的なグリッド（格子）を持つプロットを作成するためのコードだ。垂線や平行線はplot()で初期点を描画したあと追加することができる。

```
# Set up the canvas
plot(rnorm(1000), main = "Some returns", cex.main = 0.9,
  xlab = "Time", ylab = "Returns")

# Superimpose a basic grid
grid()

# Create a few vertical and horizontal lines
abline(v = 400, lwd = 2, lty = 1)
abline(h = 2, lwd = 3, lty = 3)
```

　abline()のv、h、lwd、ltyなどの引数について詳しく知りたい場合は、?abline を呼び出す。引数lwdは線の太さを定義し、ltyは線のタイプを定義する。

　par()コマンドは、plot()のその後の呼び出しで使えるグローバルグラフィックスパラメーターを設定するのに使われる。次のコードは、ビューイングウィンドウを2行2列の方形フォーマットに分割するためのコードだ。ビューイングウィンドウを分割後、plot()コマンドを子ウィンドウのそれぞれに対して実行することができる。そして、線とテキストはそのあとそれぞれの子プロットに対して追加することができる。

```
# Create a 2-row, 2-column format
par(mfrow = c(2, 2))

# First plot (points).
plot(rnorm(100), main = "Graph 1")

# Second plot (lines).
plot(rnorm(100), main = "Graph 2", type = "l")
```

図2.4 ほかの属性を加えたグラフ

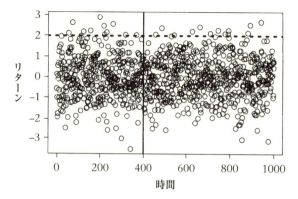

```
# Third plot (steps) with a vertical line
plot(rnorm(100), main = "Graph 3", type = "s")
abline(v = 50, lwd = 4)

# Fourth plot
plot(rnorm(100), type = "h", main = "Graph 4")

# Reset the plot window
par(mfrow = c(1, 1))
```

引数は適切な名前が与えられているかぎり、関数に引き渡す順序は無関係だ。この裏でRは正しい割り当てを判断するのに、名前によるマッチングあるいは位置によるマッチングを行っている（Rでは引数のマッチングの順序としてはまず名前でマッチングして、そのあと接頭語でマッチングし、最後に位置でマッチングする。http://adv-r.had.co.nz/Functions.html を参照)。したがって、plot(x, main = "Hello", type = "h")とplot(x, type = "h", main = "Hello")は同じである。

プロットにテキストとキャプションを追加する方法は以下のとおりである。

図2.5　4つのグラフ

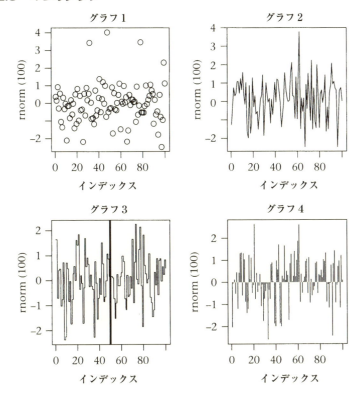

```
plot(rnorm(100), main = "A line plot",
    cex.main = 0.8,
    xlab = "x-axis",
    ylab = "y-axis",
    type = "l")

# Extra text
mtext("Some text at the top", side = 3)

# At x = 40 and y = -1 coordinates
legend(40, -1, "A legend")
```

図2.6 キャプションとテキストを加えたグラフ

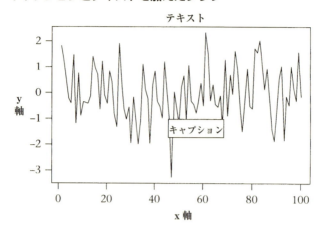

　plot()のなかではさまざまな設定が可能だ。コンソールに ?plot.dfault と入力すると、これらが何であるかがリストアップされる。あるいは、formals()関数を使えば関数の引数を取り出すことができる。

```
formals(plot.default)
## $x

## $y
## NULL

## $type
## [1] "p"
## ...
```

関数型プログラミング

　関数型プログラミングはRのプログラマーたちによってよく用いられるプログラミングスタイルだ。関数型プログラミングの主役は関数

そのものである。このプログラミングスタイルとほかのプログラミングスタイル（例えば、命令型プログラミング）の違いは、「状態の変更不可能性」という概念だ［85］。返される答えは入力データの関数である。関数の影響を受けるものは関数の内部だけである。入力が同じなら、プログラムから得られる答えは同じだ。関数型プログラミングの裏にはしっかりとした数学的理論が存在する。厳密に言えばRは純粋なる関数型プログラミング言語ではなく、命令型、オブジェクト指向、関数型の考え方を併せ持つ言語である。

1から100までの数値を足し合わせるにはどうすればよいだろうか。Rではベクトルと関数を使う。

```
ans <- sum(1:100)

ans
## [1] 5050
```

関数型プログラミングでは不要な詳細は捨象される。例えば、数値ベクトルの合計を計算したい場合、ただsum(x)を使えばよい（xはベクトルを表す）。したがって、ベクトルのなかをループし、各要素の値を一時的な変数に割り当て、合計をトラッキングし、forループやwhileループなどの分岐ロジックを実行するといったことは不要だ。もちろん内部ではforループや命令型プログラミングが行われている。こうしてまず抽象化（詳細を捨象し、一度に注目すべき概念を減らすこと）が行われるわけである。Rではこれは通常C、C++、Fortranなどの低水準の言語で行われる。

次のコードはRを命令型で書いた例である。

```
answer <- 0
for(i in 1:100) {
  answer <- answer + i
}
answer
## [1] 5050
```

Rではほぼすべての演算はベクトル化して、関数型プログラミングパラダイムを使って実行される。得られるコードは速いだけでなく、簡潔でエラーも少ない。

Rで関数を書いてみよう

プログラミングはケーキを焼くのに似ている。材料（データとパラメーター）が与えられれば、特定のレシピを使ってケーキを焼き上げることができる。通常、データはリアルタイムで、あるいはネットワークを介してほぼリアルタイムで、あるいはデータベースへの問い合わせ（データの抽出・集計・追加・削除・更新など）を通してプログラムに取り込まれる。レシピ（プログラム）はデータを変換して望む結果を生成するために必要な命令を与えるものだ。基本的なレベルでは、プログラムは1つの長い命令のシーケンス（列）と考えることができる。ケーキの例え話では、プログラムの高度な疑似コードは次のようなものだ。

1．冷蔵庫からすべての卵を取り出してカウンターに置く
2．右手を卵の上で意識的に動かす
3．卵の1つに狙いを定め、指を広げる
4．手を下げて、狙いを定めた卵を握る
5．腕を上げて、体を時計回りに60度回転させる

6．右腕をボールの縁で激しく素早く上下させる、など

　そして、この時点でようやく1個の卵を割ることができる。すべての卵に対して同じ命令を繰り返さなければならないことを考えると飽き飽きしてくる。ましてやほかの材料のことを考えると気の遠くなるような作業だ。この苦痛をやわらげる1つの方法は、繰り返し作業を取り除くか、カプセル化することだ。これが関数の役割である。関数は、入力を取り込み、あるいは何の入力も取り込まずに、1つのあるいは多くの出力を返すか、何の出力も返さない小さなブラックボックスのようなものだ。概念上は、卵の数を入力パラメーターとして取り込み、すべての卵がうまく割れたら真の値を、うまく割れなければ偽の値を返す関数を作ることができる。

　関数の宣言はユーザーとその関数のロジックの間のインターフェースを定義するのに役立つ。例えば、このケースの場合、C++を使って関数を宣言すると、bool CrackEggs(int)といった具合になるだろう。これは入力として整数を取り込み、論理型を返す関数CrackEggs()を定義したものだ。Rでは入力や出力の型を事前に宣言する必要はない。Rは実行時に入力の型を推測することができるからだ。Rでは、ステートメントはCrackEggs(4)と書いても、CrackEggs("wow")と書いてもよい。CrackEggs(4)と書けば関数への入力は数値であることを認識し、CrackEggs("wow")と書けば関数への入力は文字列ベクトルであることを認識する。しかし、関数に必要なことが書かれていないために、これではエラーメッセージになるかもしれない。私たちはRにCrackEggs()が1つの入力を取り込み、論理型を返す関数であることを教える必要がある。引数が必要なのはこのためだ。

```
crack_eggs <- function(number_of_eggs) {

  # Code that determines whether eggs have been cracked.
  # If they have, set have_all_eggs_been_cracked <- TRUE,
  # otherwise, set to FALSE

  return(have_all_eggs_been_cracked)
}
```

私たちのレシピは次のようになる。

1．gather_ingredients()
2．crack_eggs()
3．add_ingredients()
4．bake_cake()

　一言で言えば、これが抽象化だ（抽象化はコンピューターサイエンスにおいて数学的にうまく定義されていない概念の1つ。抽象化とは、実行の詳細を捨象し、一般的な概念をほかの関数で再利用できるモジュールとしてプログラミングすることで、コードの繰り返しを減らすこと）。本書を通じて、私たちはまず一定のタスクを実行するための小さな関数を書き、これらの関数を組み合わせて最終目標を達成する。
　Rの標準インストールには定義済み関数がたくさん含まれている。しかし残念ながら、これらの関数の使い方についての詳細な情報を見つけるのは初心者にとっては難しい。Rの学習に最初は時間がかかるのはこのためでもある。Rの基本バージョンのマニュアルは厳密性に欠け、例や使用事例が少ない。しかし、オンラインや書籍では素晴らしいチュートリアルが数多く存在する。本書の巻末の参考文献も参照してもらいたい（Rの情報については以下のサイトを参照のこと。CRANの投稿文献リスト http://cran.r-project.org/other-docs.html、

R 入門 http://cran.r-project.org/doc/manuals/R-intro.pdf、R インフェルノ http://www.burns-stat.com/pages/Tutor/R_inferno.pdf、高度な R http://adv-r.had.co.nz/)。以下は覚えておきたい関数を示したものだ。

```
# Greate 100 standard normals
x <- rnorm(100, mean = 0, sd = 1)

# Find the length of the vector x.
length(x)

# Compute the mean of x
mean(x)

# Compute the standard deviation of x
sd(x)

# Compute the median value of the vector x
median(x)

# Compute the range (min, max) of a variable
range(x)

# Find the sum of all the numbers in x
sum(x)

# Do a cumulative sum of the values in x
cumsum(x)

# Display the first 3 elements of x
head(x, 3)

# Display summary statistics on x
summary(x)

# Sort x from largest to smallest.
```

図2.7 if文のフローチャート

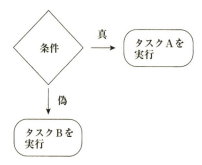

```
sort(x, decreasing = TRUE)

# Compute the successive difference in x
diff(x)

# Create an integer sequence from 1 to 10
1:10

# A sequence from 1 to 10 in steps of 0.1
seq(1, 10, 0.1)

# Print the string hello to the screen
print("hello")
```

分岐とループ

　お楽しみに入る前に、if()コマンドとfor()コマンドについてざっと見ておくことにしよう。これらの構文の使い方はほかのプログラミング言語と同じである。
　if()コマンドは条件文の真偽によってプログラムの流れを分岐させるものだ。
　次の例を見てみよう。数字の1と数字の2は異なるのでスクリーン

には必ず「XYZ」が印字される。

```
# Define a boolean variable
my_boolean <- 1 == 2

if (my_boolean) {
  print("not correct")
} else {
  print("XYZ")
}
```

if else()やswitch()も実行の流れを制御するのに使われる。文の実行を繰り返す場合は、for()、while()、repeat()コマンドを使う。for()ループは条件が真の間だけ与えられた文を繰り返すのに使われる。help("for")によれば、forループの文法は、for(var in seq) expr である。var は変数、in は予約語、seq はベクトルを評価する。例を見てみよう。

```
for(i in 1:5) {
  cat(i, "\n")
}
## 1
## 2
## 3
## 4
## 5

some_list <- list()
for(z in c("hello", "goodbye")) {
  some_list[[z]] <- z
}

some_list
## $hello
```

```
## [1] "hello"

## $goodbye
## [1] "goodbye"
```

コマンドの例はこれくらいにして、次はユーザーによって引き渡された6つの異なる株式のペアごとの相関を計算する関数を書いてみることにしよう。Rにはこれを簡単に計算する機能が備わっているが、読者の教育のために、これを難しい方法でやってみたいと思う。この問題は次のタスクに分解することができる。

1．6つの株式の名前を取得する。
2．これらの株式が有効な株式名であることを確認する。
3．データベースにアクセスしてこれらの株価を取得して、それをメモリーに保存する。
4．欠落した数値がないかどうかを確認する（データのクリーニング）。
5．フィルタリングしたデータを行列やデータフレームなどの適切な入れ物に入れる。
6．各ペアの相関を計算して、結果をユーザーに返す。
7．相関を視覚化する。

初めてのカスタム関数を書く前に、スタイルについて見ておこう。

推奨スタイルガイド

人が100人いればコードの書き方は100通りある。これはクリエーティブな観点から言えばよいが、スタイルの面から言えばあまり好ましいとは言えない。これまでプログラミング言語に対してはさまざまなプログラミングスタイルガイドが提案されてきた。スタイルガイドと

は、コードの見た目やレイアウトに関する一連のルールのことを言い、用いるスペースの数、変数や関数の名前の付け方、コメントの正しい使い方などを規定するものだ。スタイルガイドに従うことが重要なのは、これらのスタイルガイドに従えばコードが読みやすくなるうえ、開発者間での移植性が向上するからだ。次の２つの例を見てみよう。これらのコードの結果は同じになる。しかし、２番目のほうがよい。

```
#sum numbers
x<-0;for(i in 1:10){x=x+1};x
```

または

```
# Sum numbers
x <- 0
for(i in 1:10) {
  x <- x + 1
}
x
```

２番目のコードは、機能を分けて書いているので見た目がよい。また、最初のコードでは代入に x = x + 1 を使っているが、２番目のコードでは x <- x + 1 を使っている。最初のコードでは初期化(x <- 0)とインクリメント(x <- x + 1)で同じ代入演算子が使われている。両方とも機能は変わらないが、２番目のコードのほうが質は高い。

本書ではハドリー・ウィッカムが考案したスタイルガイドを使う。このスタイルガイドのルールについては、http://r-pkgs.had.co.nz/style.html を参照してもらいたい。以下はこれらのルールの一部を示したものだ。

- ファイル名は意味のあるものでなければならず、終わりに .r を付けなければならない。例えば、file-name.r は可だが、file-name.R は不可。
- 変数と関数の名前は小文字で書き、言葉を仕切るときにはアンダースコア(_)を使う。例えば、キャメルケース（複合語をひと綴りとして、要素語の最初を大文字で書き表すこと）の変数名 firstFunction は first_function と書かなければならない。
- コードの字下げにはスペースを2つ使う。タブやスペースを混合してはならない。
- 代入には = ではなく、<- を使う。

6つの株式の各ペア間の相関

　それでは6つの株式の各ペア間の相関を計算する関数を書いてみよう。タスクを分解するためにいくつかのヘルパー関数を使う。最初のヘルパー関数は株式シンボル（のベクトル）の名前が有効な名前かどうかを確認するためのもので、有効な名前のみを返す。簡単にするために、有効な株式シンボルは英語のアルファベット2文字から4文字で構成されるものとする。シンボルの識別子には数値を使うことはできない。私たちはこの最初のフィルター作業では正規表現を使う（正規表現については、http://en.wikipedia.org/wiki/Regular_expression を参照のこと。一言で言えば、正規表現とは、テキストの検索パターンを作成する文字列のことを言う。正規表現プログラムはこれらのパターンを非決定性有限オートマトンに翻訳する）。

```
filter_and_sort_symbols <- function(symbols) {
  # Name: filter_symbols
  # Purpose: Convert to upper case if not
  # and remove any non valid symbols
```

```
    # Input: symbols = vector of stock tickers
    # Output: filtered_symbols = filtered symbols

    # Convert symbols to uppercase
    symbols <- toupper(symbols)

    # Validate the symbol names
    valid <- regexpr("^[A-Z]{2,4}$", symbols)

    # Return only the valid ones
    return(sort(symbols[valid == 1]))
}
```

正規表現は文字列をフィルタリングするパワフルな仕組みだ。文法は最初は手ごわく感じるかもしれないが、時間をかけて使い方を学ぶ価値はある。正規表現は、テキストを操作する簡潔で効率的な方法だ。前述の例で使われている正規表現パターン(^[A-Z]{2,4}$)は、マッチする文字列は大文字で始まり、大文字で終わることを示している。また、文字数は2、3、4のいずれかでなければならない。これ以外の株式シンボルは無効になる。関数regexpr()は同じ長さのベクトルをsymbolsベクトルに返す。数字の1を入力すると有効な名前を表示し、数字の－1を入力すると無効な名前を表示する。関数topper()は、正規表現を適用する前にすべての文字を大文字に変換するのに使われる。それでは書いた関数をテストしてみよう。

```
    filter_symbols(c("MOT", "cvx", "123", "Gog2", "XLe"))
    ## "MOT" "CVX" "XLE"
```

次のステップでは、フィルタリングしたシンボルのベクトルを、.csvファイルを読み込み正しいシンボルデータのみを取り出す関数に引き渡す。この関数はあとで外部データベースを含む複数のソースから価格データを読み込むように拡張することができる。

図2.8　株価ファイルの例

	AAPL	CVX	IBM	XOM	GS	BA	MON	TEVA	CME
2014-05-09	585.54	123.97	190.08	101.95	157.20	131.10	115.66	48.91	69.59
2014-05-12	592.83	124.18	192.57	102.23	159.55	132.60	115.97	49.64	70.91
2014-05-13	593.76	124.78	192.19	102.36	160.28	133.45	116.91	50.85	70.59
2014-05-14	593.87	125.35	188.72	102.29	159.45	132.99	117.00	50.18	69.81
2014-05-15	588.82	123.81	186.46	100.78	156.64	131.21	115.40	49.72	69.48
2014-05-16	597.51	123.18	187.06	100.74	156.43	130.81	116.04	49.81	68.68

このエクササイズでは、次の9つの株式の1856トレード日分の価格を含む.csvファイルを使う。9つの株式はAAPL（アップル）、CVX（シェブロン）、IBM、XOM（エクソン）、GS（ゴールドマン・サックス）、BA（ボーイング）、MON（モンサント）、TEVA（テバ）、CME（CMEグループ）だ。データは2007年1月3日から2014年5月16日までのものだ。このファイルをデータベースとして使う。これらの価格はYahooから次のフォーマットで入手したものである。

```
extract_prices <- function(filtered_symbols, file_path) {
  # Name: extract_prices
  # Purpose: Read price data from specified file
  # Inputs: filtered_symbols = vector of symbols,
  #         file_path = location of price data
  # Output: prices = data.frame of prices per symbol

  # Read in the .csv price file
  all_prices <- read.csv(file = file_path, header = TRUE,
    stringsAsFactors = FALSE)

  # Make the dates row names
  rownames(all_prices) <- all_prices$Date

  # Remove the original Date column
  all_prices$Date <- NULL

  # Extract only the relevant data columns
  valid_columns <- colnames(all_prices) %in% filtered_symbols
```

```
  return(all_prices[, valid_columns])
}
```

関数extract_prices()では新しい概念が登場する。NULLと%in%コマンドだ。データフレームの列名をNULLとすることで、データフレームからその列を削除することができる。この操作はリストから要素を削除するのにも使うことができる。%in%コマンドは、ベクトルAの要素のなかでベクトルBにも入っているものを尋ねるためのものだ。

```
A <- c(1, 2, 5, 6, 9)
B <- c(0, 3, 6, 9, 10)

A %in% B
## [1] FALSE FALSE FALSE  TRUE  TRUE
```

フィルタリングした株式の価格がデータフレームに入ったので、基本的なフィルタリングを行うことができる。ここではデータを見て価格の欠如した行を特定するが、この段階ではデータをフィルタリングするのにこの情報は使わない。ただ間違った入力を見つけるための仕組みを見るだけである。

```
filter_prices <- function(prices) {
  # Name: filter_prices
  # Purpose: Identify the rows with missing values
  # Inputs: prices = data.frame of prices
  # Output: missing_rows = vector of indexes where
  # data is missing in any of the columns

  # Returns a boolean vector of good or bad rows
  valid_rows <- complete.cases(prices)
```

```
  # Identify the index of the missing rows
  missing_rows <- which(valid_rows == FALSE)

  return(missing_rows)
}
```

次のステップでは、すべての株式の各ペア間の相関を計算する（相関を計算するのによく使われる方法は、ピアソンの積率相関係数、スピアマンの順位相関係数、ケンドールの順位相関係数の3つである）。2つの数値ベクトル間のピアソンの相関係数 ρ の計算式は以下のとおりである。

$$r_{xy} = \frac{\sum_{i=1}^{n}(x_i - \bar{x})(y_i - \bar{y})}{\sqrt{\sum_{i=1}^{n}(x_i - \bar{x})^2 \sum_{i=1}^{n}(y_i - \bar{y})^2}} \qquad (2.2)$$

この公式を細かく理解する必要はない。関数cor()を呼び出して計算を行うだけである。

```
compute_pairwise_correlations <- function(prices) {
  # Name: compute_pairwise_correlations
  # Purpose: Calculates pairwise correlations of returns
  # and plots the pairwise relationships

  # Inputs: prices = data.frame of prices
  # Output: correlation_matrix = A correlation matrix

  # Convert prices to returns
  returns <- apply(prices, 2, function(x) diff(log(x)))

  # Plot all the pairwise relationships
  pairs(returns, main = "Pairwise return scatter plot")

  # Compute the pairwise correlations
```

図2.9 相関行列の出力

```
          AAPL      CVX       IBM       XOM       BA        TEVA
AAPL  1.0000000 0.4555762 0.4974812 0.4152326 0.4221255 0.2793489
CVX   0.4555762 1.0000000 0.5789544 0.8912227 0.6004590 0.4228898
IBM   0.4974812 0.5789544 1.0000000 0.5668389 0.5214248 0.3214548
XOM   0.4152326 0.8912227 0.5668389 1.0000000 0.5955963 0.4112595
BA    0.4221255 0.6004590 0.5214248 0.5955963 1.0000000 0.3479621
TEVA  0.2793489 0.4228898 0.3214548 0.4112595 0.3479621 1.0000000
```

```r
    correlation_matrix <- cor(returns, use = "complete.obs")

    return(correlation_matrix)
}
```

ヘルパー関数が定義されたので、すべてをつなぎ合わせてみよう。

```r
# Stock tickers entered by user
symbols <- c("IBM", "XOM", "2SG", "TEva",
   "GOog", "CVX", "AAPL", "BA")

# Location of our database of prices
file_path <- "path/prices.csv"

# Filter and sort the symbols
filtered_symbols <- filter_and_sort_symbols(symbols)
filtered_symbols
## [1] "AAPL" "BA"   "CVX"  "IBM"  "TEVA" "XOM"

# Extract prices
prices <- extract_prices(filtered_symbols, file_path)

# Filter prices
missing_rows <- filter_prices(prices)
missing_rows
## integer(0)
```

図2.10 各ペアの散布図

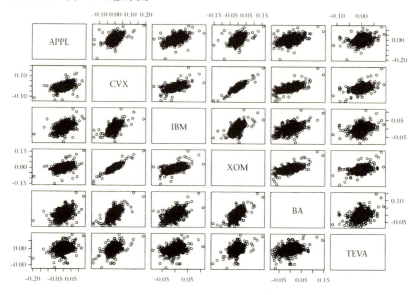

```
# Compute correlations
correlation_matrix <- compute_pairwise_correlations(prices)
correlation_matrix
```

得られた相関行列は**図2.9**のとおりである。

同じ関数ですべての相関の散布図を作成することもできる。これには関数pairs()を使う。

まとめ

本章ではR言語の基本について見てきた。R言語の簡単な歴史と、R言語を使う理由について述べた。R言語を使う理由としては、データ操作とデータ処理が簡単に行えること、オープンソースであること、アドオンパッケージがたくさんあること、オンラインコミュニティー

が活発なこと等が挙げられる。さらに、重要なデータの入れ物[c()、matrix()、data.frame()、list()]、これらの入れ物に対してよく使われる操作を紹介し、例も示した。また基本的なグラフィック機能についても説明した。そして最後に、Rを使ってカスタム関数を作成した。プログラミングスタイリングについて簡単に議論したあと、株式ペアの相関を計算する実用的な関数を作成した。

第3章 データの取り扱い

Working with Data

　金融データにはさまざまな形、サイズがある。本書では特定のクラスの金融データ、特に時系列データに焦点を当てる。時系列データには、意味のある値を特定するためにインデックス（キー）として使われる時間の値が含まれている。時系列データはキーとバリューのペアと考えることもできる。ただし、キーは時間、バリューは単一の入力値あるいは入力値のベクトルを意味する。図3.1の表はAAPL（アップル）の日々の時系列データを示したものだ。このデータはYahooから.csvファイルとしてダウンロードした（Yahoo Financeはさまざまな証券や指数の日々のデータを無料提供している。http://finance.yahoo.com/。これらのデータはquantmodパッケージ［99］を使ってRにダウンロードすることができる）。

　図3.1では、最初の列には日付、そのほかの列には価格と出来高が含まれている。ダウンロードしたファイルはコンピューターに読み込まれているので、このデータをRに読み込む。

Rにデータを読み込む

　まず最初にAAPLの日々の終値がどうなっているのかを見てみよう。

図3.1　AAPLの株価の時系列データ

価格						
日付	始値	高値	安値	終値	出来高	調整終値
2014/4/10	530.68	532.24	523.17	523.48	8,530,600	523.48
2014/4/09	522.64	530.49	522.02	530.32	7,337,800	530.32
2014/4/08	525.19	526.12	518.70	523.44	8,697,800	523.44
2014/4/07	528.02	530.90	521.89	523.47	10,309,400	523.47
2014/4/04	539.81	540.00	530.58	531.82	9,830,400	531.82
2014/4/03	541.39	542.50	537.64	538.79	5,798,000	538.79
2014/4/02	542.38	543.48	540.26	542.55	6,443,600	542.55
2014/4/01	537.76	541.87	536.77	541.65	7,170,000	541.65
2014/3/31	539.23	540.81	535.93	536.74	6,023,900	536.74

スプレッドシートからデータを入手して、それをR環境に素早く読み込む方法がある。それには.csvファイルの終値の列をコピーして、Rコンソールで次のコマンドを実行すればよい。

```
# In Windows
aapl <- read.table("clipboard")

# On Mac/Linux
aapl <- read.table(pipe("pbpaste"))
```

このコードはクリップボードの内容をaaplという変数に読み込むためのコードだ。head()コマンドを使ってこのオブジェクトの最初のいくつかの入力値を見てみよう。

```
head(aapl)
##       V1
## 1 523.48
## 2 530.32
## 3 523.44
## 4 523.47
```

```
## 5 531.82
## 6 538.79
```

aaplはどんなオブジェクトなのだろうか。行列か。それともリストか。あるいデータフレームか。

```
class(aapl)
## [1] "data.frame"
```

aaplオブジェクトはどうやらデータフレームのようだ。Rはデータ読み込み時に列の名前を自動的に付加する（V1）。よく調べてみると、データは新しい順にスクリーンにプリントアウトされているようだ。これは元のスプレッドシートを古い順に並べ替えるか、作成したaaplオブジェクトの内容を逆転させることで修正することができる。次のコードは後者の方法を示したものだ。

```
aapl <- aapl[rev(rownames(aapl)), , drop = FALSE]
```

rev()コマンドは入力値を逆転させる。この文法は若干ややこしい。まずデータフレームaaplの行の入力値を逆転させ、オブジェクトの元の構造を維持するようにRに指示する。drop = FALSE という引数はデータフレームがベクトルになるのを防ぐ役目をする。

価格のベクトルを取り出して視覚化するには次のコードを使う。

```
prices <- aapl$V1
plot(prices, main = "AAPL plot", type = 'l')
```

関数read.table()とread.csv()には入力データのRへの読み込みを簡

図3.2 基本的な株価の折れ線グラフ

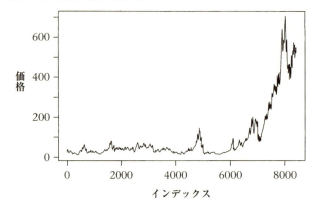

単にするたくさんのオプションがある。終値の列をコピーして"clipboard"コマンドを使わずに、興味のあるデータが含まれるファイルの位置を特定することも可能だ。?read.csv と入力すれば、使えるオプションを調べることができる。

```
# Load the .csv file
aapl_2 <- read.csv(file = "path/aapl.csv", header = TRUE,
  stringsAsFactors = FALSE)

# Reverse the entries
aapl_2 <- aapl_2[rev(rownames(aapl_2)), ]
```

ヘッダーが入力ファイルに含まれるように指定したので、Rは列を正しい名前で呼び出すことができる。終値を取り出したければ、次のコマンドを使う。

```
aapl_close <- aapl_2[, "Close"]
```

統計量を表形式で入手したい場合は、関数summary()を使う。

```
summary(aapl_close)
## Min.    1st Qu. Median    Mean   3rd Qu.   Max.
## 11.00   25.50    40.50    96.29   77.00   702.10
```

関数summary()は、平均値、メジアン、第一分位数、第三分位数、欠落値（NA）情報を出力する。次の分析に入る前に、特定のデータセットを集計して表示してみることが重要だ。なぜならこういったサマリー統計量でデータの構造上の問題点を発見できることもあるからだ。

Rのパッケージのインストール

私たちが興味のある機能のほとんどはすでに別のRユーザーによって作成されている場合が多い。Rコミュニティーでは他人の作ったものを利用することが奨励されている。すでに作成されたものがあり、それがうまく機能するのなら新たに作る必要などない。パッケージやライブラリーは関数（通常はR、C++、C、Fortranで書かれている）やデータ、特定のテーマに関するドキュメンテーションを1つにまとめたものだ。そういったテーマのリストはCRANタスクビューのウェブサイトで見ることができる（https://cran.r-project.org/web/views/）。内部利用のためだけに独自のパッケージを作成している企業もある。こうしたパッケージの作成方法については、Rの高度プログラミングに関するハドリー・ウィッカムの本が出発点として役立つだろう（http://adv-r.had.co.nz/Philosophy.html を参照）。

このあと私たちが使うパッケージはquantmodだ。このパッケージはジェフリー・リャン（シカゴ在住のクオンツ兼開発者。人気の高い金融関連のRパッケージの開発者、共作者として有名。これらのパッ

ケージには、quantmod、xts、mmap、greeks［49、99］がある）が作成したもので、これを使えば金融時系列データを直観的な方法で扱うことができる。

　quantmodをインストールするには、Rコンソールを開いて、次のコマンドを入力する——install.packages("quantmod")。パッケージ名が二重引用符で囲まれていることに注意しよう。関数install.packages()の引数の全リストは以下のとおりである。

```
install.packages(pkgs, lib, repos = getOption("repos"),
  contriburl = contrib.url(repos, type),
  method, available = NULL, destdir = NULL,
  dependencies = NA, type = getOption("pkgType"),
  configure.args = getOption("configure.args"),
  configure.vars = getOption("configure.vars"),
  clean = FALSE, Ncpus = getOption("Ncpus", 1L),
  verbose = getOption("verbose"),
  libs_only = FALSE, INSTALL_opts, quiet = FALSE,
  keep_outputs = FALSE, ...)
```

　インストールの最中、quantmodは自動的にそれが必要とするすべての従属物を読み込む。ローカルコンピューターがインターネットに接続されると、Rはインストールしたパッケージをデフォルトフォルダーに保存する。このフォルダーの場所は、引数libを使って違うパスを指定することで変更することができる。

　パッケージのインストールとそれを使うことは別問題だ。インストールは1回限りだが、パッケージの読み込みはスクリプトが呼び出されるたびに行われる。R環境にパッケージを読み込むにはlibrary()またはrequire()コマンドを使う。どちらを使っても構わない（library()もrequire()もパッケージをメモリーに読み込むためのコマンド。パッケージがインストールされていなければ、library()はエラーを出して

くるが、require()は警告を出してくるだけだ。パッケージがインストールされていなければ、require()はFALSEも出してくる）。

データの保存と伝送

分析を始める前に、データを効率的に取り込み、保存する方法を知らなければならない。データの取り込み・保存にはいろいろな方法がある。保存場所としてよく使われる媒体は以下のとおりである。

●コンマで仕切られたファイル（.csv）
●エクセルのスプレッドシート（.xlsまたは.xlsx）
●リレーショナルデータベース

データの取り込みや保存にはこのほかにもオプションがある（CRANタスクビューのウェブテクノロジーの項には、データをウェブから入手し解析するのを容易にしてくれる人気の高いパッケージが紹介されている。https://cran.r-project.org/web/views/WebTechnologies.html）が、私たちが行うタスクの90％に関しては、これらのファイルの扱い方を知っていれば十分だ。

データを1つのコンピューターから別のコンピューターに転送する（これもデータの保存に含まれる）には、.jsonデータフォーマットが便利だ。JSONはJavascript Object Notationの略で、情報を人間が読めるフォーマットで保存するのにキーバリューのパラダイムを使っている。

.jsonファイルの例は以下のとおりである。

```
{
  "CVX":
  {
    "Currency": "USD",
    "Sector": "Basic Materials",
    "Industry": "Major Integrated Oil & Gas"
  },
  "GOOG":
  {
    "Currency": "USD",
    "Sector": "Technology",
    "Industry": "Internet Information Providers"
  }
}
```

このファイルはコンピューターに保存され、RJSONIOパッケージを通じてリストオブジェクトに変換される。

```
# Install and load the package
install.packages("RJSONIO")
library(RJSONIO)

# Read the file
out <- fromJSON(content = "path/sample_json_file.json" )
# Look at the structure of the resulting object
str(out)
## List of 2
## $ CVX : Named chr [1:3] "USD" "Basic Materials"...
##   ..- attr(*, "names")= chr [1:3] "Currency"...
## $ GOOG: Named chr [1:3] "USD" "Technology"...
##   ..- attr(*, "names")= chr [1:3] "Currency"...
```

アプリケーション間でデータのコード化と転送を行うのによく使われるフォーマットにはXML（Extensible Markup Language）や

YAMLもある。YAMLは「YAML Ain't Markup Language」の再帰的頭字語（アメリカのコンピューター技術者の間、特にMITで流行した言葉遊びで、頭字語の中にその頭字語自身が含まれているもの）だ。XMLとYAMLは、データを人間の読めるフォーマットにコード化するという意味で似ている。RデータをXMLやYAMLに変換するためのRパッケージはそれぞれXMLおよびyamlと呼ばれている。

　フォーマットをもっと簡単にするには、データを.rdataファイルまたは.rdsファイルとして保存すればよい。Rではこれはsave()やsaveRDS()コマンドを使って行う。これらの関数はデータオブジェクトを二進数形式に変換するための関数だ。オブジェクトをRに戻すにはload()およびreadRDS()コマンドを使う。末尾に付けるファイル名は好みの名前を付ければよい。.rdataと.rdsを使うのは明確さと便宜上のためだ。

　試しに、Yahooから取得したAAPLデータフレームを.csvファイルとして保存し、そのサイズを問い合わせてみよう。

```
write.csv(aapl_2, file = "path/aapl_2.csv")
```

このファイルのディスク上での保存容量は455KBだ。

```
save(aapl_2, file = "path/aapl_2.rdata")
```

　元のデータフレームを二進数のオブジェクトとして保存することで、保存容量はわずか164KBになる。実に2.5倍も縮小されたわけである。同じファイルであることを確認するためには、保存したファイルをメモリーに読み込み、.csvファイルと比較してみればよい。save()コマンドはすべてのものをメイン環境に保存するので、古いファイルは重複しないように名前を変えなければならない。saveRDS()を使っても

同様の作業が可能だ。この場合、ファイルを新しい変数に代入して、古い変数を削除する。

```
aapl_old <- aapl_2
rm(aapl_2)
load(file = "path/aapl_2.rdata")
```

同じオブジェクトであることを確認するにはidentical()コマンドを使う。

```
identical(aapl_old, aapl_2)
## [1] TRUE
```

できるだけ二進数のRオブジェクトを使ったほうがよい。その場合、異なるフレームワーク間での移植性は犠牲を強いられる。多くのアプリケーションではすでに.csvフォーマットや.jsonフォーマットが使われているが、Rのユーザーたちはいまだにシリアライズファイルを使っている。

スプレッドシートからデータを取り出す

金融業界ではスプレッドシートがよく使われる。トレーダー、会計士、クオンツなどのプロは金融商品のポートフォリオを管理したり、会計量をトラッキングしたり、定量分析をするのにスプレッドシートをよく使う。XLConnectパッケージはエクセルに対するプラットフォームに依存しないインターフェースを提供してくれるため、データをRデータフレームに変換するのに役立つ[33]。開発者のウェブサイト（http://www.mirai-solutions.com/）によれば、XLConnectはフリーソフトで、登録する必要はなく、何らの義務も生じない。このパ

図3.3 シグナルシートの例

	A	B	C	D
1	時間	シグナル1	シグナル2	
2	8:30:00	0.43	−0.2	
3	8:31:00	0.54	0.33	
4	8:32:00	0.32	−0.21	
5				
6				

図3.4 ストレングスシートの例

	A	B	C	D
1				
2				
3				
4				
5		強さ	スコア	
6		2	7.5	
7		3	8.4	
8		6	5.4	
9				
10				

ッケージの機能を使うのに、エクセルをインストールする必要もない。唯一の条件として、Java Runtime Environment（JRE）の最新バージョンのインストールが必要だ。

2つのシートからなる.xlsxワークブックを使って機能を説明していこう。最初のシートの名前はsignalsで、2番目のシートの名前はstrengthだ。ワークブックの名前はstrategy.xlsxである。

```
library(XLConnect)

# Create a workbook object
book <- loadWorkbook("path/strategy.xlsx")

# Convert it into a data frame
signals = readWorksheet(book, sheet = "signals", header
= TRUE)
```

```
signals
##       time signal1 signal2
## 1 08:30:00    0.43   -0.20
## 2 08:31:00    0.54    0.33
## 3 08:32:00    0.32   -0.21

strength = readWorksheet(book, sheet = "strength", header
= TRUE)

strength
##   intensity score
## 1         2   7.5
## 2         3   8.4
## 3         6   5.4
```

ワークブックを作成して、Rからのデータを投入することも可能だ。

```
# Setup a new spreadsheet
book <- loadWorkbook("demo_sheet.xlsx", create = TRUE)

# Create a sheet called stock1
createSheet(book, name = "stock1")

# Creating a sheet called stock2
createSheet(book, name = "stock2")

# Load data into workbook
df <- data.frame(a = c(1, 2, 3), b = c(4, 5, 6))
writeWorksheet (book, data=df, sheet="stock1", header = TRUE)

# Save the workbook
saveWorkbook(book, file = "path/demo_sheet.xlsx")
```

Rでのエクセルファイルの扱い方についてもっと詳しく知りたい人は、ニコラ・スツラロ・ソマカル（Nicola Sturaro Sommacal）の投

稿を読んでもらいたい（http://www.r-bloggers.com/read-excel-files-from-r/）。

データベースへのアクセス

　クオンツやトレーダーはキャリアのどこかの地点で、データベースからデータを取り出したり、入力したりする必要に迫られる。金融やトレード関連のデータベースはほとんどがリレーショナルデータベースだ。数年前には非リレーショナルなデータベースであるNoSQLタイプのデータベースが登場した（NoSQLはNot Only SQLの略語。これらのデータベースは非リレーショナルなデータベースで、キーバリュー型に属し、グラフィック型、ドキュメント型の特徴を持つ。人気のNoSQLデータベースにはMongoDB、Redis、Neo4j、Cassandraがある）。Rはリレーショナルデータベースにも NoSQLタイプのデータベースにもアクセス可能だ。データベースとはデータを素早く拡張可能に保存したり、取り出したりする機能を持つ保存媒体だ。多くのデータベースは問い合わせ言語を持っている。SQLはそうした言語の一例だ。SQLはStandard Query Language（標準問い合わせ言語）の略だ（ウィキペディアでは、SQLは「リレーショナルデータベース管理システム［RDBMS］に保存されたデータを管理するためのプログラミング言語」と説明されている。SQLは1970年代初期から存在し、エドガー・コッドのリレーショナルモデル［論文「A Relational Model of Data for Large Shared Data Banks」］をベースにしたものだ。言語そのものはIBMのドナルド・D・チェンバリンとレイモンド・F・ボイスによって開発された。開発当初はSEQUEL［Structured English Query Language］と呼ばれていた）。SQLを使ったデータベースにはいろいろなものがある。人気のデータベースは**表3.1**に示したとおりである。

表3.1 人気のリレーショナルデータベース

Oracle	www.oracle.com/database
MySQL	www.mysql.com
Microsoft SQL Server	www.microsoft.com/sql-server
PostgreSQL	www.postgresql.com
Microsoft Access	www.office.microsoft.com/en-us/access
DB2	www.ibm.com/software/data/db2

　次の例ではMySQLデータベースからデータを取り出してみよう。こうしたデータベースを作成し、データを投入するのは本書の範囲を超えているので、データベースの作成方法については巻末の参考文献を参照してもらいたい（MariaDBをインストールして、データディレクトリーを作成し、データベースのインスタンスを作成する方法については、https://github.com/ を参照のこと。mariadb.orgのウェブサイトによれば、「MariaDBはMySQLと完全互換性を持つ改良されたデータベース」とある）。この例では、MySQLデータベースがすでに存在し、データも投入されているものと仮定する。

　RからMySQLデータにアクセスする方法は3つある。RODBCパッケージを使う方法、RMySQLパッケージを使う方法、dplyrパッケージを使う方法の3つだ。

　RODBCパッケージは、Open Database Connectivity（ODBC）プログラミングインターフェースへのRラッパーだ。このインターフェースを使えばサードパーティーのアプリケーションがリレーショナルデータベースに自由にアクセスし、SQLコールを使ってデータベースのデータを操作することができる。ウィンドウズマシンでは、登録されたデータソースの名前をODBC Data Source Administratorメニューで設定することができる。MySQLの適切なドライバーをインストールし、名前を定義したら、odbcConnect()コマンドを使ってMySQL

インスタンスにアクセスすることができる。MySQLインスタンスは複数のデータベースで構成することが可能で、各データベースは1つ以上の表を持つ。表の各行はそれぞれ異なる記録とみなされ、表の各列のことをフィールドという。この例で設定したデータベースはOptionsDataで、これはATMVolatilitiesという表を持ち、この表にはいくつかの銘柄のダミーのインプライドボラティリティの推定値が含まれる。表のフィールドには、オプションのシンボル、オプションの満期日、満期日までの日数、デルタ、プット・コール、インプライドボラティリティが含まれる。

```
# Load the RODBC package
require(RODBC)

# Establish a connection to MySQL
con <- odbcConnect("rfortraders")

# Choose the database name and table name
database_name <- "OptionsData"
table_name <- "ATMVolatilities"
symbol <- "SPY"
sql_command <- paste0("SELECT Symbol, Date, Maturity,
  Delta, CallPut, ImpliedVolatility FROM ",
  database_name, ".", table_name,
  " WHERE Maturity = 91
  AND Symbol IN ('", symbol, "');")

iv <- sqlQuery(con, sql_command)

# disconnect from database
odbcClose(con)
```

上記のSQLクエリーはSPY ETFの満期が91日のオプションの任意の日数に対するインプライドボラティリティを取り出す。出力は以下

のとおりである。

```
head(iv)
## Symbol Date     Maturity Delta CallPut ImpliedVolatility
## SPY   6/9/2014  91       55    C       0.115925
## SPY   6/9/2014  91       60    C       0.119577
## SPY   6/9/2014  91       65    C       0.123468
## SPY   6/9/2014  91       70    C       0.127629
## SPY   6/9/2014  91       75    C       0.132094
## SPY   6/9/2014  91       80    C       0.136776
```

RMySQLパッケージの機能はRODBCパッケージとほぼ同じだ。RMySQLパッケージはMySQLデータベースとやり取りするためのパッケージで、MySQLデータベースを使っている実践家たちはこちらのパッケージのほうを好んで使っている。ローカルインスタンスにアクセスし、データをデータフレームの形で取り出し、接続を閉じるためのコードは以下のとおりである。

```
# Load the necessary package
require(RMySQL)

# Establish a connection
con <- dbConnect(MySQL(), user="your_login",
  password="your_password",
  dbname="OptionsData",
  host="location_of_database")

# List the tables and fields
dbListTables(con)

# Define the command and extract a data frame
sql_command <- paste0("SELECT Symbol, Date, Maturity,
  Delta, CallPut, ImpliedVolatility FROM ",
  database_name, ".", table_name,
```

```
" WHERE Maturity = 91
AND Symbol IN ('", symbol, "');")

result <- dbGetQuery(con, sql_command)

# Close the connection
dbDisconnect(con)
```

データ量が多い場合は、データを表形式で取り出すことも可能だ。

```
results <- dbSendQuery(con, sql_command)
partial_results <- fetch(results, n = 100)
```

dplyrパッケージ

dplyrパッケージもまたハドリー・ウィッカムとロマン・フランソワが開発したものだ［45、44］。これは非常に人気の高いplyrパッケージを発展させたものだ。dplyrの最新バージョンではRデータフレームを効率的に扱えるようになった。dplyrのdはデータフレームを意味する。dplyrの開発ではいろいろと思考が重ねられ、パッケージの時間依存の要素のほとんどはC++で直接実行される。Rコミュニティーはデータ操作タスクの多くをdplyrに移行することが予想される。現在のところソースコードはギットハブに保存されている（https://github.com/hadley/dplyr）。パッケージは、CRAN版か最新のギットハブ開発版をインストールすることができる。

```
# Get the CRAN version
install.packages("dplyr")
require(dplyr)
```

```
# Or, first load devtools
install.packages("devtools")
require(devtools)

# Get the github version
devtools::install_github("hadley/dplyr")
require(dplyr)
```

　dplyrで難しい作業をする前に、tidy data（クリーニングしたデータ）という概念に慣れておくのがよいとハドリーは言う。tidy dataについては、http://vita.had.co.nz/papers/tidy-data.pdf を参照してもらいたい。

　ギットハブのリリースノートによると、dplyrが現在サポートしているフォーマットは以下のとおりである。

●データフレーム
●データテーブル
●SQLite
●PostgreSQL/Redshift
●MySQL/MariaDB
●Bigquery
●MonetDB
●配列に格納されたデータキューブ

　dplyrを使えばデータの入れ物の詳細をユーザーは知る必要がない。例えば、tbl()を使えば、上記のリポジトリーから取り出したデータを表形式で表すことができる。

　dplyrを使うときに注意すべき重要なコマンドは以下のとおりである。

- tbl()
- group_by()
- summarise()
- do()
- %>%

次の例はコアとなる機能のいくつかに焦点を当て、dplyrの標準インストールに含まれるデータセットを使う。この例の完全版は、https://github.com/hadley/dplyr で見ることができる。

```
# Load the flight database that comes with dplyr
library(hflights)

# Look at number of rows and columns
dim(hflights)
## [1] 227496      21
```

このデータフレームの行は**表3.2**に示したとおりである。

ここで私たちがやりたいのは、一部のデータに対するサマリー統計量を計算することだ。まず最初にデータをdata.tableに強制変換する[72]（これもまた素晴らしい表構造で、検索やデータ操作が非常に効率的に行える。マット・ドールが行った最近のプレゼンテーションはこのパッケージの仕組みを詳しく説明している。http://www.rinfinance.com/agenda/2014/workshop/MatthewDowle.pdf を参照）。data.tableよりもデータフレームへの変換のほうが簡単だったかもしれない。

表3.2　dplyrからの行データの例

hflightsの行データの例	
年	2011
月	1
その月の日付	2
曜日	7
出発時間	1401
到着時間	1500
キャリア	AA
フライトナンバー	428
テールコード	N576AA
実際の経過時間	60
飛行時間	40
飛行時間の遅延	−10
出発の遅延	0
出発地	IAH
到着地	DFW
距離	224
到着案内	7
離陸案内	13
キャンセル	0
キャンセルコード	0
到着地変更	0

```
# First, coerce the data into a data.table
flights_dt <- tbl_dt(hflights)

# What type of object is this?
class(flights_dt)
## [1] "tbl_dt"    "tbl"    "data.table"  "data.frame"
```

すべてのキャリア（航空会社）の到着遅延時間のメジアンを求めるには、まずデータをキャリア別にグループ分けする。

表3.3 dplyrのsummariseの出力

平均遅延時間の例	
キャリア	平均遅延時間
AA	0.89
AS	3.19
B6	9.85
CO	6.09
DL	6.08
EV	7.25
F9	7.66
FL	1.85
MQ	7.15
OO	8.69
UA	10.46
US	−0.63
WN	7.58
XE	8.18
YV	4.01

```
# Create a grouping by carrier
carrier_group <- group_by(flights_dt, UniqueCarrier)

# Now compute the summary statistics
summarise(carrier_group, avg_delay = mean(ArrDelay, na.rm
= TRUE))
```

サマリー統計量の計算時間はおよそ10ミリ秒だから非常に速い。結果は**表3.3**に示したとおりである。

関数do()は任意の関数をデータに適用するためのもので、%>%演算子は結果を1つにまとめるためのものだ。例はRコンソールで?doと入力すれば見ることができる。

データ分析を真剣にやろうと思っている人は、dplyrパッケージは

ぜひとも習得しておきたい。Rで行うデータフィルタリングやデータ分析に役立つからだ。しかし、tidy dataパラダイムに慣れるのには少し時間がかかるだろう。dplyrは中級レベルのテーマなので、詳細な探究は読者に任せたいと思う。

xtsパッケージの使い方

本章の最初にAAPLの株価の推移を見た。このデータは.csvファイル形式でYahooからダウンロードしてRに読み込んだものだ。作成したプロットはかなり粗雑で、折れ線グラフであること以外には、株式トレーダーにとって関心があると思われるx軸における時間やほかの測度などの役立つ情報は一切含まれていなかった。

本章の目的の1つは、ウェブから金融時系列を自動的に取り出し、有益なプロットを作成することだ。そのためのパッケージがquantmodパッケージだ。

quantmodが依存するパッケージの1つがxts［49］である。このパッケージは時系列データを扱いやすくするためのパッケージだ。xtsについて知っておくべき最も重要なことは、xtsはコアデータとタイムインデックスとを組み合わせた新しいオブジェクトを作成するのに使えるということである。xtsを使えば、タイムインデックスに基づいて問い合わせしたり、元となるデータを変換するといったことができるようになるので非常に便利だ。

xtsのドキュメンテーションは非常に詳しく説明されている。ヘルプページにリストアップされた例を見ると、利用できる機能を知ることができる。

```
# load the library xts
library(xts)

# Load a small dataset that comes along with xts.
# We could have used our original .csv file as well.
data(sample_matrix)

# Look at the data
head(sample_matrix)
## [1] "matrix"

# What is the type of this object?
class(sample_matrix)
## [1] "matrix"

# Use the str() command to get more details about this object.
str(sample_matrix)

## num [1:180, 1:4] 50 50.2 50.4 50.4 50.2 ...
## - attr(*, "dimnames")=List of 2
## ..$ : chr [1:180] "2007-01-02" "2007-01-03"
## "2007-01-04" "2007-01-05" ...
## ..$ : chr [1:4] "Open" "High" "Low" "Close"
```

str()コマンドの出力は気の遠くなるようなものだ。行列は180行4列の行列で、行の名前は日付で、列の名前は文字列（"Open"、"High"、"Low"、"Close"）だ。このデータをxtsオブジェクトに変換してみよう。見た目は前とあまり変わらないが、その裏でRはインデクシングを行っている。

```
xts_matrix<-as.xts(sample_matrix, descr ='my new xts object')
```

宣言には説明は不要だ（これはオプションパラメーター）。xts_matrixに前と同じようにstr()コマンドを使う。

```
str(xts_matrix)
## An 'xts' object on 2007-01-02/2007-06-30 containing:
## Data: num [1:180, 1:4] 50 50.2 50.4 50.4 50.2 ...
## - attr(*, "dimnames")=List of 2
##   ..$ : NULL
##   ..$ : chr [1:4] "Open" "High" "Low" "Close"
##   Indexed by objects of class: [POSIXct,POSIXt] TZ: 
## xts Attributes:
## List of 3
##  $ tclass: chr [1:2] "POSIXct" "POSIXt"
##  $ tzone : chr ""
##  $ descr : chr "my new xts object"
```

表示された内容は前とは異なる。行の名前が消えて、POSIX（POSIXは「Portable Operating System Interface」の略。これはIEEEによって定められた、UNIXベースのOSが備えるべき最低限の仕様のセット。POSIXctは1970年元旦からの秒数を表している）タイムクラスに置き換わっている［132］。class(xts_matrix)コマンドは、このオブジェクトがzooクラスからの属性のいくつかを継承していることを示している。

プロットの例を見てみよう。関数plot()はxts入力オブジェクトを扱っていることを知っているので、それに応じて異なるレイアウトのグラフを作成する。ここではポリモフィズムが使われている（ポリモフィズム［多態性］とはオブジェクト指向のプログラミング概念で、同一の関数を使ってオブジェクトごとに異なった処理を行わせることを意味する。例えば、同じ関数speak()を呼び出しても、catオブジェクトとdogオブジェクトでは結果が違ってくる）。

図3.5 xtsの最初のプロット

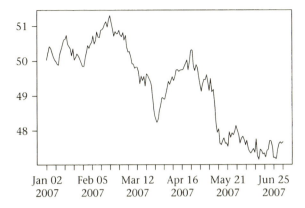

図3.6 xtsのローソク足グラフ

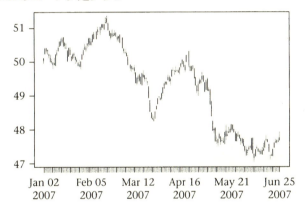

```
# Simple plot
plot(xts_matrix[,1], main = "Our first xts plot",
  cex.main = 0.8)


# Or we can try something fancier.
 plot(xts_matrix, main = "Candle plot on xts object",
   cex.main = 0.8, type = "candles")
```

図3.7　xtsグラフの拡大図

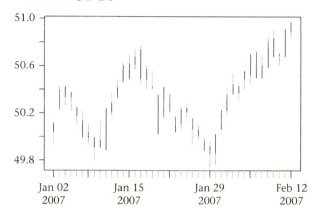

時系列をxtsオブジェクトに変換する主な理由は、xtsの持つインデキシングを使えるからだ。2つの日付間の株価をプロットする場合、どうすればよいだろうか。例を見てみよう。

```
plot(xts_matrix["2007-01-01::2007-02-12"],
  main = "An xts candle plot with subsetting",
  cex.main = 0.8, type = "candles")
```

価格行列には1つの文字列が引数として引き渡されている。この時間ベースのフォーマットは人間が読める形の日付を扱うのに最適だ。

```
range <- "2007-03-15::2007-06-15"
plot(xts_matrix(range))
```

関数paste()は文字列をつなぎ合わせるのに使われる。この関数は引数として入力された文字列をつなぎ合わせる。sep = " "を指定しないかぎり、各文字列は1つのスペースで区切られる。

```
start_date <- "2007-05-05"
end_date <- "2007-12-31"

plot(xts_matrix[paste(start_date, "::",
  end_date, sep = "")])

# Defaults to space separator
paste("Hello", "World", "in R")
## [1] "Hello World in R"

paste("Hello", "Again", sep = "**")
## [1] "Hello**Again"
```

文字列ベクトルは以下に示したように、ベクトルの要素間に特殊な分離記号を入れてつなぎ合わせることができる。

```
paste(c(1,2,3,4,5), collapse = "oooo")
## [1] "1oooo2oooo3oooo4oooo5"
```

　時系列分析に進む前に、xtsオブジェクトの特徴をもう少し見てみることにしよう。よくある質問は、タイムスタンプのフォーマットをどうするかである。つまり、xtsは任意の文字列によって指定される時間をどうやって知るのかということである。前の例では、行列をxtsオブジェクトに変換するのにas.xts()コマンドを使った。この関数は、行の名前はタイムインデックスとして使うべきであることを知っている。また、2007-01-04はyyyy-mm-dd（年は4桁、月は2桁、日は2桁で表す）形式であることも知っている。タイムスタンプが04012007や01-04-2007や2007/01/04という形で提供されていたらどうなっていただろうか。ユーザーはタイムインデックスのフォーマットを指定する必要がある。

　次の例を見てみよう。

図3.8 垂線と平行線を加えたxtsグラフ

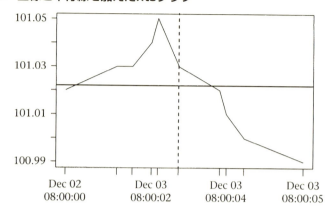

```
# Create a vector of 10 fictitious stock prices along with
# a time index in microsecond resolution.
price_vector <- c(101.02, 101.03, 101.03, 101.04, 101.05,
    101.03, 101.02, 101.01, 101.00, 100.99)

dates <- c("03/12/2013 08:00:00.532123",
    "03/12/2013 08:00:01.982333",
    "03/12/2013 08:00:01.650321",
    "03/12/2013 08:00:02.402321",
    "03/12/2013 08:00:02.540432",
    "03/12/2013 08:00:03.004554",
    "03/12/2013 08:00:03.900213",
    "03/12/2013 08:00:04.050323",
    "03/12/2013 08:00:04.430345",
    "03/12/2013 08:00:05.700123")

# Allow the R console to display the microsecond field
options(digits.secs = 6)

# Create the time index with the correct format
time_index <- strptime(dates, format = "%d/%m/%Y %H:%M:%OS")

# Pass the time index into the its object
xts_price_vector <- xts(price_vector, time_index)
```

options(digits.secs）コマンドは、時間を秒でフォーマットしたときにスクリーンにプリントアウトする最大桁数を指定するものだ。コンソールでxts_price_vectorが参照されたとき、タイムスタンプはマイクロ秒で表示される。関数strptime()は文字列や文字列ベクトルを入力として受け取り、それらを特定のフォーマットに変換する。注意しなければならないのは、その特定のタイムスタンプはマイクロ秒で表されるということだ。したがって、タイムフォーマットの最後に%S（秒）ではなくて%OSを付ける必要がある。特殊なフォーマットについては詳しくは?strptimeを入力して調べよう。

　完全に有効なxts時系列オブジェクトが出来上がったところで、これをプロットし、以前やったように垂線や平行線を追加することもできる。垂線にはタイムスタンプを付けることができる。垂線で唯一難しいのは、タイムスタンプのフォーマットを定義しなければならない点だ。これは関数.POSIXct()を使って行うことができる。

```
# Plot the price of the fictitious stock
plot(xts_price_vector, main = "Fictitious price series",
  cex.main = 0.8)

# Add a horizontal line where the mean value is
abline(h = mean(xts_price_vector), lwd = 2)

# Add a vertical blue line at a specified time stamp
my_time <- as.POSIXct("03/12/2013 08:00:03.004554",
  format = "%d/%m/%Y %H:%M:%OS")

abline(v = my_time, lwd = 2, lty = 2)
```

　このPOSIXctとは何なのだろうか。これは日付・時間オブジェクトを以前述べたPOSIXフォーマットに変換するラッパーだ。Rには日付と時間構造を実装するためのパッケージがたくさんある（日付・時

間パッケージで人気があるのは、lubridate、chron、timeData)。

価格ベクトルからデータを取り出すには、coredata()コマンドを使う。次の例はタイムインデックスを直接操作するものだ。この例では非均質な時系列を作成する。時間の非均一性は実用で頻繁に登場する。重要なイベントは不規則な時間間隔で現れるのが普通だ。例えば、いろいろな時間間隔のS&P500Eミニ (ES) 先物トレードを見てみよう。それは次のようなものだ。

```
es_price <- c(1700.00, 1700.25, 1700.50, 1700.00, 1700.75,
    1701.25, 1701.25, 1701.25, 1700.75, 1700.50)

es_time   <- c("09/12/2013 08:00:00.532123",
    "09/12/2013 08:00:01.982333",
    "09/12/2013 08:00:05.650321",
    "09/12/2013 08:10:02.402321",
    "09/12/2013 08:12:02.540432",
    "09/12/2013 08:12:03.004554",
    "09/12/2013 08:14:03.900213",
    "09/12/2013 08:15:07.090323",
    "09/12/2013 08:16:04.430345",
    "09/12/2013 08:18:05.700123")

# create an xts time series object
xts_es <- xts(es_price, as.POSIXct(es_time,
    format = "%d/%m/%Y %H:%M:%OS"))

names(xts_es) <- c("price")
```

高頻度トレーディングで出てくる興味のある測定値の1つは、注文到着率である。この値はトレード間のタイムスタンプの連続する違いを見ることで推定することができる。関数difftime()は、2つの日付・時間オブジェクトの時間差を計算する関数だ。この例では時間単位は明示的に秒に設定している。デフォルトの設定も秒である。

```
time_diff <- difftime(index(xts_es)[2], index(xts_es)[1],
  units = "secs")

time_diff
## Time difference of 1.45021 secs
```

すべてのペアに対してこの処理を繰り返し、結果をベクトルで保存することができる。

```
diffs <- c()
for(i in 2:length(index(xts_es))) {
  diffs[i] <- difftime(index(xts_es)[i], index(xts_es)[i - 1],
    units = "secs")
}
```

これでも悪くはないが、最適な方法ではない。ベクトルを使った解法は以下のとおりである。

```
diffs <- index(xts_es)[-1] - index(xts_es)[-length(index(xts_es))]

diffs
## Time differences in secs
## [1]    1.4502099    3.6679881  596.7520001
## [4]  120.1381109    0.4641221  120.8956590
## [7]   63.1901100   57.3400221  121.2697780
## attr(,"tzone")

class(diffs)
## [1] "difftime"
```

関数index()を3回ではなくて1回だけ呼び出すことで、このコードはさらに最適化することができる。

図3.9 トレード間の時間差グラフ

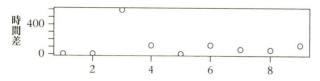

図3.10 quantmodからのAAPLのデータ

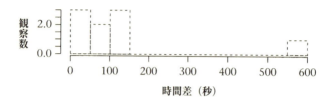

	AAPL.Open	AAPL.High	AAPL.Low	AAPL.Close	AAPL.Volume	AAPL.Adjusted
2007-01-03	86.29	86.58	81.90	83.80	44225700	80.54
2007-01-04	84.05	85.95	83.82	85.66	30259300	82.33
2007-01-05	85.77	86.20	84.40	85.05	29812200	81.75
2007-01-08	85.96	86.53	85.28	85.47	28468100	82.15
2007-01-09	86.45	92.98	85.15	92.57	119617800	88.97
2007-01-10	94.75	97.80	93.45	97.00	105460000	93.23

```
es_times <- index(xts_es)
diffs <- es_times[-1] - es_times[-length(es_times)]

diffs
## Time differences in secs
## [1]   1.4502099    3.6679881  596.7520001
## [4] 120.1381109    0.4641221  120.8956590
## [7]  63.1901100   57.3400221  121.2697780
## attr(,"tzone")
```

　架空のES先物時系列の連続するトレード間の時間差をグラフで表すことも可能だ。

```
par(mfrow = c(2, 1))
diffs <- as.numeric(diffs)
plot(diffs, main = "Time difference in seconds for ES trades",
  xlab = "", ylab = "Time differences",
  cex.lab = 0.8,
  cex.main = 0.8)
grid()

hist(diffs, main = "Time difference in seconds for ES trades",
  xlab = "Time difference (secs)", ylab = "Observations",
  breaks = 20,
  cex.lab = 0.8,
  cex.main = 0.8)
grid()
```

quantmodパッケージの使い方

quantmodパッケージを使えば、xtsフォーマットの金融データにオンラインでもオフラインでもアクセスすることができる。また必要に応じて複雑なグラフも作成することができる。

以下のコードはアップルの株価をYahooから取り出す方法を示したものだ。

```
# Load the quantmod packages after installing it locally.
library(quantmod)
AAPL <- getSymbols("AAPL", auto.assign=FALSE)

head(AAPL)
```

AAPLは始値、高値、安値、終値、出来高、調整価格データを含むxtsオブジェクトになった。

auto.assignパラメーターは返されたオブジェクトを.GlobalEnvでは

なくてローカルな変数に保存するためのものだ。getSymbols()の引数にはこのほかにもsrc、time、verboseなどがある。

引数srcは入力データのソースを指定するためのもので、次のようなソースから情報を取り出すように設定することができる。

- Yahoo
- Google
- Fred
- Oanda
- mysql
- .csvファイル

時間の引数は"2011/"または"2010-08-09::2010-08-12"の形を取る。

quantmodによるグラフの作成

関数chartSeriesは始値、高値、安値、終値を含むxtsオブジェクトに直接適用することができる。chartSeriesには多くの引数が存在し、これらを使えばチャートのさらなるカスタム化が可能だ。もっと詳しく知りたいときは ?chartSeries と入力すれば調べることができる。以前作成したAAPLオブジェクトを使った関数の出力は以下のとおりである。

```
# Adding some technical indicators on top of the original plot
  chartSeries(AAPL, subset='2010::2010-04',
    theme = chartTheme('white'),
    TA = "addVo(); addBBands()")
```

関数reChart()は元のチャートをすべての引数を指定することなく

図3.11　株価チャートにインディケーターを追加（Chartseries）

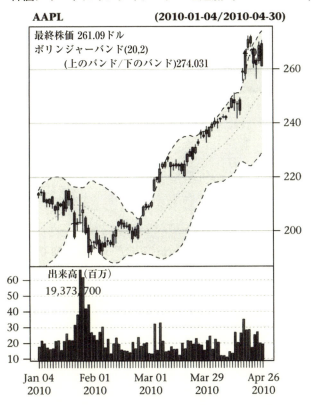

更新するのに使える。

```
reChart(subset='2009-01-01::2009-03-03')
```

　quantmodパッケージを使えば、あらゆるグラフにテクニカルインディケーターを自由に上乗せすることができる。これらのテクニカルインディケーターはジョッシュ・ウルリッチが作成したTTRパッケージに含まれている［59］。TTRはquantmodをインストールする過程で自動的に読み込まれるパッケージだ。

図3.12 株価チャートにインディケーターを追加（Chartseries）

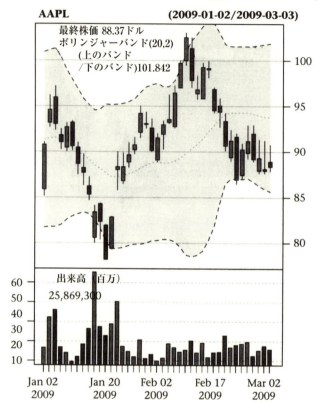

```
chartSeries(AAPL, subset='2011::2012',
  theme = chartTheme('white'),
  TA = "addBBands(); addDEMA()")
```

テクニカルインディケーターはグラフを描いたあとで関数addVo()やaddDPO()を使って呼び出すこともできる。

addTA()とnewTA()も便利な関数だ。これはカスタムインディケーターをサブチャートとして作成したり、メーングラフに上乗せするのに使うことができる。

次の例では、テクニカルインディケーターのないAAPLの株価をプロットして、そのあと終値を使ってカスタムインディケーターを作成する。カスタムインディケーターは既存の価格に90を加えたものだ。もちろんこの方法は複雑なインディケーターの作成に使うこともできる。

```
# Initial chart plot with no indicators
chartSeries(AAPL, theme = chartTheme('white'), TA = NULL)

# Custom function creation
my_indicator <- function(x) {
    return(x + 90)
}

add_my_indicator <- newTA(FUN = my_indicator, preFUN=Cl,
  legend.name = "My Fancy Indicator", on = 1)

add_my_indicator()
```

ggplot2によるグラフの作成

ggplot2パッケージを使ってもグラフを描くことが可能だ［40］。このパッケージの作成者もハドリー・ウィッカムで、これはRパッケージのなかでも最も人気の高いパッケージだ。ggplot2パッケージは『グラマー・オブ・グラフィックス（Grammar of Graphics）』（この概念については、http://vita.had.co.nz/papers/layered-grammar.pdfを参照のこと）から着想を得たものだ。

ggplot2の機能を見ていくにあたり、AAPLのさまざまなリターン率に対する出来高分布を描いてみることにしよう。

図3.13 株価チャートにカスタムインディケーターを追加（Chartseries）

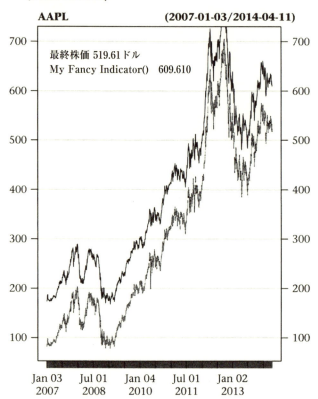

図3.14 ベクトルにcutsを適用

	価格	出来高	リターン	区切り	平均
2007-01-04	82.33	30259300	0.0219816.6	2	29516561
2007-01-05	81.75	29812200	−0.007069752	1	19686094
2007-01-08	82.15	28468100	0.004881035	1	19686094
2007-01-09	88.97	119617800	0.079752390	3	45805683
2007-01-10	93.23	105460000	0.46770324	3	45805683
2007-01-11	92.08	51437600	−0.012411794	1	19686094

```
# Create a matrix with price and volume
df <- AAPL[, c("AAPL.Adjusted", "AAPL.Volume")]
names(df) <- c("price", "volume")
```

```
# Create
df$return <- diff(log(df[, 1]))
df <- df[-1, ]
```

次に関数cut()を使ってリターンのカテゴリーを作成する。特に興味があるのはリターンの大きさだ。ここでは3つのカテゴリーを使う。

```
df$cuts <- cut(abs(df$return),
  breaks = c(0, 0.02, 0.04, 0.25),
  include.lowest = TRUE)

# Create another column for the mean
df$means <- NA

for(i in 1:3) {
  group <- which(df$cuts == i)
  if(length(group) > 0) {
    df$means[group] <- mean(df$volume[group])
  }
}
```

図3.15はオブジェクトdfの内容を表示したものだ。

カテゴリー1は低いリターンのトレード数を示したもので、カテゴリー3は高いリターンのトレード数を示したものだ。カテゴリー2のリターンはこれらの中間のリターンを表す。次のコードはカテゴリー別の出来高分布をグラフ化するためのものだ。

```
# Load ggplot2
library(ggplot2)
ggplot(df) +
geom_histogram(aes(x=volume)) +
facet_grid(cuts ~ .) +
```

図3.15　ggplot2による出来高グラフ

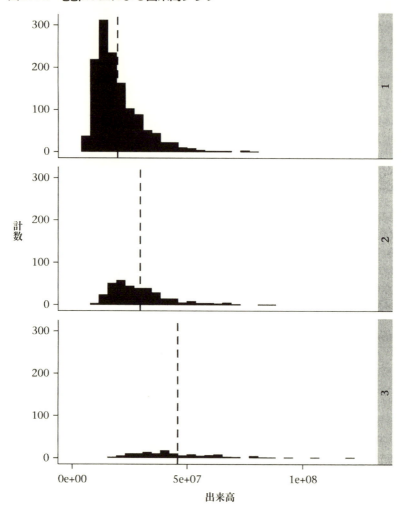

```
geom_vline(aes(xintercept=means), linetype="dashed", size=1)
```

最初はggplot2の文法は若干複雑に思えるかもしれない。データを
x軸ではどう描くのか、y軸ではどう描くのかを指定するときには

aes()を使う。またgeomはどういった種類のグラフを描くのかを指定し、+演算子を使えばレイヤーをまとめてコヒーレントなグラフを描くことができる。

　ggplot2について詳しく知りたい人は、ハドリー・ウィッカム著の『ggplot2——エレガント・グラフィックス・フォア・データ・アナリシス（ggplot2 : Elegant Graphics for Data Analysis）』［40］を読むことをお勧めする。

まとめ

　本章ではRのユーザーが日々出くわすと思われるデータ処理について見てきた。金融データをR環境に読み込むさまざまな方法や、よく使われるファイルフォーマット（.csv、.xml、.xls、.yaml、.json）の使い方についても説明した。リレーショナルデータベースからデータを取り出す例も見てきた。そして、非常に重要なxtsパッケージと、時間ベースのインデキシングの例もたくさん紹介した。dplyrパッケージによるデータの変換例や、quantmodパッケージおよびggplot2パッケージの使用例も示した。

第4章　確率と統計 —— 基礎編

Basic Statistics and Probability

　これまで生の時系列データをxtsオブジェクトに変換する方法、ローカルなレポジトリーや遠隔地のリポジトリーからデータを取り出すquantmodの使い方、ggplot2を使って基本的なグラフを作成する方法について見てきた。次のステップとしては、トレード機会を見つけるためのデータパターンについて見ていくのが理にかなっていると言えよう。そのためには、金融時系列の統計学的性質を知っておく必要がある。

　本章は統計分析の基本について説明し、統計学の専門用語も分かりやすく説明する。

統計値とは何か

　それほど厳密ではない実用的な観点から言えば、統計値とは、一組の数値を操作する関数（公式）と考えることができる。例えば、N個の数値の算術平均を計算するための公式は$\mu = \sum_{i=1}^{N} X_i / N$である。算術平均は基本的な定義を満たすため、明らかに統計値である。$W = \prod_{i=1}^{N} X_i^2 log(X_i)$も統計値だ。公式が明確に定義されているうえ、入力値はX_iである。統計値の有用性についてはまだ何も話していない。よく使われる統計値には分散、標準偏差、尖度、相関などがある。

母集団と標本

　102、103.2、102、101.2、499、103.2、101.23、99.2という一組の数値がある。これらの数値についてはいくつかの疑問が生じる。

1．これらの数値はどういった数値なのか
2．これですべてなのか。あるいはこのあとも追加されるのか
3．これらの数値は予測可能な数列なのか

　ここではっきりしているのは、出所がはっきりしないため、これらのデータについては何らかの仮説を設けなければならないということである。これらの数値がこれですべてで、あとから追加されないのであれば、これを母集団といい、これらの数値が大きな集合の一部ならば、これを標本という。

　扱っているデータが母集団なのか標本なのか、分からない場合が多い。分からないときは、手元にあるデータは標本と考えるのがよい。すべてのデータにアクセスできるのと、一部のデータにしかアクセスできないのとでは、大きな違いが生じる。例えば、この地球上のすべての山の平均の高さを出そうとしているとき、母集団を特定するのは簡単だ。母集団はこの地球上のすべての山の高さである。標本はこれらの山のうちの一部の山の高さになる。母集団から標本を選ぶのは難しい（偏った標本から計算された統計値は母集団の真の推定値を上回ったり下回ったりする［30］。この例については、http://en.wikipedia.org/wiki/Sampling_bias を参照のこと）。

　この地球上のすべての山の平均の高さを厳密に計算するには、すべての山の高さを測定する必要がある。すべての山の高さは測定できるかもしれないが、そのためには莫大なお金がかかる。こんなときに救

図4.1　母集団と標本

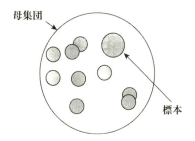

いの手を差し伸べてくれるのが標本だ。偏りのないように適切に選んだ標本は、母集団の統計量を知るのに大いに役立つのだ。

　統計とは、標本の特性を母集団の特性に変換する数学的装置と考えると分かりやすい。これは単純化のしすぎかもしれないが、基本的な概念はそのままで、正解にかなり近い解を得ることができる。基本的データにいくつかの仮説を設けることで、標本の平均的な統計量を母集団の統計量の推定値として使うことができる。用いる観測数とその選び方は結果を大きく左右する。

　直観的に考えれば、標本に含まれる観測数が多いほど、標本の平均は母集団の真の平均に近づく。また、任意の大きさの標本をたくさん使うほど、母集団の真の平均値に近づく。統計学者たちはこうした直観的な概念に名前を付けた。これらの概念はそれぞれ「大数の法則」および「中心極限定理」と呼ばれている［117、126］。

　次の例では、Rを使って正規分布から100万個の乱数を作り出す。これを母集団とする。母集団の平均は2.33、標準偏差は0.5に設定する。次にこの母集団からさまざまなサイズの標本を取り出して、各標本の平均を計算する。そして最後に、これらの標本の平均をプロットする。母集団の平均は分かっている（設定した）ので、このプロットは中心

図4.2 ガウス分布で表される母集団

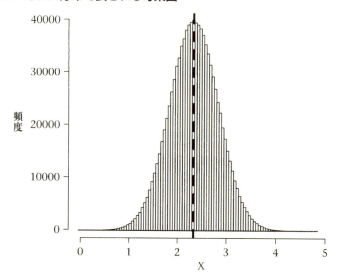

極限定理の収束特性を示すのに役立つものになるはずだ。

```
# Set the seed
set.seed(100)
X <- rnorm(1000000, mean = 2.33, sd = 0.5)
mu <- mean(X)
sd <- sd(X)
hist(X, breaks = 100)
abline(v = mu, lwd = 3, lty = 2)
```

関数set.seed()は、関数に同じ引数を与えれば常に同じ乱数を生成する。

```
set.seed(12)
rnorm(5)
## [1] -1.4805676  1.5771695 -0.9567445 -0.9200052 -1.9976421
```

前にset.seed(12)を付けずにrnorm(5)のみを実行すると、違う乱数が生成される。

```
rnorm(5)
## [1] -0.2722960 -0.3153487 -0.6282552 -0.1064639  0.4280148
```

Xから大きさが5、10、50の3つのベクトルを作る。

```
sample5  <- sample(X, 5, replace = TRUE)
sample10 <- sample(X, 10, replace = TRUE)
sample50 <- sample(X, 50, replace = TRUE)

sample5
## [1] 2.497921 2.635927 2.291848 2.127974 2.268268

sample10
## [1] 2.064451 2.274464 2.468938 1.800007 2.557669
## [6] 2.535241 1.331020 1.159151 1.661762 2.285889

sample50
## [1] 2.581844 2.138331 3.003670 1.864148 2.049141
## [6] 2.808971 1.400057 2.527640 3.639216 3.311873

mean(sample5)
## [1] 2.364388

mean(sample10)
## 2.013859

mean(sample50)
## 2.447003

mean(sample(X, 1000, replace = TRUE))
## 2.323124

mean(sample(X, 10000, replace = TRUE))
## [1] 2.334109
```

図4.3 Nが大きいときの収束

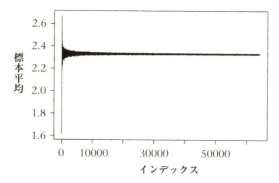

図4.4 正規分布への収束

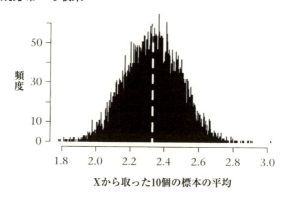

標本の平均は、標本のサイズが大きくなるにつれて母集団の平均に近づくことに注目しよう。

Rにおける中心極限定理

この例は前の例を発展させたものだ。今回はXから取り出す標本のサイズは同じである。

```
mean_list <- list()
for(i in 1:10000) {
  mean_list[[i]] <- mean(sample(X, 10, replace = TRUE))
}

hist(unlist(mean_list), breaks = 500,
  xlab = "Mean of 10 samples from X",
  main = "Convergence of sample distribution",
  cex.main = 0.8)
abline(v = mu, lwd = 3, col = "white", lty = 2)
```

標本平均の分布は正規分布に似た分布になる。中心極限定理の威力を知るために、極端に非正規な分布を持つ母集団を考えてみよう。こういった母集団は、50%の確率で0か1を繰り返し選ぶことで作成することができる。

```
population <- sample(c(0, 1), 100000, replace = TRUE)
hist(population, main = "Non-normal", cex.main = 0.8)
abline(v = mean(population), lwd = 3, lty = 3)
```

この非常に非正規な分布からサイズ10の標本を繰り返し抽出する。すると、標本平均の分布は正規分布に似た形になる。

```
mean_list <- list()
for(i in 1:10000) {
  mean_list[[i]] <- mean(sample(population, 10, replace = TRUE))
}
hist(unlist(mean_list), main = "Distribution of averages",
  cex.main = 0.8,
  xlab = "Average of 10 samples")
abline(v = 0.5, lwd = 3)
```

図4.5　母集団の非正規分布

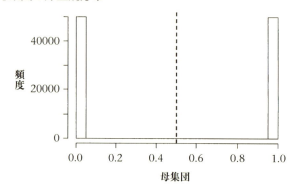

図4.6　標本の非正規分布

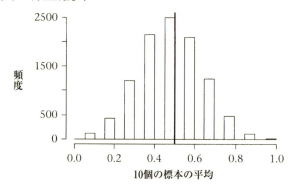

不偏性と効率性

　実践家は標本統計量の特徴についていろいろと知りたがる。「私の標本統計量は実際の母集団の統計量にどれくらい近いのか」「私の標本統計量が母集団の統計量に十分に近づくためには、いくつの標本が必要なのか」などなど疑問は尽きない。
　良い標本統計量は以下のような特徴を持つのが理想的だ。

図4.7 偏りと効率性

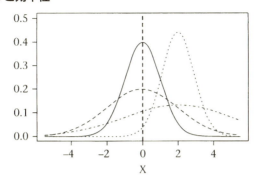

1. 標本統計量の期待値が実際の母集団の統計量に一致する。これを「不偏性」という。期待値が母集団の統計量に一致しないとき、推定値は偏りを持つという。
2. 標本統計量の分散はできるだけ小さいほうがよい。標本統計量の分散が小さいとき、「効率性」が高いという。
3. 標本の分布は、標本サイズを増やすにつれて母集団の真のパラメーター（母集団の性質を表す定数）に近づく。標本の数を無限に増やすとき、推定値がパラメーターに確率的に近づく性質を「一致性」という。

図4.7は推定値の偏りと効率性の違いを示したものだ。

母集団の真のパラメーターは0である。母集団のパラメーターと同じ平均を持つ分布は2つある。分散の大きな分布は偏りはないが非効率的である。分散の小さな分布は偏りもなく、効率的である。**図4.7**には偏りのある分布も2つ示されている（平均が真のパラメーターに一致しない）。しかし、一方の分布は他方よりも効率性は高い [123]。

前の例の1つでは、母集団の平均を $\mu = \sum_{i=1}^{N} X_i / N$ と定義した。偶然にも母集団の平均に対する「ベスト」な標本推定量は $\bar{x} = \sum_{i=1}^{n} X_i / n$ とし

て定義される標本平均と一致する。ただし、$n<N$ である。公式はどちらも同じである。なぜこれが「ベスト」な推定値になるのだろうか。上記の判断基準のうち最初の2つの判断基準を評価して確かめてみよう。私たちが示したいのは、

$$E(\bar{x}) = \mu \tag{4.1}$$

である。

標本 $X_1, \ldots, X_N$ は、それぞれまったく同じ集合から抽出された n 個の標本なので次が成立する。

$$E(X_1) = \ldots = E(X_N) = E(X) = \mu$$

期待値演算子は線形性を持つため次のように計算することができる。

$$\begin{aligned}E(\bar{x}) &= E\left(\frac{1}{N}\sum_{i=1}^{N} X_i\right) = \frac{1}{N}E\left(\sum_{i=1}^{N} X_i\right) = \frac{1}{N}\sum_{i=1}^{N} E(X_i) = \frac{1}{N}\sum E(X) \\ &= \frac{1}{N} \times N\, E(X) = E(X) = \mu\end{aligned} \tag{4.2}$$

推定量の偏りを説明する典型例として分散が挙げられる。平均 μ、分散 σ^2 を持つ母集団を考える。母集団の分散は以下のように定義される。

$$\sigma^2 = \frac{\sum_{i=1}^{N}(X_i - \mu)^2}{N} \tag{4.3}$$

次の関数は分散を計算するための関数だ。

```
# Formula for population variance
population_variance <- function(x) {
  mean <- sum(x) / length(x)
  return(sum((x - mean) ^ 2) / length(x))
}

# Create a population
population <- as.numeric(1:100000)
variance <- population_variance(population)

variance
## [1] 833333333
```

この母集団から取り出した標本に対して繰り返し同じ関数を使うには、関数population_variance()を繰り返し呼び出す。ただし、標本サイズは10とする。

```
output <- list()
for(i in 1:1000) {
    output[[i]] <- population_variance(sample(population,
    10, replace = TRUE))
}

variance_estimates <- unlist(output)
hist(variance_estimates, breaks = 100, cex.main = 0.9)
average_variance <- mean(variance_estimates)
abline(v = average_variance, , lty = 2, lwd = 2)
abline(v = variance, lwd = 2)
average_variance
## [1] 738123625
```

母集団統計量の公式と異なる標本統計量の公式を使うとどうなるのだろうか。その平均は真の分散に「より近づく」のだろうか。つまり、期待値の偏りは小さくなるのだろうか。答えはイエスだ。用いる標本

図4.8 分散の推定

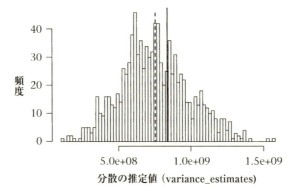

統計量の公式は以下のとおりである。

$$s^2 = \frac{\sum_{i}^{N}(X_i - \mu)^2}{N-1} \tag{4.4}$$

```
# Formula for unbiased variance estimator
sample_variance <- function(x) {
  mean <- sum(x) / length(x)
  return(sum((x - mean) ^ 2) / (length(x) - 1))
}

output <- list()
for( i in 1:1000 ) {
   output[[i]] <- sample_variance(sample(population,
   10, replace = TRUE))
}

sample_variance_estimates <- unlist(output)
average_sample_variance <- mean(sample_variance_estimates)

average_sample_variance
## [1] 836184961
```

分母がN−1のこの公式は母集団の分散の公式よりも実際の分散に近づく。836184961が738123625よりも833333333に近いことからもこれは明白だ。シミュレーションで人為的にやってこうなったのだろうか。この結果が数学的に正しいことは以下のように証明することができる。

$$
\begin{aligned}
E[s^2_{標本分散}] &= E\left[\frac{1}{N}\sum_{i=1}^{N}(x_i - \bar{x})^2\right] = E\left[\frac{1}{N}\sum_{i=1}^{N}\left(x_i - \frac{1}{N}\sum_{j=1}^{N}x_j\right)^2\right] \\
&= \frac{1}{N}\sum_{i=1}^{N}E\left[x_i^2 - \frac{2}{N}x_i\sum_{j=1}^{N}x_j + \frac{1}{N^2}\sum_{j=1}^{N}x_j\sum_{k=1}^{N}x_k\right] \\
&= \frac{1}{N}\sum_{i=1}^{N}\left[\frac{N-2}{N}E[x_i^2] - \frac{2}{N}\sum_{j\neq i}E[x_ix_j] + \frac{1}{N^2}\sum_{j=1}^{N}\sum_{k\neq j}E[x_jx_k] + \frac{1}{N^2}\sum_{j=1}^{N}E[x_j^2]\right] \\
&= \frac{1}{N}\sum_{i=1}^{N}\left[\frac{N-2}{N}(\sigma^2+\mu^2) - \frac{2}{N}(N-1)\mu^2 + \frac{1}{N^2}N(N-1)\mu^2 + \frac{1}{N}(\sigma^2+\mu^2)\right] \\
&= \frac{N-1}{N}\sigma^2
\end{aligned}
\tag{4.5}
$$

　分母にNではなくてN−1を使うことで、倍数項(N−1)/Nを省くことができる。

$$
E[s^2] = E\left[\frac{1}{N-1}\sum_{i=1}^{N}(x_i-\bar{x})^2\right] = \sigma^2 \tag{4.6}
$$

　分母のN−1は、サンプル平均を予測するのに犠牲にした自由度を補うために、結果の数値を少し大きくするためと考えることができる（統計学における自由度とは、統計量を計算するときに変化する可能性のある入手可能な値の数のことをいう。この典型例は、標本分散の推定量である。平均を計算するのに1つの値のみ使われるため、変化するのはN−1だけである）。この説明は統計学入門の教科書でよく見

かける。この説明は簡単な例を見るにはよいかもしれないが、もっと複雑になるとこの説明では力不足だ。母集団の不偏標準偏差を考えてみよう。ヒント —— これは不偏分散推定量の平方根ではない。

$$s \neq \sqrt{\frac{\sum_i^N (X_i - \mu)^2}{N-1}} \tag{4.7}$$

正規分布に従う正しい不偏標準偏差は次式で表される。

$$s = \frac{\sqrt{\frac{\sum_i^N (X_i - \mu)^2}{N-1}}}{c_4} \tag{4.8}$$

補正係数c_4の式は以下のとおりである。

$$c_4 = \sqrt{\frac{2}{N-1}} \frac{\Gamma\left(\frac{N}{2}\right)}{\Gamma\left(\frac{N-1}{2}\right)} \tag{4.9}$$

この公式はイェンゼンの不等式（イェンゼンの不等式は、凸関数の割線は凸関数のグラフの上に存在することを述べた数学的表現 [125]。これは凸関数の期待値が期待値の関数よりも大きいことを証明するのによく使われる。 $E(f(x)) \geq f(E(x))$ （4.25）） と期待値演算子の定義によるものだ。Γはガンマ関数で、以下のように定義される。

$$\Gamma(t) = \int_0^\infty x^{t-1} e^{-x} dx \tag{4.10}$$

ガンマ関数は正の整数Nに対して、次の等式が成り立つ。

$$\Gamma(N) = (N-1)! \tag{4.11}$$

これまで統計推定量の偏りだけを調べてきた。偏りは $Bias(\hat{\theta}) = E(\hat{\theta}) - \theta$ と表すことができる。推定量の効率性 $Var(\hat{\theta})$ もまた重要な測度で、特に平均平方誤差（MSE）を定義するときには重要だ。MSEは推定量がどれだけ正確かを表すものだ。統計量 $\hat{\theta}$ のMSEはその統計量の分散（効率性）と偏りに分解することができる [38]。

$$\begin{aligned} MSE_{\hat{\theta}} &= E(||\hat{\theta} - \theta||^2) = E\left(\sum_{i=1}^{N} \left(\hat{\theta}_i - \theta_i\right)^2\right) \\ &= Var(\hat{\theta}) + Bias(\hat{\theta})^2 \end{aligned} \tag{4.12}$$

上の式からも分かるように、MSEは分散と偏りの二乗に分解することができる。つまり、MSEは偏りと分散の間でトレードオフが存在するということである。$Bias(\hat{\theta}) = 0$ のとき、不偏推定量（数式4.12）のMSEは推定量 $Var(\hat{\theta})$ の分散に等しくなる。

推定量の望ましい属性の1つが一致性である。一致性を持つ推定量は、標本サイズが無限大になると偏りと分散がゼロに近づく。**図4.9**のグラフを見てみよう。標本サイズが小さいと、サンプリング分布は真の値 θ から遠のいていることが分かる。標本サイズが大きくなると、分布の平均は真の値に収束し、分布の分散はゼロに近づく。標本サイズ N が母集団に等しいとき、不確実性はまったくない。

私たちのようなクオンツやトレーダーはなぜ偏り、効率性、一致性を重視するのだろうか。トレード戦略のモデルを開発するとき、観測可能なデータに基づいてそれらのモデルのパラメーターを予測しなければならない。そのときデータそのものや用いるパラメーターについて仮説を立てる。そして、その仮説のグローバルパラメーターの代理として使う統計量を導き出すのが重要な作業になる。次のシナリオを

図4.9　推定量の一致性

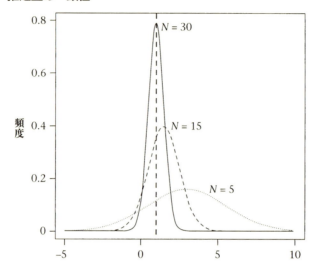

考えてみよう。

　今、マーケットメイキング戦略を開発しようとしているとしよう。この戦略は、市場の現在のボラティリティに基づいて持つべき在庫の量を動的に調整する。私たちは最近の観測可能なマーケットデータに基づいて、現在の市場のボラティリティをどうやって決定すればよいのだろうか。1つの方法は、観測可能な価格を生成するメカニズムが存在すると仮定することだ。例えば、次のようなモデルを仮定（式中のdW_tは、ウィナー過程、またはブラウン運動過程を表している。これはさまざまな確率時系列の基礎になるものである。https://en.wikipedia.org/wiki/Wiener_process. を参照）する。

$$\frac{dS}{S} = \sigma\, dW_t \tag{4.13}$$

これは未知のパラメーター（瞬間的分散σ^2）を1つ含むモデルだ。これをこれから予測する母集団のパラメーターとする。真のσ^2を決定するのに役立つ推定量$\hat{\sigma}^2$はどうやって見つければよいのだろうか。手元にあるデータはこの金融商品の最近の価格履歴だけである。これらの推定量を見つけるための方法はたくさんある。なかでもよく使われるのは以下のものだ。

● パーキンソン推定量
● ヤング推定量
● ガーマン・クラス推定量

　これらの推定量の導出や統計学的性質は本書の範疇を超えるので詳しくは述べないが、あえて言うならば、これらの推定量は、計算が簡単で、偏りと分散のバランスがよく取られている。これらの推定量については詳しくは巻末の参考文献を参照してもらいたい（よく使われる分散の推定量としては、アンダーセンほかのRV推定量、バーンドルフ＝ニールセン・シェパードの共分散推定量、チャンの非同期ボラティリティ推定量がある）。

確率の基礎

　確率理論は数学の一分野で、事象に内在する不確実性を定量化するものである。確率という概念は不確実性を表す言葉として使われる。私たちは確率を、特定の事象が起こる可能性を表すものとして0と1の間の数値で表す。不確実性を確率で表すことができるところに冥利がある。そしてさまざまな確率の法則を使って有用な結果を導き出す。確率にはいくつか覚えておかなければならない定義がある。これらの

図4.10　確率変数の対応付け

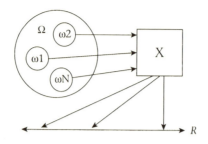

定義は数学的にはそれほど厳密ではないが、確率理論の重要な概念を表すのに役立つ。

それでは定義を見ていこう。「実験」とは確率過程からデータを収集することを意味する。「標本空間」は実験の結果として起こり得る結果の集合のことをいう。この場合の「標本」は、標本統計量の標本とは意味がまったく異なるので注意しよう。

例えば、実験をコイン投げと定義すると、標本空間は「表、裏」になる。実験を2つのコインを投げることと定義すると、標本空間は「表, 表」「表, 裏」「裏, 表」「裏, 裏」になる。実験を株価の生成と定義すると、標本空間は $[0, \infty]$ の間のすべての実数になる。株価はゼロになることもあれば、これはあり得ないことかもしれないが、グーグルの株価が1株1000万ドルになることもあるわけである。

確率変数

標本空間の各標本点に実数を対応させる関数を確率変数という。図4.10はこれを示したものだ。

通常、確率変数は大文字で表し、標本空間はギリシャ文字の大文字

Ω（オメガ）で表す。また、標本空間の各標本点はギリシャ文字の小文字のωで表す。数学では、X(ω)=r、ただしr∈R、と表現する。

1つのコイン投げの実験では、確率変数は以下のように定義される。

$$X(Head) = 32 \\ X(Tail) = 65.2 \tag{4.14}$$

なぜ32と65.2なのだろう。確率変数の定義にはどの実数を右辺に割り当てるかは規定がない。しかし、問題を解くに当たっては、特定の数値を割り当てたほうが便利だ。以下の例はもっと分かりやすい。

$$X(Head) = 1 \\ X(Tail) = 0 \tag{4.15}$$

次のような数値を割り当てることもできる。

$$X(Head) = 1 \\ X(Tail) = -1 \tag{4.16}$$

株価の場合はどうだろう。どのように割り当てればよいだろうか。起こり得る株価の標本空間は正の実数からなるため、それをそのまま使うことができる。

$$X(100.0) = 100.0 \\ X(120.32) = 120.32 \\ \cdots \\ X(\omega) = \omega \tag{4.17}$$

確率

次は確率について見ていこう。確率とはある事象の起こりやすさを表すもので、確率変数の起こり得る可能性に対して割り当てられるウエートと考えることができる。確率は0と1の間の実数を取る。確率ゼロはその事象が発生する可能性がまったくないことを意味し、確率1とはその事象が確実に起こることを意味する。

もう少し正式な定義を見てみよう。コルモゴロフによれば、確率が持つべき3つの基本的な特徴は以下のとおりである［63、134］。

1. Eは標本空間Ωにおける事象であり、その確率はゼロ以上の実数である。

$$P(E) \in R, P(E) \geq 0 \tag{4.18}$$

2. 標本空間におけるすべての事象の確率の合計は1である。

$$P(\Omega) = 1 \tag{4.19}$$

3. どの2つも同時には起きないような任意の無限個の事象に関して、それらの事象を合わせた確率は、それぞれの確率を足したものになる。

$$P(E_1 \cup E_2 \cup \ldots \cup E_N) = \sum_{i=1}^{N} P(E_i) \tag{4.20}$$

図4.11 コイン投げの質量関数

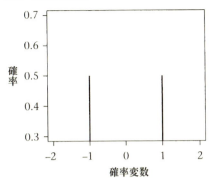

図4.12 正規分布

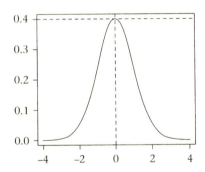

確率分布

　確率分布とは、確率変数のおのおのの値に対して確率を割り当てる関数のことをいう。離散確率変数がある値を取る確率を与える関数として、x軸に確率変数の値を取り、y軸に確率を取る確率質量関数を使う。1つのコイン投げ実験を記述する確率変数の確率質量関数は以下のとおりである。

$$P(Head) = P(X = 1) = 0.5$$
$$P(Tail) = P(X = -1) = 0.5$$
(4.21)

```
plot(c(-1, 1), c(0.5, 0.5), type = "h", lwd = 3,
  xlim = c(-2, 2), main = "Probability mass function of coin
  toss",
  ylab = "Probability",
  xlab = "Random Variable",
  cex.main = 0.9)
```

表が出る確率と裏が出る確率は同じく0.5であることからすれば、この確率質量関数からはコインに偏りがないことが分かる。また、確率質量関数では確率の合計は1になる。

$$P(X = 1) + P(X = -1) = 1 \tag{4.22}$$

確率質量関数が適用できるのは離散分布のみである。連続型の確率変数がある値を取る確率はゼロなので、実数に対して1つの確率を定義することはできない。連続分布ではある区間の値に対して確率が与えられる。最も重要な連続確率分布の1つはガウス分布である。この確率密度関数は曲線の下の面積の合計が1になる。公式は以下のとおりである。

$$\int_{-\infty}^{\infty} \frac{1}{\sqrt{2\pi}} e^{-x^2} dx = 1 \tag{4.23}$$

正規分布はx=0の位置で最大値を取るのは興味深い。x=0では$f(0) = \frac{1}{\sqrt{2\pi}}$になる。しかし、$P(X = 0) = \frac{1}{\sqrt{2\pi}}$とはならない。確率変数Xは$-\infty$から$\infty$までの値を取り、この区間において変数Xを1つの値

図4.13　連続分布の例

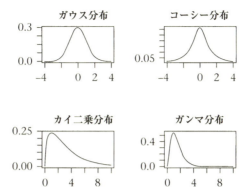

で表すことはできない。したがって、P(X=0)=0となる。P(X≤0)=0.5と書いたほうがより正確だ。これは、$-\infty$から0までのグラフの下の面積は0.5であることを意味する。

Rで確率分布をプロットすると、y軸の値が1より大きくなることがある。y軸を実際の確率だと思っている人にとってはこれは紛らわしい。離散確率変数の場合はこれでよいが、連続確率変数の場合はこうはならない。連続確率変数の場合、曲線の下の面積は1にならなければならないからだ。この場合、用いるビンの幅に応じて、面積が1になるように高さを調整する。

図4.13はよく使われる連続分布のグラフを示したものだ。

ベイズ法と頻度論的アプローチ

もう一度コイン投げ実験を考えてみよう。コインを投げると、コインが直立して静止する可能性もある。また、着地する前に消えてしまう可能性もある。私たちはこういった事象にも確率を割り当てる。P(X=表)=0.499、P(X=裏)=0.499、P(X=直立)=0.001、P(X=消える)=0.001。

コインが直立して静止することは極めてまれだが、確率の合計は1でなければならない。しかし、こういった事象にはどのように確率を割り当てればよいのだろうか。

これは非常に主観的な問題で、答えも主観的だ。数学者たちはこの問題を何百年にもわたって議論してきた。ここではこの議論について詳細は述べない［135］が、この問題は考え方が2つの流派に分かれる。頻度論的アプローチでは、多くの試行を繰り返すと、相対頻度がある限界に達する。その値を確率と定義する。ベイズ法では、データが得られるたびに確率を更新していく［115、122］。

ベイズ法論者にとって重要なのはデータだけである。データが確率を形成し、その逆はない。特定の現象のモデルに適合するパラメーターの分布を作るのはデータである。分布を更新するのに使われるのがベイズの定理だ。この定理は次式で表される。

$$P(証拠 | データ) = \frac{P(データ | 証拠)P(証拠)}{P(データ)} \tag{4.24}$$

これは、データが与えられたあと証拠を信じる確率は、証拠を信じると仮定したうえでデータが与えられる確率に、証拠を信じる確率を掛けたものに等しいことを言っている。分母は単なる規格化定数である。P(証拠 | データ) を事後確率、P(データ | 証拠) を尤度関数、P(証拠)を事前確率という。

コインのシミュレーション

次のコードは偏りのないコインを1000回投げることを表すコードである。結果は、0（裏が出る）と1（表が出る）のベクトルになる。標本空間（表、裏）が0と1に暗黙的に対応づけられていることに注

図4.14 コイン投げの密集度

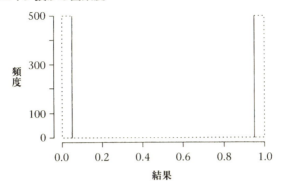

図4.15 ベイズ法の事前確率から事後確率への移行

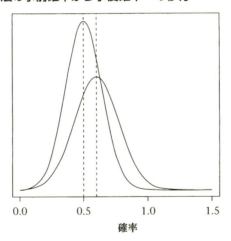

意しよう。結果として得られるベクトルを使って、この実験の確率を推定する。

```
outcomes <- sample(c(0, 1), 1000, replace = TRUE)
```

図4.14は結果のヒストグラムを示したものだ。

関数sample()によって、表が500回、裏が500回生成されている。頻度論者はそれぞれの事象に割り当てるべき確率は、表の場合は500/1000、裏の場合は500/1000であるべきだと主張するだろう。これは表あるいは裏の観測数を試行の合計で割ったものだ。

次に偏ったコインの実験を考えてみよう。前と同じように関数sample()を使うが、今回は表の出る確率を大きくする。

```
set.seed(101)
biased_outcomes <- sample(c(0, 1), 1000,
  replace = TRUE, prob = c(0.4, 0.6))
```

頻度論者は、データが入手できるまでは表の出る確率は定義できないと主張するだろう。データが入手できて初めて確率は予測できるのだと。一方、ベイズ法論者は確率は50%前後になるだろうと仮定するところから始める。これを事前確率と言う。事前確率は偏りのないコインを仮定したときと異なるものになるはずだ。これはベイズ法論者の気分と偏見に依存する。頻度論者とベイズ法論者の違いは、ベイズ法論者はデータを見る前に意見を述べるが、頻度論者はデータを見るまでは意見は述べないという点である。データが現れると、頻度論者もベイズ法論者も表が出る確率を更新し始める。この試行の終わりには、頻度論者は点推定にたどりつく。

```
prob_estimate <- sum(biased_outcomes) /
  length(biased_outcomes)

prob_estimate
## [1] 0.603
```

ベイズ法論者は新しい情報を入手すると事前確率を更新する。最終的にはその平均は真の確率に収束する。継続的に更新した結果として

得られるのは、事後確率であり、点推定ではない。**図4.15**のグラフを見ると、平均は0.5から0.6に変化している。事後確率の変動は、事前確率の変動とデータの性質とによって違ってくる。

最終的には、頻度論者もベイズ法論者も表が出る確率は同じ推定値になる。しかし、ほかの推定問題の多くでは、事前確率の選択がパラメーターの推定値に大きな影響を及ぼす。

偏ったコインの例におけるベイズ法については、http://www.win-vector.com/blog/2014/07/frequentist-inference-only-seems-easy/ を参照してもらいたい。

RStanの使用について

これは高度なテーマだが、少しだけ触れておこう。Rではベイズ法の統計的推定はStanの確率言語を使って行うことができる［105］。Stanプロジェクトのウェブサイトは、http://mc-stan.org/ である。Stanは米国のトップの大学や機関がチームを組んで取り組んでいるプロジェクトだ。StanはC++ベースのコンパイラーで高速化させたMCMC（「マルコフ連鎖モンテカルロ法」［Markov Chain Monte Carlo：MCMC］）サンプラーだ。これらのアルゴリズムはベイズ法推定に便利に使え、幸運なことに、StanへのRインターフェースも存在する。このパッケージはRStanと呼ばれる。インストールについては、https://github.com/stan-dev/rstan/wiki/RStan-Getting-Started を参照してもらいたい。ただし、RStanはCRANから直接インストールすることはできない。Stanが規定する定義された確率モデルをコンパイルするにはC++コンパイラーが必要だ。ベイズ法分析とモデリングテクニックに興味のある人は、ぜひRStanを使ってみてほしい。

まとめ

本章では確率と統計の基礎についてざっと見てきた。標本統計量と母集団統計量との違いについて述べ、統計推定という考えについても説明した。大数の法則と中心極限定理は概念を理解しやすいようにRコードを使って説明した。また、統計推定の望ましい属性（不偏性、効率性、一致性）についても説明し、これらの属性のサンプリング分布における効果についても見てきた。またMSEは偏りと分散に分解できることを説明し、本章の締めくくりとして、ベイズ法論者と頻度論者の確率に対する解釈の違いについても簡単に説明した。ベイズ法分析にもっと真剣に取り組みたい高度なユーザーにはRStanパッケージをお勧めする。

第5章　確率と統計 ── 中級編

Intermediate Statistics and probability

　本章では株価の統計的性質について見ていく。さらに株式リターンの定常性、正規性、自己相関についても説明する。これらの概念は統計推定（統計推定とは、標本統計量から母集団のパラメーターの性質を決定する理論、方法、実践のことをいう）を行ううえで重要であり、トレード戦略構築の下準備としても欠かせない。

確率過程

　モデルをデータにフィットさせるには、まずはモデルがなければ始まらない。ここで株価は確率過程によって生成されると仮定する。確率過程とは、時間とともに変化する確率変数の集合体をいう。確率過程の例としては以下のようなものが挙げられる。

- 上層大気にぶつかる日々の隕石の数
- 取引所のマッチングエンジンに入ってくる1分ごとの平均的な買い注文の数
- top of book（売買気配値のなかで一番取引の成立しやすいオーダー）が変わるたびに発生するS&P500Eミニの買い気配値の更新
- IWMの日々の終値

図5.1　確率過程

● 1時間ごとのGOOG（グーグル）のリターン

　確率過程はブラックボックスと考えると分かりやすい。外の観測者には中でどういったことが行われているのかは分からない。観測者が見ることができるものは、任意の時間に出力される数値のみである。
　$X_1, X_2, X_3, ..., X_N$の集合体は確率過程だ。なぜなら、どの数値も時間インデックスが付いているからだ。ここで重要なのは、時間は所定の離散間隔である必要はないということである。重要なのは、確率過程の各値の時間インデックスが増加していくことだけである。

　クオンツの観点から言えば、出力$X_1, X_2, X_3, ..., X_N$しか観測できないブラックボックス（確率過程）の内部的な働きについて何か分かるとありがたいのだが、これは容易なことではない。概念的には、ブラックボックスが今日の株価を生成するのに使っているパラメーターが分かっていれば、この情報を使って明日の株価を予測することができる。実際には、株価やほかの価格（金利、オプション価格、債券価格など）を生成する唯一の決定的なメカニズムはない。たとえそういったメカニズムが存在したとしても、おそらくは非常に複雑で、時間とともに変化するだろう。
　市場についての疑問に答えるのに、数学ツールやプログラミングツールの使用を阻止するものは何もない。たとえ、頻繁に調整されるどんなにシンプルなモデルでも、もっと複雑なプロセスを予測するとい

う作業は一応はできると著者は思っている。クオンツやトレーダーとしては、市場イベントを記述するのに複雑なモデルを使う代わりに、シンプルなテクニックを使って、これらのテクニックや答えを頻繁に再考するほうがより効果的かもしれない。そのためにはシンプルなモデルの限界を知ると同時に、欠点も理解しておく必要がある。

一見複雑なメカニズムを統計の枠組みに当てはめるには、いくつかの簡単な仮説を立てる必要がある。

1. モデル化できる確率過程が存在する。この確率過程は私たちが記録し分析することができる確率変数（価格、リターン、出来高）を生成する。
2. この確率過程のパラメーターはほとんどの場合、時間とともに変化しない。

株価の分布

私たちは経験から株価は負数にはならないことを知っている。また、株価は理論的に無限大になる可能性のあることも知っている。理論的な確率分布はゼロのところが最も高く、右側にはx軸に触れないテールがなければならない。念のために言えば、株価の確率分布に関心があるのは、SPY ETFの終値が明日210ドルを超える確率は、といったことを知りたいからである。

図5.2のグラフはインメモリーデータベースのすべての価格履歴の価格をヒストグラムで表したものだ。これらの価格の平均と標準偏差も計算してグラフ上に示している。

図5.2 価格分布

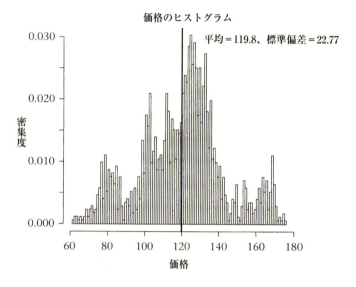

```
# Extract prices and compute statistics
prices <- SPY$SPY.Adjusted
mean_prices <- round(mean(prices), 2)
sd_prices <- round(sd(prices), 2)

# Plot the histogram along with a legend
hist(prices, breaks = 100, prob=T, cex.main = 0.9)
abline(v = mean_prices, lwd = 2)
legend("topright", cex = 0.8, border = NULL, bty = "n",
  paste("mean=", mean_prices, "; sd=", sd_prices))
```

次に似たような価格分布を見てみよう。しかし今回は時間範囲が異なる。先に進む前に、上記のコードを関数にして、異なる時間範囲で繰り返し使えるようにしておこう。次に示すのがその関数である。

図5.3 4つの価格分布

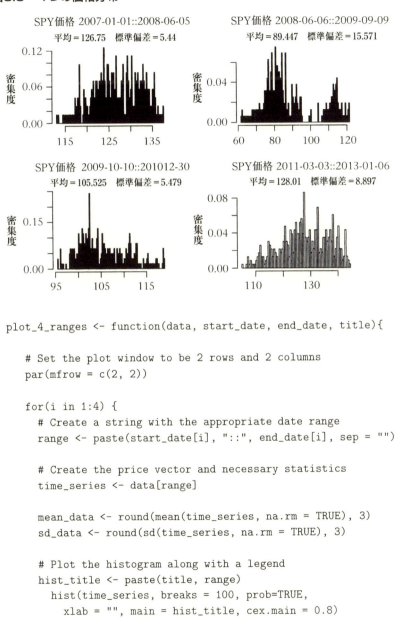

```
plot_4_ranges <- function(data, start_date, end_date, title){

    # Set the plot window to be 2 rows and 2 columns
    par(mfrow = c(2, 2))

    for(i in 1:4) {
      # Create a string with the appropriate date range
      range <- paste(start_date[i], "::", end_date[i], sep = "")

      # Create the price vector and necessary statistics
      time_series <- data[range]

      mean_data <- round(mean(time_series, na.rm = TRUE), 3)
      sd_data <- round(sd(time_series, na.rm = TRUE), 3)

      # Plot the histogram along with a legend
      hist_title <- paste(title, range)
        hist(time_series, breaks = 100, prob=TRUE,
          xlab = "", main = hist_title, cex.main = 0.8)
          legend("topright", cex = 0.7, bty = 'n',
```

```
        paste("mean=", mean_data, "; sd=", sd_data))
    }

    # Reset the plot window
    par(mfrow = c(1, 1))
}
```

関数を定義したので、次のように使うことができる。

```
# Define start and end dates of interest
begin_dates <- c("2007-01-01", "2008-06-06",
   "2009-10-10", "2011-03-03")
end_dates <- c("2008-06-05", "2009-09-09",
   "2010-12-30", "2013-01-06")

# Create plots
plot_4_ranges(prices, begin_dates,
   end_dates, "SPY prices for:")
```

プロットから明らかなのは、私たちの関心がある統計量（平均と標準偏差）は時間とともに変化することである。時間範囲が異なれば結果は違ってくる。SPYの価格分布は非定常的であることが徐々に分かってきたはずだ。

定常性

確率過程は、その確率過程の確率分布が時間とともに形や位置が変わらないとき、それを強定常的であるという。時間インデックスの付いた確率過程X_tを考えてみよう。この確率過程は$X_{t1}, X_{t2}, ..., X_{tN}$といった具合に時系列で表すことができる。以下に示した式が等号で結ばれているのは、分布が同じという意味である。これは強定常性を示している。

$$X_{t_1}, X_{t_2}, \ldots, X_{t_N} = X_{t_1+\tau}, X_{t_2+\tau}, \ldots, X_{t_N+\tau} \tag{5.1}$$

定常性は厳密な意味では現実世界には存在しない。実際において最も重要なのは、分布の少なくとも最初の数次元のモーメントが定常的であることである。平均と共分散はそういったモーメントの2つである（確率分布では、ゼロ次モーメントは確率の合計［つまり、1］、一次モーメントは平均、二次モーメントは分散、三次モーメントは歪度である。https://en.wikipedia.org/wiki/Moment_(mathematics) を参照）。この弱い定常性を、共分散定常性、弱定常性、あるいは二次定常性という。

次の式が成り立つとき、その確率過程は共分散定常性を持つ。

$$E(X_t) = E(X_{t+\tau}) = \mu \tag{5.2}$$

および

$$cov(X_t, X_{t+\tau}) = f(\tau) \tag{5.3}$$

2番目の式は、共分散は1つのパラメーター（τ）で表すことができることを意味する。

なぜこれほどまでに定常性にこだわるのだろうか。それは、将来を予測するには、将来は過去と同じようになるという仮説を立てなければならないからである。終値のベクトルを取り込んで、次の日の終値を予測するブラックボックスを想像してみよう。もしそのブラックボックスが（例えば、調整段階で）最近の価格を参照しないのなら、将来的な価格がどうなるかについて結論を導き出すことができるだろうか。しかし、トレーニング段階で新しい入力量が古い入力量に似てい

図5.4 ブラックボックスへの定常的入力

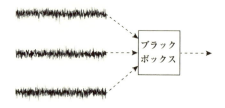

ることが分かれば、ブラックボックスは将来的な価格についておそらくは予測を立てることができるだろう。一般に、予測アルゴリズムへの入力量は定常的であることが望ましい。

金融価格データはほとんどの場合は非定常的だ。こうした情報を扱うには、データを定常的にすることが重要だ。それには方法がいくつかある。1つは、生データそのものではなくリターンを見ることだ。もう1つは、入力量は非定常的だが、組み合わせると定常的になる共和分スプレッド（共和分は時系列の統計学的性質。2つ以上の非定常的時系列を結果として得られる時系列が定常的になるように線形に組み合わせたものを共和分時系列という。この言葉はロバート・エングルが1987年の論文のなかで最初に使った。共和分の検出に使われる検定には、エングル・グランジャーの2ステップ法、ヨハンセン検定、フィリップス・オーリアリス共和分検定がある。https://en.wikipedia.org/wiki/Cointegration を参照）を作成することだ。

以前出てきたのと同じ時間範囲のSPY価格を再び見てみよう。今回は価格を見るのではなくて、連続する価格差の自然対数を取る。これを対数リターンという。リターンが十分に小さいとき、対数リターンは近似値を与えてくれる。これは数学的には次のように記述できる。

$$R_t = \frac{P_t - P_{t-1}}{P_{t-1}}$$
$$= \frac{P_t}{P_{t-1}} - 1 \tag{5.4}$$

log(1+x)のテイラー展開は、

$$log(1+x) = x - \frac{x^2}{2} + \frac{x^3}{3} + O(x^4) \tag{5.5}$$

上式のxが小さい値だとすると、

$$log(1+x) \approx x \tag{5.6}$$

xをR_tで置き換えると、$log(1+R_t) \approx R_t$となる。

$$= log\left(1 + \frac{P_t}{P_{t-1}} - 1\right) \approx R_t$$
$$= log\left(\frac{P_t}{P_{t-1}}\right) = log(P_t) - log(P_{t-1}) \approx R_t \tag{5.7}$$

　通常のリターンを使えば良さそうなものを、なぜ価格差の対数を取るのだろうか。これは対数の持つ数学的な特徴による。価格が対数正規分布に従えば、リターンは正規分布に従うことがじきに分かるはずだ。

図5.5 定常的リターン分布

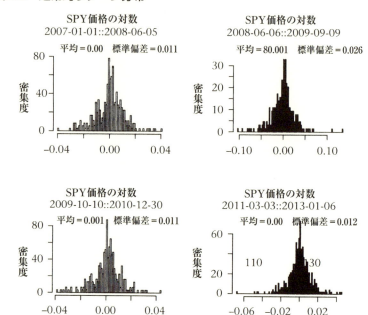

```
# Compute log returns
returns <- diff(log(prices))

# Use the same function as before to plot returns rather
than prices
plot_4_ranges(returns, begin_dates, end_dates, "SPY log
prices for:")
```

図5.5の4つのグラフの平均はいずれもゼロに近く、標準偏差は数値がほぼ同じだ。これらのグラフから、リターンの分布は定常的、少なくともその分布の最初の数次元のモーメントは定常的であると結論づけることができる。これは定常性についての厳密な統計分析ではないことに注意しよう。分布が定常的か否かを調べるための統計検定に

図5.6　株価とリターン

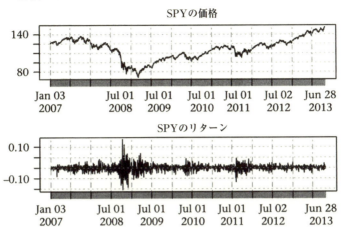

はさまざまなものがある。例えば、KPSS単位根検定、エリオット・ローゼンバーグ・ストック検定、拡張ディッキー・フラー検定（ADF）、フィリップス・ペロン検定、シュミット・フィリップス検定、ジボット・アンドリュース検定などがある。Rによるこれらの検定については詳しくはプファッフの本のRによる共和分時系列の項を参照してもらいたい（http://quant.stackexchange.com/questions/2372/how-to-check-if-a-timeseries-is-stationary）。

urcaによる定常性検定

　urcaパッケージを使えば、仮説時系列が定常的かどうかをテストすることができる。これはurcaの1つの使い方だ。urcaは時系列間の共和分関係をモデル化するのにも使うことができる［4］。

　これからSPYの価格と対数リターンに対して定常性検定を行っていく。

以前の価格とリターンの議論によれば、価格分布は非定常的で、リターン分布は定常的であることが予想される。

　定常性検定について書かれたものはいろいろあるが、urcaパッケージではこのうちのいくつかを行うことができる。KPSS（クフャトコフスキーほかによる単位根検定）もその1つだ。KPSSでは系列がトレンド回りに定常的であるという帰無仮説を立て、結果として得られた検定統計量をこの検定の臨界値と比較し、帰無仮説を受け入れるか棄却するかを決定する。

```
# Get SPY data and let's confirm that it is non-stationary
require(quantmod)
getSymbols("SPY")
spy <- SPY$SPY.Adjusted

# Use the default settings
require(urca)
test <- ur.kpss(as.numeric(spy))

# The output is an S4 object
class(test)
## [1] "ur.kpss"
## attr(,"package")
## [1] "urca"

# Extract the test statistic
test@teststat
## [1] 11.63543

# Look at the critical values
test@cval
##                 10pct  5pct 2.5pct  1pct
## critical values 0.347 0.463 0.574 0.739
```

　臨界値が十分に大きいので、この時系列が定常的であるという帰無

仮説は棄却される。リターンについても同じことが言えるだろうか。

```
spy_returns <- diff(log(spy))

# Test on the returns
test_returns <- ur.kpss(as.numeric(spy_returns))
test_returns@teststat
## [1] 0.336143

test_returns@cval
##                  10pct   5pct 2.5pct   1pct
## critical values  0.347  0.463  0.574  0.739
```

この場合、10%の閾値では帰無仮説は棄却することはできない。状況が落ち着く2013年1月以降の期間で分析するとどうだろうか。

```
test_post_2013 <- ur.kpss(as.numeric(spy_returns['2013::']))
test_post_2013@teststat
## [1] 0.06936672
```

この時系列が定常的であるという帰無仮説は棄却できないという結果になった。

正規分布を仮定する

ここで価格とリターンの分布について簡単な仮説を立ててみることにしよう。明らかな外れ値や一定の時期にリターンが集中的に発生していることは無視し、リターンの分布は正規分布に従うと仮定する。なぜ正規分布に従うと仮定するのだろうか。それはそう仮定することで計算が簡単になるからだ。

図5.7 密集度で表した正規分布に従うヒストグラム

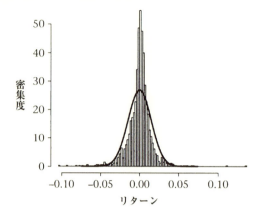

平均が μ で標準偏差が σ の正規分布の公式は以下のとおりである。

$$f(x) = \frac{1}{\sqrt{2\pi\sigma^2}} e^{\frac{(x-\mu)^2}{2\sigma}} \tag{5.8}$$

実験によって得られた日々のリターンデータに正規分布を重ね合わせるとどうなるだろうか。まず、株式リターンと同じ平均および標準偏差を持つ正規分布に従う乱数を生成する。2つのグラフを次のRコードを使って重ね合わせる。

```
# Plot histogram and density
mu <- mean(returns, na.rm = TRUE)
sigma <- sd(returns, na.rm = TRUE)
x <- seq(-5 * sigma, 5 * sigma, length = nrow(returns))

hist(returns, breaks = 100,
  main = "Histogram of returns for SPY",
  cex.main = 0.8, prob=TRUE)
lines(x, dnorm(x, mu, sigma), col = "red", lwd = 2)
```

図5.8　急尖的および緩尖的なグラフ

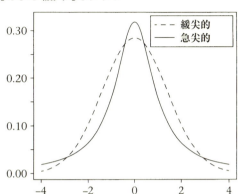

　関数dnorm()は任意のxの範囲において一定の平均と標準偏差を持つ正規分布を作成する関数だ。関数lines()は既存のヒストグラムに折れ線グラフを重ね合わせるための関数だ。

　グラフからも分かるように、このデータは正規分布には従わない。0％の周辺の観測数が正規分布よりも多い。分布の裾には外れ値も多い。このような経験分布を急尖的（leptokyrtic）分布という。leptoはギリシャ語で「薄い」を意味する。leptoの反対はギリシャ語で「厚い」を意味するplatyである。

　関数qqnorm()とqqline()を使っても経験的データと理論的な正規分布の違いを視覚化することができる。データは前と同じものを使う。

```
# Set plotting window
par(mfrow = c(1, 2))

# SPY data
qqnorm(as.numeric(returns),
  main = "SPY empirical returns qqplot()",
```

図5.9 Q-Qプロット（分位数プロット）

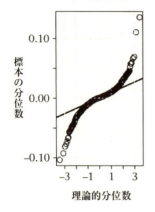
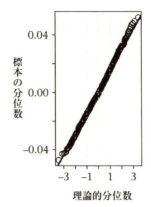

```
  cex.main = 0.8)
qqline(as.numeric(returns), lwd = 2)
grid()

# Normal random data
normal_data <- rnorm(nrow(returns), mean = mu, sd = sigma)
qqnorm(normal_data, main = "Normal returns", cex.main = 0.8)
qqline(normal_data, lwd = 2)
grid()
```

直線から逸脱するあたりから正規性からずれていく。正規性や、経験的分布からの逸脱を判断する統計的検定はさまざまなものが開発されてきた。これらの検定のほとんど（コルモゴロフ・スミルノフ検定、シャピロ・ウィルク検定、クラーメル・フォンミーゼス検定、アンダーソン・ダーリング検定）はRで実行できる。

例えば、シャピロ検定はリターンデータを関数shapiro.test()に引数として引き渡すことで実行することができる。得られるp値はデータが正規分布に従う可能性を示している。

```
answer <- shapiro.test(as.numeric(returns))

answer[[2]]
## [1] 5.118396e-34
```

この結果からすれば、このデータは正規分布に従うとは言えないことが分かる。

この分析結果はうのみにしてはいけない。統計的検定の結果を盲目的に信じる前に、元となるデータの構造を理解する必要がある。あまりに大きな、あるいは小さなデータが含まれていると、そのデータに対する感度が高くなりすぎて誤判定につながるため、統計的検定の結果は大きくゆがめられる。外れ値も結果をゆがめる要因になる。実際問題として、厳密な統計分析を行う前に（できれば）データを視覚的に調べることが重要だ。こうすることで時間の節約になり問題も起こりにくい。外れ値が統計的検定の結果をどうゆがめるのかを見るに当たり、次の例を考えてみよう。正規分布に従う数値ベクトルを作成し、関数shapiro.test()を使って正規性からの逸脱を調べてみよう。

```
set.seed(129)
normal_numbers <- rnorm(5000, 0, 1)
ans <- shapiro.test(normal_numbers)

ans[[2]]
## [1] 0.9963835
```

p値が高いので、このデータは正規分布に従うことが分かる。ここで、標本のなかに1つだけ外れ値が含まれていたらどうなるかを見てみよう。データの入力ミスによって極端に大きな値が含まれてしまったとしたらどうなるのだろうか。

図5.10 間違った値

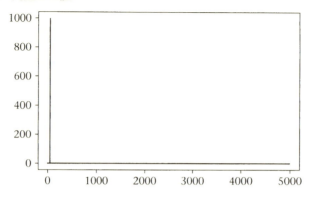

```
# Corrupt a single data point
normal_numbers[50] <- 1000
ans <- shapiro.test(normal_numbers)

ans[[2]]
## [1] 1.775666e-95
```

この場合、p値は実質的にゼロである。シャピロ・ウィルク検定は外れ値の影響を除去できるほど堅牢なものではない。検定を行う前にデータをプロットしてみれば、間違った値の存在は分かったはずだ。

データをプロットしても必ずしも間違った値が見つかるとは限らない。外れ値については、自動的に検出することもできるし、外れ値に対処できる統計的検定を行うこともできる（ロバスト統計学のチュートリアルについては、http://www.rci.rutgers.edu/~dtyler/Short Course.pdf を参照のこと）。

相関

　外れ値の取り扱いは科学というよりも技術だ。次のセクションに進む前に、SPYとVXXの対数リターンをもう一度見てみよう。これらのリターンが日々のベースでどれだけ相関性があるか調べてみることにしよう。

　相関とは2つの確率変数の線形関係を示す統計学的測度だ。実践家がよく用いる相関はピアソンの相関だ。ランク相関もよく用いられる（ランク相関は確率変数のランク付けの線形関係を示す測度である。データの各観測値に第1、第2、第3……といったラベルを適切に割り当てるにはデータの前処理が必要になる。ランク相関は外れ値にうまく対処することができる［138］）。ピアソンの相関係数の公式は以下のとおりである。

$$\rho_{X,Y} = \frac{E[(X-\mu_X)(Y-\mu_Y)]}{\sigma_X \sigma_Y} \tag{5.9}$$

　分子の$E[(X-\mu x)(Y-\mu y)]$は金融の世界でよく使われる重要な数学的概念で、確率変数XとYの共分散を表す。2つ以上の確率変数を扱うとき、共分散は行列で表すことができる。これを共分散行列といい、近代金融学の基礎の1つである。この公式では、相関と共分散はほとんど同じ意味だが、異なるのは、共分散は「スケール変換に対して不変ではない」という点である。$\rho_{X,Y}$が正値ということは、確率変数XとYは線形関係にあると考えられる。上記の相関係数の公式は母集団の統計量であることに注意しよう。$\rho_{X,Y}$の不偏で効率的な推定量を算出する標本統計量はいくつかある（フィッシャーの漸近的不偏推定量とオルキン・プラット推定量については、http://www.uv.es/revispsi/articulos1.03/9.ZUMBO.pdf を参照のこと）。

図5.11　リターンの典型的な散布図

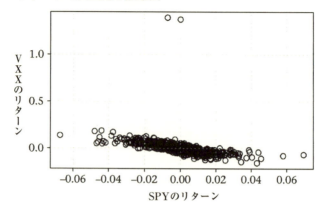

図5.12　VXXの外れ値

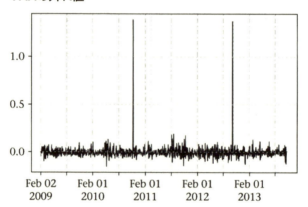

```
sv <- as.xts(returns_matrix[, c(1, 6)])

head(sv)
##                SPY.Close    VXX.Close
## 2009-02-02 -0.003022794 -0.003160468
## 2009-02-03  0.013949240 -0.047941603
## 2009-02-04 -0.004908132  0.003716543
## 2009-02-05  0.014770965 -0.006134680
```

SPYとVXXの時系列の散布図は**図5.11**に示したとおりである。

　Rでは相関係数は時系列行列を関数cor()に引数として引き渡すことで算出することができる。

```
cor(sv)

##              SPY.Close   VXX.Close
## SPY.Close   1.0000000  -0.4603908
## VXX.Close  -0.4603908   1.0000000
```

　各ペアの相関を一覧にした行列が結果として得られる。SPYのリターンがそれ自体と相関性があることが分かり、ひと安心だ。SPYとVXXのリターンは負の相関性がある。VXXが株式ボラティリティに連動する代表的な上場投資証券であることを考えればこれは納得がいく。SPYとVXXの相関が-0.46であることを、私たちはどれくらい確信することができるのだろうか。また、外れ値が存在した場合、この相関推定量は外れ値にどれくらい影響されるのだろうか。VXXのリターンのプロットを見ると2つの外れ値があることが分かる（**図5.12**）。

データのフィルタリング

　これらの外れ値を除去したら相関推定量はどうなるだろうか。これには3つの選択肢がある。1つ目は外れ値を完全に無視して統計分析を行うこと、2つ目は外れ値を標本から削除すること、3つ目は外れ値をもっと意味のある値に変換することである。ここでは外れ値を標本から削除する。

図5.13 外れ値の削除

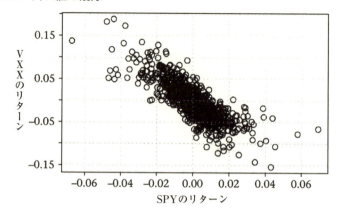

```
# Find the outliers
outliers <- which(sv[, 2] > 1.0)

# If any outliers exist, remove them
if(length(outliers) > 0) {
  sv <- sv[-outliers, ]
}

cor(sv)
##               SPY.Close   VXX.Close
## SPY.Close    1.0000000  -0.8066466
## VXX.Close   -0.8066466   1.0000000
```

外れ値を標本から削除すると相関推定量と散布図は劇的に変わることに注目しよう。

図5.13を見るとSPYとVXXのリターンは強い相関性を示すことが分かる。このような関係の強さを数値化する1つの方法は、これら2つの時系列の線形回帰のR^2（決定係数）を調べることである。相関は線形回帰と密接な関係がある。2つの変数の線形回帰のR^2の平方根は

ピアソンの相関係数に等しいのである。R^2は、従属変数の変動が独立変数の変動によってどれくらいよく説明できるかを示すものだ。

$$\rho = \sqrt{R^2} \tag{5.10}$$

2つの時系列に話を戻そう。線形回帰線は2次元空間における散布図に最もよく当てはまる直線と考えることができる。こうした線形回帰線は傾きと切片の推定量が分かれば引くことができる。こうした傾きと切片を求めるには関数lm()を使う。関数lm()はこれらのパラメーターがどれくらい「妥当」かを示す統計量も返してくる。2つ以上の変数が存在する回帰（多変量回帰）の場合でも推定係数は直線になるが、この場合、多次元の空間における直線になる。この線形モデルは以下のとおりである。

$$Y = \alpha + \beta_1 X_1 + \beta_2 X_2 + \cdots + \beta_N X_N + \epsilon \tag{5.11}$$

私たちが知りたいのは係数 α と β である。ϵ は誤差項で、モデルに取り込んだ変数のみでは説明しきれない情報である。この項は自己相関や他の認識できる構造を持たず、正規分布であるのが理想的だ。

Rの公式

線形回帰の例に進む前に、公式の説明をしておかなければならない。関数のなかには［例えば、lm()、glm()、nls()］、記号表現を引数リストとして受け取る関数もある。Rではこうした構造を作るのに ~演算子を使う。例えば、2つの変数xおよびyが与えられた場合、記号表現（または公式）は次のように作成する。

図5.14 回帰結果のプロット

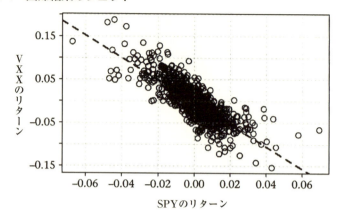

```
# Create a formula
my_formula <- as.formula("y ~ x")

# What is the output?
my_formula
## y ~ x

# What is the class of my_formula?
class(my_formula)
## [1] "formula"
```

これはRに対して、従属変数yと独立変数xの線形関係を構築し、その線形関係の傾きと切片を返してくるように命令するコードだ。この公式の右辺を y~x-1 に変更すると、モデルに切片は無視するように指示することになる。2つ以上の従属変数がある場合、公式は y~x+z+w+z*w-1 になる。この公式はy、x、z、wの線形関係を定めたもので、zとwの関係を表す項も含まれている。公式内の数学演算を行うには関数I()を使う。例えば、y~x+z+I(w*x) とすれば、wとxの積に等しい新たな従属変数が作成される。こうした公式の作り方に

ついては、?formulaと入力すればいろいろな例が出てくる。

```
# Create a linear regression object
reg <- lm(VXX.Close ~ SPY.Close, data = sv)

# Here is the output
summary(reg)

## Call:
## lm(formula = VXX.Close ~ SPY.Close, data = sv)

## Residuals:
##      Min        1Q    Median        3Q       Max
## -0.085607 -0.012830 -0.000865  0.012188  0.116349

## Coefficients:
##              Estimate Std. Error t value Pr(>|t|)
## (Intercept) -0.0024365  0.0006641  -3.669 0.000254 ***
## SPY.Close   -2.5848492  0.0552193 -46.811  < 2e-16 ***
## ---
## Signif. codes:  0 '***' 0.001 '**' 0.01 '*' 0.05 '.' 0.1

## Residual standard error: 0.02287 on 1187 degrees of freedom
## Multiple R-squared:  0.6486,    Adjusted R-squared:  0.6483
## F-statistic:  2191 on 1 and 1187 DF,  p-value: < 2.2e-16
```

傾きと切片はサマリーのCoefficientsの項に表示されている。このケースの場合、切片は-0.0024365で、傾きは-2.5848492である。Pr(>|t|)の下の数字（0.000254）は推定パラメーターのp値を示している。p値は帰無仮説が正しいという条件の下で、推定パラメーターが得られる確率である。帰無仮説は、パラメーター（傾きと切片）がゼロであることである。このケースの場合、p値が非常に小さいので、帰無仮説は棄却される。つまり、私たちの推定量はゼロではないということである。

係数は次のようにして取り出す。

図5.15 診断プロット

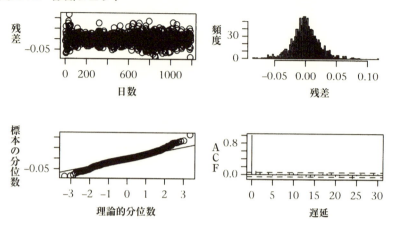

```
b <- reg$coefficients[1]
a <- reg$coefficients[2]
```

この線形モデルでは、VXXのリターンとSPYのリターンは時間tにおいて $VXX_t = aSPY_t + b + \epsilon_t$ と表される。ノイズ項の ϵ_t は残差ともいう。実践家は散布図に線形回帰線を重ね合わせるといったことをよくやる。それは関数abline()を使えば簡単にできる。

線形回帰線は散布図によく当てはまっている。図5.15は残差を示したものだ。

```
par(mfrow = c(2, 2))
plot(reg$residuals,
  main = "Residuals through time",
  xlab = "Days", ylab = "Residuals")
hist(reg$residuals, breaks = 100,
  main = "Distribution of residuals",
  xlab = "Residuals")
qqnorm(reg$residuals)
```

```
qqline(reg$residuals)
acf(reg$residuals, main = "Autocorrelation")
```

　これらの4つのプロットは残差を異なる側面から見たものだ。時間とヒストグラムのプロットを見ると、残差は一見正規分布に従うように見えるが、正規分布よりも裾が厚い。これはqqplot()で生成されたQ-Qプロットにも見られる。関数acf()は特定の時系列の自己相関を計算する関数だ。自己相関とは、現在の観測値と前の観測値との間に相関性があるかどうかを示すものだ。つまり、次の数値を決めるのに前の数値を使うことはできるかということである。自己相関を調べるには、時系列を一度に1ステップだけ前にシフトし、元の時系列との相関を計算しなおす。遅延（ラグ）がゼロのとき、相関は1になる。遅延があると相関は違ってくる。上の自己相関のプロットを見ると、私たちの単純な線形回帰モデルの残差には大きな自己相関はないことが分かる。もしあった場合は、2つの変数の関係を把握するために、線形回帰を使うという前提を見直す必要がある。理想世界では、残差はできるだけ「ノイズ」が多く、線形の依存性も非線形の依存性もなく正規分布に従うことが望ましい。

　異なる証券間の関係を分析するには同時期のリターンを見るのも1つの手だ。もっと興味深いのは、昨日のリターンと今日のリターンの間には線形関係があるかどうかである。もし線形関係があるのなら、線形回帰モデルは市場の従属変数を予測するための最初の試みとしてはよいかもしれない。

```
vxx_lag_1 <- lag(VXX$VXX.Close, k = 1)

head(vxx_lag_1)
##            VXX.Close
## 2009-01-30        NA
```

図5.16 遅延したSPYとVXXの散布図

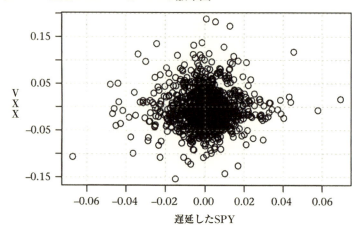

```
## 2009-02-02    104.58
## 2009-02-03    104.25
## 2009-02-04     99.37
## 2009-02-05     99.74
## 2009-02-06     99.13

head(VXX$VXX.Close)
##              VXX.Close
## 2009-01-30    104.58
## 2009-02-02    104.25
## 2009-02-03     99.37
## 2009-02-04     99.74
## 2009-02-05     99.13
## 2009-02-06     97.70
```

関数lag()は価格を1ステップシフトさせるための関数だ。具体的には、時系列を1日遅らせる。フィルタリングしたVXXのリターン行列に戻って、遅延したSPYとVXXの線形回帰を行ってみよう。次の例では、SPYのリターンはVXXのリターンに先行していると仮定する。

```
# Merge returns with lagged returns
sv <- merge(sv, lag(sv))

# Scatter plot of lagged SPY vs. VXX
plot(as.numeric(sv[, 3]), as.numeric(sv[, 2]),
main = "Scatter plot SPY lagged vs. VXX.",
xlab = "SPY lagged",
ylab = "VXX",
cex.main = 0.8,
cex.axis = 0.8,
cex.lab = 0.8)
grid()
```

これは驚くには当たらない。**図5.16**を見ると、遅延したSPYとVXXのリターンの間には認識できる線形関係はないことが分かる。これは線形回帰の出力で確認することができる。

```
reg2 <- lm(VXX.Close ~ SPY.Close.1, data = sv)

summary(reg2)
## Coefficients:
##              Estimate Std. Error t value Pr(>|t|)
## (Intercept) -0.004140   0.001121  -3.694 0.000231 ***
## SPY.Close.1  0.104119   0.093154   1.118 0.263918

## Residual standard error: 0.03857 on 1186 degrees of freedom
##  (1 observation deleted due to missingness)
## Multiple R-squared:  0.001052, Adjusted R-squared:  0.00021
## F-statistic: 1.249 on 1 and 1186 DF,  p-value: 0.2639
```

次はVXXのリターンがSPYのリターンに先行していると仮定してみよう。これはVXXを遅らせて、SPYを独立変数にすることで簡単に切り替えることができる。結果は同じである。

関数ccf()（相互相関関数）は2つの時系列を別々に遅延させ、各ペ

図5.17　リターンの相互相関

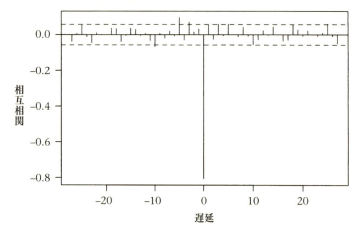

アの相関を計算することで似たような分析を行うための関数だ。関数acf()に似ているが、関数ccf()は2つの異なる時系列を使うところがacf()と異なる点だ。

```
ccf(as.numeric(sv[, 1]), as.numeric(sv[, 2]),
  main = "Cross correlation between SPY and VXX",
  ylab = "Cross correlation", xlab = "Lag", cex.main = 0.8,
  cex.lab = 0.8, cex.axis = 0.8)
```

線形回帰の「線形」

これまでの議論からも分かるように、線形回帰は独立変数間の線形関係を特定するための数学的モデルである。「線形」という言葉は非常に重要だ。2つの変数の間には関係はあるが、線形関係ではないこともある。

これを説明するのによく使われる典型的な例が放物線だ。関数$f(x)=x^2$は確定関数で、xと$f(x)$との依存関係を示している。このデータ

図5.18 直線と放物線

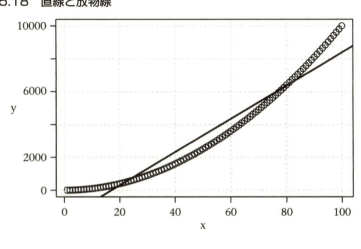

で線形回帰を行ってみよう。

```
x <- seq(1:100)
y <- x ^ 2

# Generate the plot
plot(x, y)

# Fit the regression
reg_parabola <- lm(y ~ x)

# Superimpose the best fit line on the plot
abline(reg_parabola, lwd = 2)

# Look at the results
summary(reg_parabola)

## Coefficients:
##                Estimate   Std. Error  t value  Pr(>|t|)
## (Intercept)   -1717.000     151.683   -11.32    <2e-16 ***
## x               101.000       2.608    38.73    <2e-16 ***
## ---
```

図5.19 平方根変換

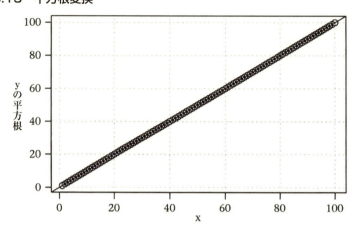

```
## Signif. codes:  0 '***' 0.001 '**' 0.01 '*' 0.05 '.' 0.1

## Residual standard error: 752.7 on 98 degrees of freedom
## Multiple R-squared:  0.9387,	Adjusted R-squared:  0.9381
## F-statistic:  1500 on 1 and 98 DF,  p-value: < 2.2e-16
```

非線形関係を検出するのに線形回帰は理想的な選択肢ではないことは明らかだ。しかし、変数の1つにちょっと手を加えれば関数lm()を使うことができる。

```
plot(x, sqrt(y))
reg_transformed <- lm(sqrt(y) ~ x)
abline(reg_transformed)

summary(reg_transformed)
## Coefficients:
##                Estimate Std. Error  t value  Pr(>|t|)
## (Intercept) -5.684e-14  5.598e-15 -1.015e+01   <2e-16 ***
## x            1.000e+00  9.624e-17  1.039e+16   <2e-16 ***
## ---
```

```
## Signif. codes:  0 '***' 0.001 '**' 0.01 '*' 0.05 '.' 0.1
## Residual standard error: 2.778e-14 on 98 degrees of freedom
## Multiple R-squared:     1,     Adjusted R-squared:     1
## F-statistic: 1.08e+32 on 1 and 98 DF,  p-value: < 2.2e-16
```

変数の変換は線形回帰とともに使うことができるテクニックだ。しかし、線形回帰モデルでうまく機能する変換を見つけるのはたやすいことではない。

ボラティリティ

ボラティリティとは平均回りのばらつきのことをいう。任意の数値の組が与えられれば、ばらつきの推定値を算出することができる。確率過程のボラティリティ測度としてよく用いられるのが以前出てきた標準偏差だ。公式は以下のとおりである。

$$\sigma = \sqrt{\frac{\sum_{i=1}^{N}(X_i - \mu)^2}{N}} \tag{5.12}$$

もう1つよく用いられるのが、平均からの絶対偏差の合計だ。

$$D = \sum_{i=1}^{N} |X_i - \mu| \tag{5.13}$$

リターンのボラティリティはクオンツやトレーダーにとって非常に重要な値だ。

トレード戦略を開発するとき、金融商品のリターンがどれくらい、そしてどれくらい頻繁にその平均値から上下に振れるかに注目する。上と下のどちらに振れるかについては特に気にしない。注目するのは

動きの相対的な大きさである。なぜ方向は気にしないのだろうか。それは方向を予測するのは困難だからだ。大きさを予測するほうがはるかに簡単だ。

ボラティリティの公式にはリターンの二乗が含まれていることに注目しよう。日々のあるいは日中のリターン分布を扱うとき、その平均はゼロに近いことが分かる。したがって、分散の公式は次のように近似することができる。

$$\sigma^2 = \sum_{i=1}^{N} r_i^2 \tag{5.14}$$

日々のリターンの間には大きな自己相関はないことが分かっている。リターン分布の高次モーメントにおいてはどうだろう。次のシミュレーションを見てみよう。

```
# Generate 1000 IID numbers from a normal distribution.
z <- rnorm(1000, 0, 1)

# Autocorrelation of returns and squared returns
par(mfrow = c(2, 1))
acf(z, main = "returns", cex.main = 0.8,
  cex.lab = 0.8, cex.axis = 0.8)
grid()
acf(z ^ 2, main = "returns squared",
  cex.lab = 0.8, cex.axis = 0.8)
grid()
```

構造上、上記の人工的に生成したリターンは自己相関を持たない。これをグラフ化したものが**図5.20**である。リターンの二乗はどうだろう。

zの元のベクトルはiid（独立した一様分布）なので、二乗のベクト

図5.20　リターンの自己相関

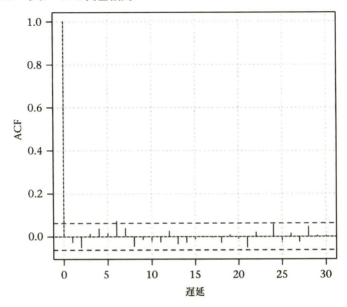

図5.21　理論的なリターンの二乗の自己相関

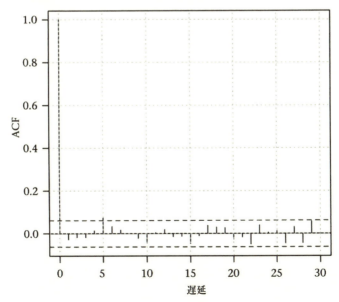

図5.22 実際のリターンの二乗の自己相関

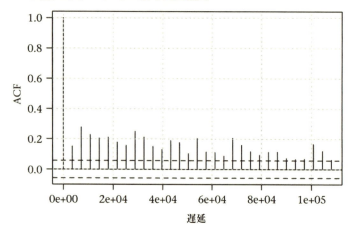

ルもまたiidになることが予想できる。

実際のリターンの二乗の自己相関は図5.22のようになる。リターンの二乗を足し合わせたものが、ばらつきあるいは分散の代理になることを思い出そう。

```
par(mfrow = c(1, 1))
acf(sv[, 1] ^ 2, main = "Actual returns squared",
  cex.main = 0.8, cex.lab = 0.8, cex.axis = 0.8)
grid()
```

日々のリターンの二乗においては統計的に有意な自己相関はさまざまな遅延に対して存在する。経験的分布では高次モーメントもまた自己相関を持ち、リターンの絶対値も自己相関を持つ。

```
par(mfrow = c(1, 2))
acf(sv[, 1]^3)
acf(abs(sv[, 1])
```

高次モーメントにおける自己相関を説明するのに、いろいろな経済モデルが提唱されてきた［50］。こうしたモデルのなかで主なものは以下のとおりである。

- ARIMA
- GARCH
- ストキャスティック・ボラティリティ

ボラティリティのこの特徴は不均一分散と呼ばれている。リターンを時間軸に対してプロットしたとき、この特徴は顕著に表れる。自己相関を持たない正規分布に従う系列は数値が集中的に発生することはないが、実際の金融データには集中的な発生が見られるということは、そういった時系列の高次モーメントにはメモリー効果があることを示している。

まとめ

本章は前の章で述べた統計・確率の基礎編をさらに発展させたものだ。確率過程とは何かを説明し、金融時系列と確率過程の関係についても説明した。また、定常性という重要な概念について説明し、定常性と正規性があるかどうかを検証するためのさまざまな統計的検定についても述べた。さらに、時系列間の相関について説明し、外れ値の検出とフィルタリングテクニックについても説明した。主題からは外れたが、Rで線形回帰と自己相関を実行する方法についても述べ、最後にリターンの二乗の自己相関について説明した。これはボラティリティの不均一分散を説明するための高度な金融モデルの開発へとつながる。

第6章 スプレッド、ベータ、リスク

Spreads, Betas and Risk

前の第5章では、日々のリターンには注目に値する自己相関はないことが分かった。これは、前の日のリターンが分かっていても、今日のリターンを予測することはできないことを意味する。ここでは、私たちは予測可能な時系列を人工的に作成することができると仮定する。この新しい時系列をスプレッドと呼ぶことにする。株式スプレッドは個々の株式よりもトレーダブルである可能性が高い。これはもちろん主観的なことで、これが正しいかどうかは分からない。しかし、どうか私にお付き合い願いたい。私が興味があるのは、価格の挙動そのものではなくて、考え方である。

株式スプレッドの定義

2変数の株式スプレッド（ペア）はある株式のロングポジションと、別の株式のショートポジションからなる。どちらもロング（買う）したり、どちらもショート（売る）することでもペアは構築できる場合もある。例えば、ある株式がある指数（例えば、SDS ETF）の逆数に連動しているとすると、両方のETFを買ってスプレッドを作ることができる。ペアトレードは、1980年代ターダグリアがモルガンスタンレーにいたときに初めて実践されたと言われている（ペアトレード

という考え方を考案したのはゲリー・バンバーガーで、その後1980年代にモルガンスタンレーのヌンジオ・タータグリア率いるクオンツグループが初めて実践した）[131]。

ビジネスの観点から言えば、もし2つの会社が似たような製品を販売しているとすると、両者は同じ経済的ファクターの影響を受けるはずだ。関連する経済が低迷すれば、売り上げも低迷する。その製品の製造に使われる共有資源が枯渇すれば、どちらの会社の製造コストも増加し、在庫は減少する。会社Aが価格を下げれば、会社Bも価格を下げるだろう。高次元で見ると、会社Aと会社Bは共通の外部的要素だけでなく、複雑なフィードバックメカニズムでつながっているのである。

株式Aと株式Bのリターンを説明するのに、私たちは普通のファクターモデル（ファーマ・フレンチの3ファクターモデルは、リターンをサイズファクター、株価純資産倍率ファクター、バリュー・成長株ファクターの3つで説明しようとするファクターモデルの例である）は使わずに、両方の株式の相対的な価格の挙動を調べる。つまり、株式スプレッドの動きに注目するのである。

特定の日にコカ・コーラの株価とペプシの株価は上昇するのか下落するのかは分からない。しかし、両者に影響を及ぼす共通の基本的ファクターはそれぞれの株価に反映されていると私たちは信じている。ある日、コカ・コーラの株価が上昇すれば、ペプシの株価も上昇するはずだ。この関係をモデル化しようというわけである。

コカ・コーラのドルでの株価の変動と、ペプシのドルでの株価の変動を考えてみよう。ドルのニュートラルなポートフォリオを構築しようとした場合、コカ・コーラの株式を何株買い、ペプシの株式を何株売ればよいだろうか。ドルのニュートラルなポートフォリオとは、金銭的価値がほぼゼロのポートフォリオのことをいう。

これに答えてくれるのがスプレッド・ベータだ。ベータは、2つの

株価の変動の散布図のデータ点に最も合う直線の傾きと考えることができる。ベータは株価の変動ではなくて、リターン（％）を使って計算するのが普通だ。しかし、株価の変動はトレードの観点から言えばより直観的な答えを提供してくれる。ベータは価格の生データや価格の対数からも算出できる。結果として得られるベータを共和分ベクトルと呼ぶ（共和分の初歩については、http://faculty.washington.edu/ezivot/econ584/notes/cointegration.pdf を参照のこと）。非定常的な時系列（例えば、株価）に回帰を適用すれば無意味な結果しか得られないだろう。この回帰が意味をなすのは、株式ペアが共和分の場合のみである。共和分を調べるには、結果として得られる残差の統計分析が必要だ。

次のコードは1年にわたるコカ・コーラとペプシの株価変動の散布図を作成するためのコードだ。

```
pepsi <- getSymbols('PEP', from = '2013-01-01',
  to = '2014-01-01', adjust = T, auto.assign = FALSE)

coke <- getSymbols('COKE', from = '2013-01-01',
  to = '2014-01-01', adjust = T, auto.assign = FALSE)
Sys.setenv(TZ = "UTC")

prices <- cbind(pepsi[, 6], coke[, 6])
price_changes <- apply(prices, 2, diff)
plot(price_changes[, 1], price_changes[, 2],
  xlab = "Coke price changes",
  ylab = "Pepsi price changes",
  main = "Pepsi vs. Coke",
  cex.main = 0.8,
  cex.lab = 0.8,
  cex.axis = 0.8)
grid()
```

図6.1 ペプシとコカ・コーラの株価変動

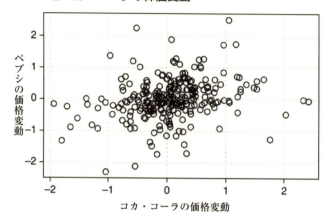

```
ans <- lm(price_changes[, 1] ~ price_changes[, 2])
beta <- ans$coefficients[2]
```

　この時間枠においてはコカ・コーラは平均でΔSだけ変動し、ペプシは平均で$\beta \Delta S$だけ変動する。コカ・コーラを1000株買うとすると、ドルのニュートラルを維持するにはペプシの株を何株売る必要があるだろうか。答えは$1000/\beta$である。

　このベータは何を意味するのだろうか。ここで、コカ・コーラの価格変動は非ランダムな変数で、ペプシの価格変動は確率変数と仮定する。つまり、この2つの時系列の間の変動性はペプシにのみ依存するということである。変動性がコカ・コーラにのみ依存すると仮定した場合はどうなるだろうか。おそらくはベータの値は違ってくるだろう。

```
ans2 <- lm(price_changes[, 2] ~ price_changes[, 1])
beta2 <- ans2$coefficients[2]

beta
## [1] 0.2614627
```

```
beta2
## [1] 0.2539855
```

最小二乗法と総最小二乗法

　これら2つのベータが違っていることに注目しよう。直観的にはこれらのベータは逆数であることを期待するかもしれないが、これらのベータは逆数ではない。ベータがこのように不一致であることから、トレーダーによっては最小二乗法（OLS）よりも総最小二乗法（TLS。総最小二乗法は直交回帰とも呼ばれ、従属変数と独立変数の両方の誤差を考慮する回帰法。詳しくは、http://en.wikipedia.org/wiki/Total_least_squares を参照のこと）を使う人もいる。

　総最小二乗法は、システムの変動性を両方の時系列で説明しようというものだ。これは散布図の各点から散布図のデータ点に最も合う直線に引いた垂線の距離の二乗の総和を最小化するものだ。一方、最小二乗法は散布図の各点と散布図のデータ点に最も合う直線との垂直方向あるいは水平方向の距離の二乗の総和を最小化する。

　TLSのベータは主成分分析（PCA）（ウィキペディアによれば、「主成分分析とは、直交変換を使って、相関性のある変数の観測値の組を、主成分と呼ばれる線形的に相関性のない変数の組に変換する統計学的手法である［133］」。金融ではこのテクニックはイールドカーブの挙動やインプライドボラティリティ面の運動状態をモデル化するのによく使われる）を使って算出する。Rでは関数prcomp()を使ってPCA分析を行うことができる。PCAの基本的な考え方は、相関性のある観測値の組を、線形的に相関のない観測値の組に変換するというものだ。新しい観測値を主成分という。このアプローチはポール・ティーターのプレゼンテーションでうまく説明されている。詳しくは、

図6.2 最小二乗法

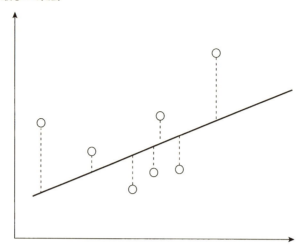

図6.3 総最小二乗法

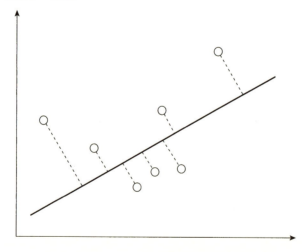

http://quanttrader.info/public/CRUG_MeetUp.pdf を参照してもらいたい。

図6.4 SPYとAAPLの総最小二乗回帰

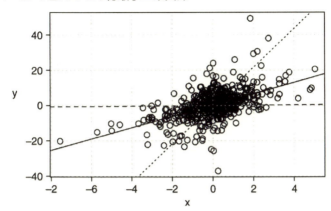

これらの主成分を見つけるための方法は以下のとおりである。

1．分散が最も大きな散布図上の方向を見つける。
2．最初の方向に直交する2番目にベストな方向を見つける。

これらの方向（ベクトル）が主成分である。これらの主成分を計算するためのコードは以下のとおりである。

```
# Get the data
SPY <- getSymbols('SPY', from = '2011-01-01',
  to = '2012-12-31', adjust = T, auto.assign = FALSE)
AAPL <- getSymbols('AAPL', from = '2011-01-01',
  to = '2012-12-31', adjust = T, auto.assign = FALSE)

# Compute price differences
x <- diff(as.numeric(SPY[, 4]))
y <- diff(as.numeric(AAPL[, 4]))

plot(x, y, main = "Scatter plot of returns. SPY vs. AAPL",
  cex.main = 0.8, cex.lab = 0.8, cex.axis = 0.8)
```

```
abline(lm(y ~ x))
abline(lm(x ~ y), lty = 2)
grid()

# Total least squares regression
r <- prcomp( ~ x + y )
slope <- r$rotation[2, 1]   /   r$rotation[1, 1]
intercept <- r$center[2] - slope * r$center[1]

# Show the first principal component on the plot
abline(a = intercept, b = slope, lty = 3)
```

スプレッドの構築

次は株式スプレッドを構築し、トレード戦略から得られる買いシグナルと売りシグナルの数を見てみよう。この戦略は、スプレッドが下の閾値を下回ったらそのスプレッドを買い、上の閾値を上回ったらそのスプレッドを売るというものだ。簡単にするために、この作業をいくつかの関数に分ける。

```
# Function to calculate the spread
  calculate_spread <- function(x, y, beta) {
    return(y - beta * x)
  }

# Function to calculate the beta and level
# given start and end dates
calculate_beta_and_level <- function(x, y,
  start_date, end_date) {
  require(xts)

  time_range <- paste(start_date, "::",
    end_date, sep = "")
```

```
    x <- x[time_range]
    y <- y[time_range]

    dx <- diff(x[time_range])
    dy <- diff(y[time_range])
    r <- prcomp( ~ dx + dy)

    beta <- r$rotation[2, 1] / r$rotation[1, 1]
    spread <- calculate_spread(x, y, beta)
    names(spread) <- "spread"
    level <- mean(spread, na.rm = TRUE)

    outL <- list()
    outL$spread <- spread
    outL$beta <- beta
    outL$level <- level

    return(outL)
}

# Function to calculate buy and sell signals
# with upper and lower threshold
calculate_buy_sell_signals <- function(spread, beta,
  level, lower_threshold, upper_threshold) {

    buy_signals <- ifelse(spread <= level -
      lower_threshold, 1, 0)
    sell_signals <- ifelse(spread >= level +
      upper_threshold, 1, 0)

    # bind these vectors into a matrix
    output <- cbind(spread, buy_signals,
      sell_signals)
    colnames(output) <- c("spread", "buy_signals",
      "sell_signals")

    return(output)
}
```

この例では、シグナルの計算を簡単にするために作業を3つの関数に分けた。最初の関数calculate_spread()は名前が示すとおり、スプレッドを計算するための関数だ。この関数は、2つの株価時系列とベータが与えられたら、スプレッドを返してくる。このヘルパー関数の結果は、スプレッド、ベータ、スプレッドの平均水準を返してくる次の関数の入力として使われる。この関数からこれら3つのオブジェクトを返すのにはリストを使う。3番目の関数calculate_buy_sell_signals()は、第1列がスプレッド、第2列が買いシグナル、第3列が売りシグナルの行列を作成する。

　上で定義した関数は次のように使う。

```
# Implementation
# Pick an in-sample date range
start_date <- "2009-01-01"
end_date <- "2011-12-31"
x <- SPY[, 6]
y <- AAPL[, 6]

results <- calculate_beta_and_level(x, y,
  start_date, end_date)
results$beta
## [1] 4.923278

results$level
## [1] -239.0602

plot(results$spread, ylab = "Spread Value",
  main = "AAPL - beta * SPY",
  cex.main = 0.8,
  cex.lab = 0.8,
  cex.axis = 0.8)
```

　これはトレードするのに魅力的なスプレッドとは言えない。少なく

図6.5　AAPLとSPYのスプレッド

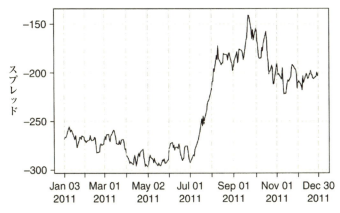

とも今の形ではそうだ。平均回帰による安定期のあと、突然上昇している。ともかく実践で発生する問題を見るために、このスプレッドを考えてみることにしよう。

イン・サンプル・ベータと、この時期のスプレッドの平均がおよそ −239.06になることが分かったところで、これらの値をアウト・オブ・サンプル期間に適用して、シグナルを生成する。

```
# Out of sample start and end dates
start_date_out_sample <- "2012-01-01"
end_date_out_sample <- "2012-10-22"
range <- paste(start_date_out_sample, "::",
  end_date_out_sample, sep = "")

# Out of sample analysis
spread_out_of_sample <- calculate_spread(x[range],
  y[range], results$beta)

plot(spread_out_of_sample, main = "AAPL - beta * SPY",
  cex.main = 0.8,
```

図6.6　アウト・オブ・サンプルのAAPLとSPYのスプレッド

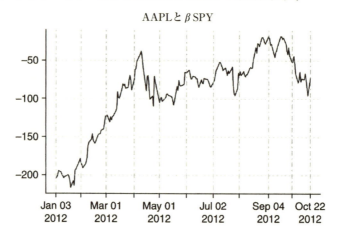

```
  cex.lab = 0.8,
  cex.axis = 0.8)
abline(h = results$level, lwd = 2)
```

シグナルの生成とその検証

　アウト・オブ・サンプル結果のプロットを見ると、スプレッドは全体的にイン・サンプル水準を上回っていることが分かる。買いシグナルはなく、売りシグナルのみである。スプレッドを信じて、スプレッドが平均を上回っている間、AAPL（アップル）を大量に売り、β SPYを大量に買ってもよいのだろうか。答えはノーだ。スプレッドの計算方法に不備があったか、この株式ペアを選んだことが間違っていたようだ。この状況を改善する方法はあるのだろうか。おそらくは。私たちの計算しているベータがアウト・オブ・サンプルを見るころには古くなりすぎているとしたらどうなるのだろうか。AAPLはダイナミックな会社で、株価はそれを反映する。SPYはS&P500の代理で、

そういった変動にそれほど速く反応することはないだろう。AAPLとペアを組ませるのは、少なくとも同じセクターの同等の会社のほうがよいようだ。

でもここまでやってきて、今になってあきらめるわけにはいかない。ここでダイナミック（ローリング）ベータを計算してみよう。AAPLとSPYの関係は、もっと細かい時間尺度では依然としてトレーダブルであるものと仮定する。次のコードは10日ウィンドウにおけるローリングベータを算出し、新たなスプレッドをプロットするためのコードだ。トレードの目的上、ベータは毎日更新（市場の引けの時点で）し、新しいベータを翌トレード日に使う。

このエクササイズは、平均回帰して、トレーダブルと思われる株式スプレッドを作成することに焦点が当てられている。正しいポジションサイジングやトレーディングルールについては何も言っていない。ベータが変化し続ければ、おそらくはポジションも変わる。これについてはのちほど説明する。今のところは、シグナルを生成する目的上、変化するスプレッドだけを考察する。

```
# Rolling window of trading days
window_length <- 10

# Time range
start_date <- "2011-01-01"
end_date <- "2011-12-31"
range <- paste(start_date, "::",
  end_date, sep = "")

# Our stock pair
x <- SPY[range, 6]
y <- AAPL[range, 6]

dF <- cbind(x, y)
names(dF) <- c("x", "y")
```

```
# Function that we will use to calculate betas
run_regression <- function(dF) {
  return(coef(lm(y ~ x - 1, data = as.data.frame(dF))))
}

rolling_beta <- function(z, width) {
  rollapply(z, width = width, FUN = run_regression,
    by.column = FALSE, align = "right")
}

betas <- rolling_beta(diff(dF), 10)

data <- merge(betas, dF)
data$spread <- data$y - lag(betas, 1) * data$x
```

ここでリターンのスプレッドを見てみよう。変更しなければならないのは、価格変動間のベータを計算する代わりに、リターン間のベータを計算するところだけである。

```
returns <- diff(dF) / dF
return_beta <- rolling_beta(returns, 10)
data$spreadR <- diff(data$y) / data$y -
  return_beta * diff(data$x) / data$x
```

このコードから得られる結果はデータフレームdataで、以下のとおりである。

```
tail(data)
##              betas      x       y   spread     spreadR
## 2011-12-22 2.770586 119.60 383.07 138.70795 -0.002322110
## 2011-12-23 3.094533 120.67 387.66  53.33343  0.003311904
## 2011-12-27 3.450416 120.76 390.74  17.04417  0.007083611
## 2011-12-28 3.364819 119.18 387.00 -24.22055  0.004194527
## 2011-12-29 3.004804 120.41 389.38 -15.77781 -0.003361064
```

図6.7 ローリングベータスプレッド

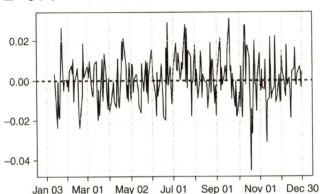

プロットを見ると分かるように、スプレッドは前よりも平均回帰しているように見える。妥当な買いポイントと売りポイントを決定するために、10日ローリングウィンドウを進め、そのヒストリカル期間にわたるスプレッドの標準偏差を計算する。10日ローリングウィンドウを進めても、スプレッドの変動は一定であると仮定する。

私たちが使うスプレッドは価格差に基づくものだ。

```
threshold <- sd(data$spread, na.rm = TRUE)

threshold
## [1] 143.7734
```

図6.8はスプレッドの平均の上と下に1σのラインを重ね合わせたものだ。平均はゼロとする。

```
plot(data$spread, main = "AAPL vs. SPY In-Sample",
  cex.main = 0.8,
```

図6.8　SPYとAAPLの価格差のスプレッド

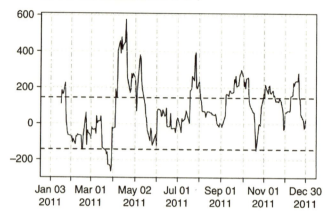

```
    cex.lab = 0.8,
    cex.axis = 0.8)
abline(h = threshold, lty = 2)
abline(h = -threshold, lty = 2)
```

　このスプレッドはどれくらいの儲けになるのだろうか。それを知るには仮想仕掛けポイントと手仕舞いポイントをトラッキングする簡単なバックテストを行ってみなければならない。一時期に持てるのはスプレッドのロングポジションまたはショートポジション1つのみとする。スプレッドを1単位買った場合、買いシグナルが出続けても、それ以上は買わない。その代わりに売りシグナルを待ち、売りシグナルが出たらドテンする。これは非常に原始的だが、このエクササイズはスプレッドトレードの基本を把握することにある。もっと良い戦略にするには、ポジションサイズのスケールインやスケールアウトが必要になるだろう。ではコードを見てみよう。

```
# Construct the out of sample spread
# Keep the same 10 day rolling window
window_length <- 10

# Time range
start_date <- "2012-01-01"
end_date <- "2013-12-31"
range <- paste(start_date, "::",
  end_date, sep = "")

# Our stock pair
x <- SPY[range, 6]
y <- AAPL[range, 6]

# Bind these together into a matrix
dF <- cbind(x, y)
names(dF) <- c("x", "y")

# Calculate the out of sample rolling beta
beta_out_of_sample <- rolling_beta(diff(dF), 10)

# Buy and sell threshold
data_out <- merge(beta_out_of_sample, dF)
data_out$spread <- data_out$y -
  lag(beta_out_of_sample, 1) * data_out$x

# Plot the spread with in-sample bands
plot(data_out$spread, main = "AAPL vs. SPY out of sample",
  cex.main = 0.8,
  cex.lab = 0.8,
  cex.axis = 0.8)
abline(h = threshold, lwd = 2)
abline(h = -threshold, lwd = 2)
```

トレードのロジックは次のベクトル化されたコマンドにまとめることができる。

図6.9 バンドを重ね合わせたアウト・オブ・サンプル・スプレッド

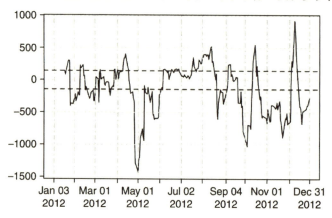

図6.10 買いシグナルと売りシグナルを重ね合わせたプロット

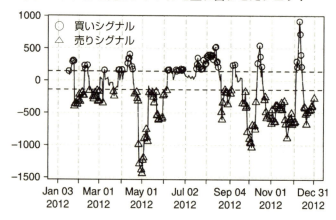

```
# Generate sell and buy signals
buys <- ifelse(data_out$spread > threshold, 1, 0)
sells <- ifelse(data_out$spread < -threshold, -1, 0)
data_out$signal <- buys + sells
```

スプレッド上のどの位置で買いシグナルと売りシグナルが出るのか

を見てみよう。買いシグナルは丸で示し、売りシグナルは三角で示している（**図6.10**）。

```
plot(data_out$spread, main = "AAPL vs. SPY out of sample",
  cex.main = 0.8,
  cex.lab = 0.8,
  cex.axis = 0.8)
abline(h = threshold, lty = 2)
abline(h = -threshold, lty = 2)

point_type <- rep(NA, nrow(data_out))
buy_index <- which(data_out$signal == 1)
sell_index <- which(data_out$signal == -1)

point_type[buy_index] <- 21
point_type[sell_index] <- 24
points(data_out$spread, pch = point_type)
```

潜在的な買いシグナルと売りシグナルの数は次のコードで計算することができる。

```
num_of_buy_signals <- sum(buys, na.rm = TRUE)
num_of_sell_signals <- sum(abs(sells), na.rm = TRUE)

num_of_buy_signals
## [1] 303
num_of_sell_signals
## [1] 189
```

スプレッドトレード

仕掛けシグナルと手仕舞いシグナルが計算できたところで、次は各トレードに投資する資産額を考えなければならない。買いシグナルが

出るたびに買い増し、売りシグナルが出るたびに売り増すべきなのだろうか。それではやりすぎになりはしないだろうか。買いシグナルがすでに1つ出ており、もう1つ出たら、同じサイズをトレードすべきだろうか、あるいはサイズを増やすべきだろうか。スプレッドが平均に戻ったり、反対の閾値に行ったら、トレードは手仕舞うべきだろうか。これらはすべてもっともな疑問だ。これらのシナリオを考えるには、バックテストのロジックを少しいじればよい。

トレードサイズはAAPLは100株に、SPYは$100*\beta$に維持する。すべての変数をトラッキングするために、トレード量はこれまで使ってきたのと同じdata_outテーブルに入れる。トレード量だけでなく、各トレードにかかるコストもトラッキングする必要がある。また、各トレードの実現した損益（P&L）や含み益・含み損も考える必要がある。これは最終的にはその戦略の損益曲線を計算するのに役立つ。

損益曲線とは、そのトレード戦略の損益特性をグラフ化したものだ。損益曲線は、そのトレード戦略に内在するリスクとリワードのトレードオフを決めるのに非常に重要なものだ。当然ながら利益は右肩上がりのラインを描き、下落しないのが理想的だ。現実世界では、どういった戦略もリターンが負の時期があり、これは損益曲線では下落の動きとなって現れる。したがって、一定の期間における損益曲線のボラティリティと最大ドローダウンも調べておくとよいだろう。

トレードの仕掛けや手仕舞いは、有効な買いシグナルや売りシグナルが出た翌日に実行すると仮定しよう。実際には、これらのシグナルを実行するかどうかの決断はトレード日のいずれの時点においても可能だ。私たちが扱っているのは日々の終値なので、この最悪のケースの実行シナリオでも特に支障はないはずだ。

今のdata_outテーブルは以下のとおりである。

```
##            beta_out_of_sample     x      y    spread signal
## 2011-01-13                 NA 128.37 345.68        NA     NA
## 2011-01-14          1.7511157 129.30 348.48        NA     NA
## 2011-01-18          1.1630714 129.52 340.65 113.84550      1
## 2011-01-19          1.2803161 128.25 338.84 189.67609      1
## 2011-01-20          1.2286891 128.08 332.68 168.69711      1
## 2011-01-21          0.8045108 128.37 326.72 168.99319      1
## 2011-01-24          2.4936855 129.10 337.45 233.58766      1
## 2011-01-25          2.7762163 129.17 341.40  19.29065      0
## 2011-01-26          3.0802946 129.67 343.85 -16.14196      0
```

買いシグナルが続けざまに出ていることに注目しよう。戦略を簡単にするために、一度に取るのは1つのロングポジションか1つのショートポジションのみとする。したがって、同じサイドで続けてシグナルが出ても無視する。株式XとY（SPYとAAPL）のトレードサイズは以下のとおりである。

```
prev_x_qty <- 0
position <- 0
trade_size <- 100
signal <- as.numeric(data_out$signal)
signal[is.na(signal)] <- 0
beta <- as.numeric(data_out$beta_out_of_sample)

qty_x <- rep(0, length(signal))
qty_y <- rep(0, length(signal))

for(i in 1:length(signal)) {
  if(signal[i] == 1 && position == 0) {
    # buy the spread
    prev_x_qty <- round(beta[i] * trade_size)
    qty_x[i] <- -prev_x_qty
    qty_y[i] <- trade_size
    position <- 1
  }
```

```
  if(signal[i] == -1 && position == 0) {
    # sell the spread initially
    prev_x_qty <- round(beta[i] * trade_size)
    qty_x[i] <- prev_x_qty
    qty_y[i] <- -trade_size
    position <- -1
  }

  if(signal[i] == 1 && position == -1) {
    # we are short the spread and need to buy
    qty_x[i] <- -(round(beta[i] * trade_size) +
      prev_x_qty)
    prev_x_qty <- round(beta[i] * trade_size)
    qty_y[i] <- 2 * trade_size
    position <- 1
  }

  if(signal[i] == -1 && position == 1) {
    # we are long the spread and need to sell
    qty_x[i] <- round(beta[i] * trade_size) + prev_x_qty
    prev_x_qty <- round(beta[i] * trade_size)
    qty_y[i] <- -2 * trade_size
    position <- -1
  }
}
```

アウト・オブ・サンプル期間の終わりに、いずれの株式についても残量がある。この残量は最後のトレード日にゼロにすることで除去する。

```
qty_x[length(qty_x)] <- -sum(qty_x)
qty_y[length(qty_y)] <- -sum(qty_y)
```

これらの列をdata_outテーブルに付け加える。以下はその結果を示

したものだ。

```
data_out$qty_x <- qty_x
data_out$qty_y <- qty_y

data_out[1:3, ]
##            beta_out_of_sample      x      y   spread signal qty_x qty_y
## 2012-01-17          2.1511279 123.48 408.20       NA     NA     0     0
## 2012-01-18          2.5890817 124.85 412.44 143.87168      1  -259   100
## 2012-01-19          2.0711505 125.51 411.13  86.17435      0     0     0

tail(data_out, 3)
##            beta_out_of_sample      x      y    spread signal qty_x qty_y
## 2012-12-27          6.5051194 138.15 499.45 -404.90307     -1     0     0
## 2012-12-28          5.6770827 136.66 494.14 -394.84962     -1     0     0
## 2012-12-31          6.3934172 138.98 516.04 -272.96095     -1  -668   100
```

私たちが計算したベータの値からすると、これらの値は実に現実的だ。また、連続して出される買いシグナルと売りシグナルは無視した。この戦略は一度に1つのスプレッドポジションしか持つことができない。

スプレッドの各レッグに対してどれくらい買い、どれくらい売ればよいかが分かったところで、実現した損益と含み損益を見ていくことにしよう。

Day1(初日)に100単位買い、そのポジションを5日後に手仕舞いする場合、実現した損益は仕掛け価格と手仕舞い価格との差に数量を掛けたものになる。しかし、Day2、Day3、Day4の間はポジションは手仕舞いされていないので、その間には潜在的利益や損失が発生する。これを含み損益という。含み損益を計算するには、ポジションを現在の市場価格で値洗いする。

上のスプレッドに対しても似たような分析をしてみよう。分析の結果、あと2つ列が追加される。これらの列には2つの株式の損益曲線が入る。

図6.11 SPYとAAPLのスプレッドの損益曲線

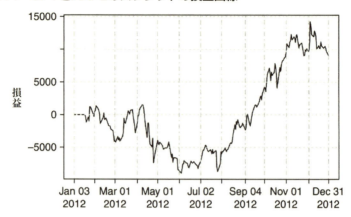

```
# function for computing the equity curve
compute_equity_curve <- function(qty, price) {
  
  cash_buy <- ifelse(sign(qty) == 1,
    qty * price, 0)
  cash_sell <- ifelse(sign(qty) == -1,
    -qty * price, 0)
  position <- cumsum(qty)
  cumulative_buy <- cumsum(cash_buy)
  cumulative_sell <- cumsum(cash_sell)
  
  equity <- cumulative_sell - cumulative_buy +
    position * price
  return(equity)
}

# Add the equity curve columns to the data_out table
data_out$equity_curve_x <- compute_equity_curve(
  data_out$qty_x, data_out$x)
data_out$equity_curve_y <- compute_equity_curve(
  data_out$qty_y, data_out$y)
```

図6.11はAAPLとSPYのスプレッドの損益曲線を示したものだ。コードは以下のとおりである。

```
plot(data_out$equity_curve_x +
  data_out$equity_curve_y, type = 'l',
  main = "AAPL / SPY spread", ylab = "P&L",
  cex.main = 0.8,
  cex.axis = 0.8,
  cex.lab = 0.8)
```

図6.11からは以下のことが分かる。

1. 全体的なトレンドは右肩上がり。この戦略は検証期間においてはリターンは正であったはずだ。
2. この戦略は損をしたボラティリティの高い期間もあるが、P&Lが急速に上昇している期間もある。
3. この戦略のリスクを数値化してみるとよいかもしれない。

考慮すべき点もいくつかある。

1. ポジションサイジングはこの戦略のリスク特性としてどう機能するのか。
2. シグナルはこの戦略の機能としてどう働くのか。
3. 将来的な偏りはあるか。もしそうなら、この問題はどう解決すればよいか。
4. 取引コストは計算に含まれているか。
5. スプレッドはトレーダブルか。
6. 価格差とリターンのベータを比べるのは意味があるのか。

次の章では正しい方法でやってみる。重労働のほとんどはquantstratパッケージがやってくれる。トレードの決済をしたり実行ロジックを作成するのは厄介で、エラーも発生しやすい。こういう厄介な仕事はすべてquantstratパッケージにお願いし、私たちはシグナルの生成とトレードロジックに集中する。このスプレッドの例を取り上げたのは、読者がスプレッドトレーディングの基礎を学び、創造力を発揮できるようにするのが狙いだ。

リスクを考える

トレード戦略の良い特性と悪い特性を把握するための統計量について見るときがようやくやってきた。これらの統計量は代替戦略を同等の条件で比較するのに使うことができる。こうした統計量の公式は通常、「良いもの」（例えば、リワードやリターン）は分子に含まれ、「悪いもの」（リスク）は分母に含まれる。

関連するリスクを考慮せずに、その戦略のリワードについて語ることはできない。リスクは広範な意味で用いられるが、概念としてはトレード戦略において望ましくないものをリスクという。トレーダーは日々の活動においては2つのタイプの基本的リスクを抱えている。市場リスクとオペレーショナルリスクである。ここでは市場リスクについてのみ見ていく。

オペレーショナルリスクには、バグの多いソフトウェア、欠陥のある設備、取引所との接続ロス、トレーダーのエラー、不十分な内部管理、訴訟、不正行為などが含まれる［129］。バーゼルⅡ（金融業界に対するリスク管理のガイドライン。これまでに3つのバーゼル合意が策定された。バーゼルⅡは2004年6月に策定された［114］。その後、バーゼルⅢが合意され、バーゼルⅡはⅢに取って代わられた。バーゼル合意は、銀行の自己資金比率、ストレステスト、流動性リスクな

どに対する自主規制の枠組みを定めたものである）はオペレーショナルリスクを、「不十分なあるいは失敗した内部処理や、人員やシステム、あるいは外部的要因（法的リスクを含む）によって実際の損失が期待した損失と異なるという事実によって値が変化するリスク」と定義している。

　市場リスクとは、トレーダブルな商品の価格の変動によって戦略が被らなければならないリスクのことをいう。価格の変動は、経済指標の発表、企業固有のイベント、政府指令、気候パターン、長期的な干ばつなど、さまざまな外部的要素によって発生する。認識しなければならない重要なこと、特にトレード戦略の文脈において重要なことは、こうした要因の影響は、元となる商品の市場価格や出来高特性に現れるということである。こうした観測可能な確率変数（価格と出来高）の変動を分析することで、いかなる戦略の市場リスク要素についても語ることができるだけの十分な情報が得られる。市場価格の変動そのものは必ずしもリスクの代理とはならない。例えば、ある株式を買って、市場が20％下落したとしよう。これはリスクの高い投資であるように思える。しかし、逆に市場が20％上昇すれば、リスクに対する私たちの考え方は違ってくる。上昇の動きと下落の動きを同じように扱うリスク測度がボラティリティと分散である。条件付き分散といったほかのリスク測度は、「良い」ボラティリティと「悪い」ボラティリティをはっきりと分けて考える。

　前にも述べたように、ボラティリティは値動きの方向については気にしない。ボラティリティが気にするのは値動きの大きさだけである。これはボラティリティの公式を見るとよく分かる。正あるいは負の方向性バイアスは、二乗の項によって除去されている。

$$\sigma = \sqrt{\frac{\sum_{i=1}^{N}(X_i - \mu)^2}{N}} \tag{6.1}$$

私たちが買う株式のリターンのボラティリティが小さいのは良いことだ。なぜなら、価格が大きく下落する可能性が低いからだ。しかし、上昇する可能性も低いので、大きな利益を期待することはできない。リスク・リワードのトレードオフは学術界ではよく理解されているテーマだ。近代ポートフォリオ理論はこうしたタイプのトレードオフを詳しく議論するものだ。ボラティリティと相関の影響を含む商品間の共分散は、文献の例では最もよく使われるリスクのバロメーターだ。共分散行列が学術界でも実践家の間でもよく使われるのは、計算が簡単で理解しやすいからである。しかし、だからと言って実際の市場はそのとおりの挙動をするわけではない。私たちの簡単なスプレッドのボラティリティを分析するにあたり、ボラティリティのことを見ていくが、それ以外にも、例えば、最大ドローダウン、損益曲線の形状、条件付き分散といったリスク測度についても見ていく。

損益曲線について

　図6.12の損益曲線を見てみよう。

　2つの損益曲線はいずれも右肩上がりだが、グラフ2はグラフ1よりもボラティリティが高い。グラフ2の損益曲線のボラティリティは、価格の急上昇が散発していることによる。これは長い目で見れば戦略に大きな利益をもたらす。こういったグラフを示したのは、正しいボラティリティはけっして悪いものではないことを示すためだ。図6.13のグラフを見てみよう。どちらのグラフのほうが好ましいだろうか。
　グラフ2の損益曲線は最終値は高いが、グラフの中間で大きなドローダウンが発生しているのが懸念されるところだ。

図6.12　最終値が同じ2つの損益曲線

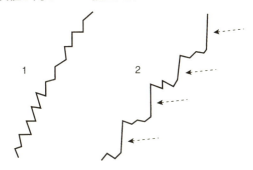

図6.13　最終値が異なる2つの損益曲線

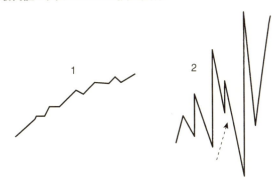

では、**図6.14**のグラフはどうだろう。

グラフ2の戦略は11回トレードしているが、グラフ1の戦略は3回しかトレードしていない。わずか3回のトレードでは本当のパフォーマンスは分からないのではないだろうか。小さなサンプルサイズで統計量を云々するのは堅実とは言えない。一般に、判断のよりどころとするデータが多いほど、正しい推定を行うことができる。

シャープレシオは1966年にウィリアム・F・シャープが開発したパフォーマンス測度だ［140］。これは戦略の平均リターンを無リスク金利で調整したもの（分子）をボラティリティ（分母）で割ったもので

図6.14　トレード数が異なる２つの損益曲線

ある。シャープレシオが大きいほどよい。ただし、シャープレシオが大きいからといって、その戦略にリスクがないという意味ではない。

$$s = \frac{E(R) - r_f}{\sigma} \tag{6.2}$$

アウト・オブ・ザ・マネーのネイキッド・コールオプションを毎週売っているトレーダーを考えてみよう。このトレーダーはほとんどの場合、プレミアムがそのまま利益になる。ポジションの逆行によって、小さな損失を被る日ももちろんある。しかし、ほとんどの場合、プレミアムの一部を利益として手にできる。この戦略はリターンが一定であり、ボラティリティが低いためシャープレシオは高い。分母が小さいため、シャープレシオの数値は大きくなる。これは偉大な戦略と言えるだろうか。残念ながらそうは言えない。元となるオプションが１回大きく動けば、それまでに手にした利益は吹き飛ぶ。最悪の場合、損失が出るかもしれない。ネイキットコールの売りは、無限のリスクを持つ戦略なので、売り手に壊滅的な結果をもたらすこともあるのである。

とはいえ、シャープレシオは業界でも学術界でも人気が高い。トレード戦略を開発するとき、あるいはバックテストや実績を他人に示す

とき、ほかの関連するリスク測度と一緒にシャープレシオも提示するのがよい。次のコードはRによるシャープレシオとドローダウンの計算方法を示したものだ。

```
# Calculates the Sharpe ratio
sharpe_ratio <- function(x, rf) {
  sharpe <- (mean(x, na.rm = TRUE) - rf) /
    sd(x, na.rm = TRUE)
  return(sharpe)
}

# Calculates the maximum drawdown profile
drawdown <- function(x) {
  cummax(x) - x
}
```

これらの値は前のスプレッドに適用することができる。

```
par(mfrow = c(2, 1))

equity_curve <- data_out$equity_curve_x + data_out$equity_curve_y

plot(equity_curve, main = "Equity Curve",
  cex.main = 0.8,
  cex.lab = 0.8,
  cex.axis = 0.8)

plot(drawdown(equity_curve), main = "Drawdown of equity curve",
  cex.main = 0.8,
  cex.lab = 0.8,
  cex.axis = 0.8)
```

最大ドローダウンはおよそ1万0450ドルで、平均ドローダウンはおよそ3760ドルなので、この戦略のシャープレシオは以下のようになる。

図6.15 ドローダウン曲線

```
equity <- as.numeric(equity_curve[, 1])
equity_curve_returns <- diff(equity) / equity[-length(equity)]

# Remove any infinities and NaN
invalid_values <- is.infinite(equity_curve_returns)
  | is.nan(equity_curve_returns)

sharpe_ratio(equity_curve_returns[!invalid_values], 0.03)
[1] 0.0658528
```

691日にわたるシャープレシオは0.065である。年次シャープレシオを計算するには、結果に$\sqrt{250/691}$というスケーリングファクターを掛ける。

$$\text{年次シャープレシオ} = 0.0658528\sqrt{250/691} = 0.03961003 \qquad (6.3)$$

リスク測度はほかにもいろいろある。そのうちのいくつかを紹介しよう。

1. ソルティノレシオはシャープレシオに似ている。違いは分母である。シャープレシオは正のリターンと負のリターンの両方のボラティリティを使うのに対して、ソルティノレシオは負のリターンのボラティリティのみを使う。

$$\text{ソルティノレシオ} = \frac{E(R) - r_f}{\sigma_- \text{（下方偏差）}} \tag{6.4}$$

2. ドローダウン・デュレーション。最大ドローダウンは重要なリスク測度であることはすでに述べたとおりだが、ドローダウン・デュレーションも重要なリスク測度である。これは戦略がどれくらいの期間、スランプに陥るかを示したものだ。当然ながら数値が小さいほどよい。

3. オメガレシオは分布全体を考慮に入れたリスク測度で、正のリターンの合計を負のリターンの合計で割ったものである。具体的には、累積分布関数の閾値リターンTから上の面積を、$-\infty$からTまでの間の面積で割って算出する［128］。

$$\Omega(r) = \frac{\int_T^\infty (1 - F(r)) dr}{\int_{-\infty}^T F(r) dr} \tag{6.5}$$

上の公式はヨーロピアン・コールオプションとヨーロピアン・プットオプションの比率として書き表すことができる。

$$\Omega(r) = \frac{C(r, T)}{P(r, T)} \tag{6.6}$$

この測度を評価するRコードは以下のとおりである。

```
omega_ratio <- function(r, T) {
  omega <- mean(pmax(r - T, 0)) / mean(pmax(T - r, 0))
  return(omega)
}
```

4. 損益曲線の真直性。損益曲線は、右肩上がりで、ドローダウンはなく、ボラティリティが低いのが理想的だ。2つの極値間で理論的直線を引く。実際の損益曲線のパフォーマンスはこの理論的直線と比較することで判断することができる。このとき、
   a. 損益曲線上のなるべく多くの値が直線の上に来る
   b. 損益曲線上の値は直線の下になるべく来ない

   このアプローチについては、http://qusma.com/2013/09/23/equity-curve-straightness-measures/ を参照してもらいたい。

5. アルサーインデックス。損益曲線にはテクニカルインディケーターを適用することも可能だ。アルサーインデックスは、最も直近の高値とそこからのリトレースメントr_i [142] を基に算出される。公式は以下のとおりである。

$$r_i = \frac{p_i - p_{max}}{p_{max}} \tag{6.7}$$

$$\text{アルサーインデックス} = \sqrt{\frac{r_1^2 + r_2^2 + \cdots + r_N^2}{N}} \tag{6.8}$$

戦略の特徴

　トレード戦略の好ましい特徴を表現するには1つの数字では不十分だ。シャープレシオが最も大きい戦略や、最大ドローダウンが最も小さな戦略を探すよりも、ポジションサイズを可変にしてトレードしたほうがよいこともある。また、市場の流動性に対してトレードサイズを小さくすることでリスク特性が良くなる戦略もある。しかし、その戦略を使う参加者が増えれば、パフォーマンスは大幅に低下する。この拡張性と流動性の測度は非常に重要で、大金を投資する可能性のある戦略を設計するときには、これらを考慮する必要がある。

　トレーダーが注意しなければならないもう1つの特徴は、発注の頻度である。頻繁に発注する戦略を好むトレーダーもいるが、そうではないトレーダーもいる。発注頻度に伴うリスクは、そのトレードを行うプラットフォームに対してトレーダーがどれだけ心地良いかによって決まる。資産配分もまた重要な要素だ。資産配分が少ないときは、スループットの高い戦略がうまくいく。大きな投資信託はスループットの高い戦略は嫌がるだろう。

　その日の終わりにフラットになるような戦略はポジションをオーバーナイトする戦略にとっては好ましい。ポジションをオーバーナイトする戦略の場合、大きな資本が要求されるだけでなく、資本額の増加に伴ってリスクも上昇する。

　戦略のgスコアもまた注目すべき特徴の1つだ。これは主観的な測度で、規制上のグレーゾーンを正しくとらえるために私が開発したものだ。トレーダーは規制当局によって調査されるようなトレードアイデアを思いつくことが多い。gスコアが高いということは、その戦略が外部の機関によって警告を受ける可能性が低いことを意味する。gスコアは次のように評価する。インサイダー情報によってのみお金を稼ぐトレード戦略は完全に違法なので、gスコアはゼロである。長期

図6.16　トレードデュレーションのヒストグラム

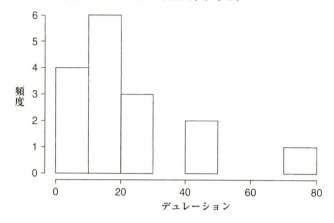

バイ・アンド・ホールドのgスコアは10である。提案された戦略のgスコアが8、9、10でなければ、手間暇かけて投資する価値はおそらくはない。これはあくまで主観的な測度だ。gスコアはクオンツやトレーダーが提案されたトレード戦略に法的な不備がないかどうかを考えるうえで役立つものだ。

注文の到着率を測るにはトレードの連続的な時間差を見ればよい。この「トレードデュレーション」は戦略のパフォーマンスを見るまた別の測度として文献によく出てくる。これは高頻度戦略および低頻度戦略と関係がある。トレード間の時間を計算するRコードは以下のとおりである。

```
# Find out where the trades occur
trade_dates <- data_out$qty_x[data_out$qty_x != 0]

# The trade_dates object is an xts object whose index
# contains the necessary time information
duration <- as.numeric(diff(index(trade_dates)))

# Summary statistics
```

```
summary(duration)
## Min.  1st Qu.  Median    Mean 3rd Qu.    Max.
## 1.00    13.50   21.00   31.84   44.00  128.00

# 4. Histogram of trade duration
hist(duration, breaks = 20,
  main = "Histogram of trade durations",
  cex.main = 0.8,
  cex.lab = 0.8,
  cex.axis = 0.8)
```

簡単なバイ・アンド・ホールド戦略だったら同じ期間にどのようなパフォーマンスを上げただろうか。バイ・アンド・ホールド戦略のパフォーマンスは比較の基準に用いることができるため、これは良い質問だ。投資信託のマネジャーたちは特定のベンチマークをどれくらい上回ったかで評価される。私たちの場合、市場の代理としてSPY ETFを使って、ロングオンリーの戦略のパフォーマンスを評価することができる。

まとめ

本章では2つの株式のスプレッドを構築してトレードするという考え方を紹介してきた。対象となる時系列間の適切なベータを見いだすのに使われるのが最小二乗法と総最小二乗法だ。本章では簡単なスプレッドトレード戦略を定義し、適切な買いと売りのロジックをRでプログラミングした。本章の主な目的は、トレードの仮説を評価するための方法を示すことである。インサンプル分析およびアウトオブサンプル分析についても概説した。リスクの項では、損益曲線の概念と、戦略の望ましい特徴について述べた。シャープレシオやオメガレシオなど、さまざまなリスク測度も紹介した。

第7章 Quantstratによる
バックテスト

Backtesting with Quantstrat

　バックテストは数量ファイナンスやトレードでよく行われるもので、非常に時間がかかる。これは市場の動きに関する仮説をヒストリカルデータの一部を使って検証するシステマティックな方法である。仮説を経験的観測に照らして考えようとするという意味では、バックテストは科学的な手法と言えるだろう。バックテストの最終目標は、利益の出る結果を生み出す予測を打ち出すことである。バックテストを行う場合、ヒストリカルパターンは高い確率で将来的にも再び現れるという暗黙の前提がある。こうしたパターンが再び現れたときに、それらのパターンを利用するわけである。広い意味では、バックテストは次のように考えることができる。

1. 観測されたまたは仮定された市場現象について疑問を投じる。
2. 提起された疑問に十分な解答を与えるのに必要とされるデータを同定するために、背景調査を行う。
3. その現象がどのように機能するのかについて仮説を立てる。
4. 仮説をプログラミングし、実際のヒストリカルデータで実行してみる。
5. 結果を観測し、理論と観測とが一致するかどうかを確かめる。

限られたヒストリカルデータしか使っていないという意味では、バックテストは科学的手法とは異なる。市場の動きも物理法則の制約は受けない。ほとんどのパターンは限られた期間だけ存在し、不変の物理法則には従わない。

バックテストの方法

バックテストは、ヒストリカルデータに基づいてトレーディングシグナルを生成することから始まる。これは最も労力を要する部分で、計量経済学やほかの高度なデータ分析が必要になる場合が多い。

第2の要素は、トレードの仕掛けと手仕舞いのルールである。生成されたすべてのシグナルでトレードが行われるわけではない。トレードが実行されるかどうかは、現在のポジション、株式の制約、ポートフォリオの制約、現在の市場データなど、トレーダーが重要と思う変数を勘案したルールによって決まる。

第3の要素は、トレードの会計ライフサイクルを扱うための構造だ。これによってトレーダーは戦略の全体的な効率性を測ることができるため、これはシステムの重要な部分だ。ポートフォリオの損益を計算したり、2番目の要素にフィードバックされるそのほかの関連するリスク測度を計算するのもこの部分である。ポジションを現在の理論的価値に値洗いしたり、取引コストを含めたり、トレードごとの統計量や全体的な統計量を計算したりするのもこの部分で行う。バックテストにはトレードコストとスリッページ（注文価格と約定価格との差）を含めなければならない。

第4の要素は実行の枠組みで、これは間違いなくシステムの最も難しい部分だ。これはシステムが外の世界とやりとりする部分である。トレード戦略がある株式をある量だけ買ったり売ったりすることを決めると、電子取引所に注文を出さなければならない。取引所に自分で

直接注文を出すトレーダーもいれば、ブローカーを通じて注文するトレーダーもいる。いずれにしても、取引所とやり取りするときのパスには一定の遅延と制約があり、これは戦略に影響を及ぼす。こうした影響もバックテストに含めなければならない。取引にかかわる経路を調べ尽くさないかぎり、バックテストと戦略の実際のパフォーマンスを一致させるのは難しい。これは高頻度戦略やローレイテンシーのトレード戦略では顕著である。低頻度トレーディングの場合、実行の枠組みの影響はあまりない。

　quantstratパッケージは、プロップトレード戦略を研究するクオンツのプロチームが効率化と合理化を目指して開発したものだ。このパッケージの設計者は、これまで述べてきたモジュールを説明する健全なロジックを実装することを重視した。quantstratはフリーソフトであるだけでなく、クオンツやトレーダーがトレードアイデアを検証するのに必要なほとんどすべての機能を備えている。1つだけ注意してもらいたいのは、quantstratは実行プラットフォームではないという点だ。企業レベルでは、quantstratを実行するためのカスタムツールがある。個人レベルでは、Interactive Brokers（これは個人投資家向けとしては業界で最も廉価な業者の1つ。ホームページは、https://www.interactivebrokers.com/）が最もお勧めだ。

　quantstratはシグナルをベースとするトレードシステム（例えば、13分移動平均線が48分移動平均線を下から上に交差したら買う）を簡単に作成するためのライブラリーだ。quantstratがほかのバックテストシステムに比べて優れているのは、それがR言語の一部であるという点だ。つまり、インディケーター、シグナル、ルールのカスタム化がいくつかの関数を呼び出すだけで行えるということである。本章ではquantstratの開始方法について簡単に見ていく。興味のある人はR/Finance 2013プレゼンテーション（ジャン・ヒュンムとブライアン・ピーターソンのプレゼンテーションはquantstratの出発点としては参

考になるはずだ。http://www.rinfinance.com/agenda/2013/workshop/Humme+Peterson.pdf）を参照してもらいたい［48］。

　ここでは2つの戦略を分析する。1つはアンドレアス・クレノー（アンドレアス・クレノーは起業家、ヘッジファンドトレーダー、クオンツアナリストとして成功し、『**トレンドフォロー白書**』［パンローリング］の著者でもある。同書に出てくるトレンドフォローアプローチについては、http://www.followingthetrend.com/2014/03/improving-the-free-trend-following-trading-rules/を参照のこと）が開発した簡単なトレンドフォロー戦略［1］で、もう1つはローレンス・コナーズ（ローレンス・コナーズは、『**魔術師リンダ・ラリーの短期売買入門**』『**コナーズの短期売買入門**』『**コナーズの短期売買戦略**』［いずれもパンローリング］の共著者、『**コナーズの短期売買実践**』『**コナーズRSI入門**』『**高勝率システムの考え方と作り方と検証**』［いずれもパンローリング］の著者。ウォール・ストリート・ジャーナル、ブルームバーグ、ダウジョーンズで特集されたこともある）が開発したオシレーターベースの戦略だ［65］。

blotterとPerformanceAnalyticsについて

　blotterパッケージはパワフルな会計分析エンジンで、トレードのモニタリングを行うのに便利なパッケージだ。quantstratは内部ではblotterを大いに利用している。quantstratのルールに基づいて注文が出されると、各トレードの収益性を時間を追ってトラッキングするという重労働を担うのがblotterだ。こうした細かいトラッキングによって、各トレードレベルでの詳細な分析と統計サマリーが可能になる。
　PerformanceAnalyticsの開発者であるピーター・カールとブライアン・ピーターソンによれば、PerformanceAnalyticsは金融資産やファンドのパフォーマンスとリスク特性を評価するための関数のライ

ブラリーだ。幅広い投資の意思決定プロセスの一環として、パフォーマンスとリスクについての分析を簡単にしようというのがPerformanceAnalyticsの目指すものだ［83］。

quantstratはPerformanceAnalyticsのグラフィック機能と統計サマリー機能を利用している。PerformanceAnalyticsはリターン流列なら正規分布に従うものも非正規分布に従うものも処理することができ、戦略のリスク・リワード測度を計算するのには打ってつけのツールだ。このパッケージは内部ではデータ処理を効率的に行うためにxtsの時系列機能を使っている。このパッケージが特に重点を置いているのは、パフォーマンス、スタイル、リスク分析である。このパッケージのモジュールの内容と実装については巻末の参考文献を参照してもらいたい（PerformanceAnalyticsパッケージは数量ファイナンスの主要ツールとも言えるものだ。このパッケージが提供する機能をあなたのワークフローに組み込むことをぜひともお勧めする。詳細については、http://braverock.com/brian/R/PerformanceAnalytics/html/PerformanceAnalytics-package.html を参照のこと）。

初期設定

おそらくquantstratの唯一の欠点は、トレード戦略を設定するのに定型的な表現を入力する必要があることだろう。若干面倒ではあるが、これは1つのファイルにまとめ、戦略の最初に呼び出すことができる。

次のコードは開始日が2003年以前のETF（上場投信）をすべて呼び出したものだ。このコードはdemoData.Rという別のファイルに入れて、必要に応じて呼び出すことができる。コードは以下のとおりである。

```r
# Suppresses warnings
options("getSymbols.warning4.0" = FALSE)

# Do some house cleaning
rm(list = ls(.blotter), envir = .blotter)

# Set the currency and the timezone
currency('USD')
Sys.setenv(TZ = "UTC")

# Define symbols of interest
symbols <- c("XLB", #SPDR Materials sector
  "XLE", #SPDR Energy sector
  "XLF", #SPDR Financial sector
  "XLP", #SPDR Consumer staples sector
  "XLI", #SPDR Industrial sector
  "XLU", #SPDR Utilities sector
  "XLV", #SPDR Healthcare sector
  "XLK", #SPDR Tech sector
  "XLY", #SPDR Consumer discretionary sector
  "RWR", #SPDR Dow Jones REIT ETF
  "EWJ", #iShares Japan
  "EWG", #iShares Germany
  "EWU", #iShares UK
  "EWC", #iShares Canada
  "EWY", #iShares South Korea
  "EWA", #iShares Australia
  "EWH", #iShares Hong Kong
  "EWS", #iShares Singapore
  "IYZ", #iShares U.S. Telecom
  "EZU", #iShares MSCI EMU ETF
  "IYR", #iShares U.S. Real Estate
  "EWT", #iShares Taiwan
  "EWZ", #iShares Brazil
  "EFA", #iShares EAFE
  "IGE", #iShares North American Natural Resources
  "EPP", #iShares Pacific Ex Japan
  "LQD", #iShares Investment Grade Corporate Bonds
```

```
    "SHY", #iShares 1-3 year TBonds
    "IEF", #iShares 3-7 year TBonds
    "TLT" #iShares 20+ year Bonds
)

# SPDR ETFs first, iShares ETFs afterwards
if(!"XLB" %in% ls()) {
  # If data is not present, get it from yahoo
  suppressMessages(getSymbols(symbols, from = from,
    to = to, src = "yahoo", adjust = TRUE))
}

# Define the instrument type
stock(symbols, currency = "USD", multiplier = 1)
```

コードの内容を見ていこう。

options("getSymbols.warning4.0" = FALSE)は、5つを超えるシンボルを得るのにYahoo（getSymbolsのデフォルトソース）を使うことで発生するgetSymbolsの警告を削除するとともに、最初の非常に冗長な警告を削除するためのコードだ。これはあってもなくても構わない。

rm(list = ls(.blotter), envir = .blotter)は、クリーンな作業空間を確保するためにblotter環境をクリーンにする（blotterの数値を削除する）ためのコードだ。これもまたあってもなくても構わないが、blotter環境の内容はls(.blotter)を呼び出さなければ表示されないので、blotter環境には数値は残しておかないほうがよい。

次の2つの行（currencyとSys.setenv）は、blotterに私たちが扱う通貨や時間帯に関する初期設定を与えるためのものだ。通貨は商品が定義される前に提示しなければならない。通貨は、建値がUSDで提示される金融商品を扱っている人にとってはUSDで十分だろう。時間帯には何らかの設定が必要になる。

getSymbols(symbols, from = from, to = to, src = "yahoo", adjust =

TRUE)は、Yahooから特定のシンボル（コード内にあるシンボルの長いベクトル）を得るためのコードだ。fromとtoの日付はこのファイルには入力する必要はない。これらは実際の戦略ファイルのなかで入力する。最後に、if文はすべてのデータ（異なる時間帯の）を再び取得するためにはrm(XLB)と入力すればいいようにするためだ。こうすることで、すでに作業環境にあるシンボルを再びダウンロードする必要はない。

　最後のコードstock(symbols, currency = "USD", multiplier = 1)は、扱う商品を初期化するためのコードだ。扱う商品は株式ではなくETFだが、関数stock()はmultiplierが1に指定されたときには「デフォルト」として、getSymbols()によってダウンロードした時系列を「現状のまま」取り込む。

戦略1──簡単なトレンドフォロー

　それでは戦略1のバックテストを行うことにしよう。この戦略はアンドレアス・クレノーが開発した簡単なトレード戦略をベースにしたもので、前のセクションに出てきたデモデータファイルを使う。

　この戦略では日々のデータを使う。インディケーター、シグナル、ルールはいたって簡単だ。インディケーターはRの関数lag()を使って生成する。シグナルは、価格が1年前よりも高ければ（安ければ）買う（売る）。商品間のリスクを同じにするために、遅延した10日ATRを使って注文サイズを決める（つまり、昨日のATRを使って注文サイズを決める）。リスクは各トレードで一定で、およそ2％だ。ATRはアベレージ・トゥルー・レンジ（真の値幅の平均）を意味し、TTRパッケージに含まれているインディケーターである。

　オーダーサイジングのためのコードは以下のとおりである。

```
"lagATR" <- function(HLC, n = 14, maType, lag = 1, ...) {
  ATR <- ATR(HLC, n = n, maType = maType, ...)
  ATR <- lag(ATR, lag)
  out <- ATR$atr
  colnames(out) <- "atr"
  return(out)
}

"osDollarATR" <- function(orderside, tradeSize, pctATR,
  maxPctATR = pctATR, data, timestamp,
  symbol, prefer = "Open", portfolio, integerQty = TRUE,
  atrMod = "", rebal = FALSE, ...) {

    if(tradeSize > 0 & orderside == "short"){
      tradeSize <- tradeSize * -1
    }

    pos <- getPosQty(portfolio, symbol, timestamp)
    atrString <- paste0("atr", atrMod)
    atrCol <- grep(atrString, colnames(mktdata))

    if(length(atrCol) == 0) {
      stop(paste("Term", atrString,
      "not found in mktdata column names."))
    }

    atrTimeStamp <- mktdata[timestamp, atrCol]
    if(is.na(atrTimeStamp) | atrTimeStamp == 0) {
      stop(paste("ATR corresponding to", atrString,
      "is invalid at this point in time. Add a logical
      operator to account for this."))
    }

    dollarATR <- pos * atrTimeStamp
    desiredDollarATR <- pctATR * tradeSize
    remainingRiskCapacity <- tradeSize *
      maxPctATR - dollarATR
```

```
      if(orderside == "long"){
        qty <- min(tradeSize * pctATR / atrTimeStamp,
          remainingRiskCapacity / atrTimeStamp)
      } else {
        qty <- max(tradeSize * pctATR / atrTimeStamp,
          remainingRiskCapacity / atrTimeStamp)
      }

      if(integerQty) {
        qty <- trunc(qty)
      }
      if(!rebal) {
        if(orderside == "long" & qty < 0) {
          qty <- 0
        }
        if(orderside == "short" & qty > 0) {
          qty <- 0
        }
      }
      if(rebal) {
        if(pos == 0) {
          qty <- 0
        }
      }
   return(qty)
}
```

　簡単に説明すると、最初の小さな関数は遅延したATRを計算するための関数だ。2番目の関数は最初の関数の結果を求めるための関数で、トレードサイズとリスク量に基づき、買う（売る）ときには注文数を小さいほうの（大きいほうの）整数に丸める。したがって、例えばトレードサイズが1万で2％のリスクをとるとすると、200ATRに相当する量を買う。あるいは、－200ATRに相当する量を売る。

　戦略の設定は以下のとおりである。

```
require(quantstrat)
require(PerformanceAnalytics)

initDate = "1990-01-01"
from = "2003-01-01"
to = "2013-12-31"
options(width = 70)

# To rerun the strategy, rerun everything below this line
# demoData.R contains all of the data-related boilerplate.
source("demoData.R")

# Trade sizing and initial equity settings
tradeSize <- 10000
initEq <- tradeSize * length(symbols)

strategy.st <- "Clenow_Simple"
portfolio.st <- "Clenow_Simple"
account.st <- "Clenow_Simple"
rm.strat(portfolio.st)
rm.strat(strategy.st)

initPortf(portfolio.st, symbols = symbols,
  initDate = initDate, currency = 'USD')

initAcct(account.st, portfolios = portfolio.st,
  initDate = initDate, currency = 'USD', initEq = initEq)

initOrders(portfolio.st, initDate = initDate)

strategy(strategy.st, store=TRUE)
```

これは見てのとおり簡単だ。まずquantstratとPerformanceAnalyticsパッケージを読み込む。このあと、3つの日付を初期化する。initDate（これはデータがカバーする最初の日付よりも前の日付でなければな

らない)、開始日 (fromで指定)、終了日 (toで指定) の3つだ。次に、トレードサイズ (tradeSize。商品ごとの名目元本) と初期資本 (これはあとでリターンを計算するのに使う) を初期化する。最後に、名前 (strategy.st, portfolio.st, account.st) を初期化し、戦略環境をクリア (同じ名前の戦略を再実行しようとするとエラーになる) にし、ポートフォリオ、アカウント、注文をこの順序で初期化する。最後に戦略オブジェクトを後々の使用のために保存する。

戦略1のバックテスト

本セクションでは、Rを本格的なバックテスト環境に変える。インディケーター、シグナル、ルールを使えば、トレード戦略を素早く構築、実行、分析することができる。

まず最初にシグナルを生成するインディケーターとして使うパラメーターと関数を見ていくことにしよう。

```
nLag = 252
pctATR = 0.02
period = 10

namedLag <- function(x, k = 1, na.pad = TRUE, ...) {
  out <- lag(x, k = k, na.pad = na.pad, ...)
  out[is.na(out)] <- x[is.na(out)]
  colnames(out) <- "namedLag"
  return(out)
}
```

252日の遅延、資産に対して2%のリスクを使って、10日ATRに基づいて注文サイズを決める。

この関数はラッパーで2つのことを行う。まずNAを現在価格に設

定して時系列の遅延バージョンを作成する。次に、出力に一貫した列名を与える。これを示したものが次の例である。

```
add.indicator(strategy.st, name = "namedLag",
  arguments = list(x = quote(Cl(mktdata)), k = nLag),
  label = "ind")

add.indicator(strategy.st, name = "lagATR",
  arguments = list(HLC = quote(HLC(mktdata)), n = period),
  label = "atrX")

test <- applyIndicators(strategy.st, mktdata = OHLC(XLB))
head(round(test, 2), 253)
```

最後の2つの列はnamedLag.indとlagATR.atrXである。なぜatrXなのだろう。これはオーダーサイジング関数が、戦略がトレードするサイズを適切に決めるために適切な列を簡単に見つけられるようにするためであって、それ以外の理由はない。

インディケーターを加えるための引数は非常に簡単だ。インディケーターを1つ加えるときには関数add.indicator()を呼び出す。引数は次の4つである。

1. そのインディケーターを適用する戦略の名前。これはstrategy.stとしなければならない。
2. 計算に使われる関数の名前。これにはインディケーターそのものの名前が使われる。
3. 上記の関数に引き渡す引数。これはarguments = listに続く括弧のなかに記述される。そのうちの1つは必ずmktdata（マーケットデータ）オブジェクトの形を取る。
4. インディケーターのラベル。これはインディケーターの名前の後

ろに付いて、戦略の実行中にインディケーターが位置する行名になる。

次はシグナルについて見ていこう。シグナルには4種類ある——買いの仕掛け、買いの手仕舞い、売りの仕掛け、売りの手仕舞い。quantstratでは、手仕舞いが仕掛けに先行する。したがって、手仕舞いと仕掛けが同時に発生した場合は、手仕舞いが先に実行される。つまり、ドテン戦略（またの名を常にポジションを取る戦略と言う）ということである。基本的にはどの戦略も各サイドにおいて少なくとも2つのルール（仕掛けと手仕舞い）を持たなければならない。したがって、ロング・ショート戦略は最低4つのルールが必要になる。シグナルをバックテストに加えるためのコードは以下のとおりである。

```
# Signals
add.signal(strategy.st, name = "sigCrossover",
  arguments = list(columns = c("Close", "namedLag.ind"),
  relationship = "gt"),
  label = "coverOrBuy")

add.signal(strategy.st, name = "sigCrossover",
  arguments = list(columns = c("Close", "namedLag.ind"),
  relationship = "lt"),
  label = "sellOrShort")
```

シグナルはインディケーターと同じフォーマットを持ち、関数の呼び出し、戦略名、関数の名前、引数、ラベルで構成されている。インディケーター同様、シグナルもまたカスタム化できるが、ほとんどの場合はquantstratに含まれるシグナル関数で十分だ。本章ではこのあと、戦略をもっと明示的に表すシグナル関数の使い方を見ていく。この例では、関数sigCrossoverを使う。これは戦略に、引数relationship

の規定する方法で、最初の列が２番目の列を上にクロスしたときを知らせるための関数だ。このケースの場合、gtはgreater than（より大きい）を表し、ltはless than（より小さい）を表す。最初のシグナルは価格が遅延したインディケーターを上にクロスしたときに出され、２番目のシグナルは遅延したインディケーターが価格を上にクロスしたときに出される。

　このほかのシグナルにはsigComparison（sigCrossoverに似ているが、シグナルは最初だけでなくて、関係が維持されている間は真のままという点が異なる）、sigThreshold（固定値を使ったsigCrossover。RSI［相対力指数］ベースのトレードシステムのようなオシレータータイプの戦略に用いられる）、このあと見ていくカスタムシグナル（sigAND。これは単にintersect演算子）がある。

　このトレードシステムの３つ目の特徴は関数add.ruleだ。これにはquantstratのルールがふんだんに用いられている。本章の範囲を超えるので細かくは見ていかないが、次の例を見ればルールがquantstratのなかでどうカスタマイズされるか少しは分かるはずだ。

```
# Long rules
add.rule(strategy.st, name = "ruleSignal",
  arguments = list(sigcol = "coverOrBuy",
  sigval = TRUE, ordertype = "market",
  orderside = "long", replace = FALSE,
  prefer = "Open", osFUN = osDollarATR,
  tradeSize = tradeSize, pctATR = pctATR,
  atrMod = "X"), type = "enter", path.dep = TRUE)

add.rule(strategy.st, name = "ruleSignal",
  arguments = list(sigcol = "sellOrShort",
  sigval = TRUE, orderqty = "all",
  ordertype = "market", orderside = "long",
  replace = FALSE, prefer = "Open"),
  type = "exit", path.dep = TRUE)
```

```
# Short rules
add.rule(strategy.st, name = "ruleSignal",
  arguments = list(sigcol = "sellOrShort",
  sigval = TRUE, ordertype = "market",
  orderside = "short", replace = FALSE,
  prefer = "Open", osFUN = osDollarATR,
  tradeSize = -tradeSize, pctATR = pctATR,
  atrMod = "X"), type = "enter", path.dep = TRUE)

add.rule(strategy.st, name = "ruleSignal",
  arguments = list(sigcol = "coverOrBuy",
  sigval = TRUE, orderqty = "all",
  ordertype = "market", orderside = "short",
  replace = FALSE, prefer = "Open"),
  type = "exit", path.dep = TRUE)
```

ルールについては、quantstratのバックテストではただ1つの名前（ruleSignal）が用いられる。引数の詳細は以下のとおりである。

1. sigcol。そのシグナルを含む列。関数add.signalのラベルを覚えているだろうか。関数add.ruleは名前の付いた列を使って必要な情報を引き出す。
2. ordertype。いつも成り行き注文だけなのだろうか。そんなことはない。指値注文も可能だし、指値付きストップ注文（損切り注文の場合のみ）も可能だ。
3. prefer。quantstratはすべての頻度シグナルが月次以下で、デフォルトがbuy-on-closeになったあとの足で仕掛ける。つまり、翌日の終値で買うということである。日足でトレードする戦略の場合はpreferはOpenにするのがよい。
4. orderside。longまたはshortを指定する。オーダーサイジング関数で用いられることもある。

5. replace。これは常にFALSEに設定する。もしTRUEに設定すれば、実行されるどんなルールもそのタイムスタンプでほかのルールに優先する。
6. osFUN。ATRオーダーサイジング関数を呼び出す部分（order sizing function = osFUN）。osFUNは注文サイズを、入力量と何をするようにプログラミングされているかに基づいて計算するための関数。osFUNの引数については、ruleSignalの引数リストを参照のこと。
7. type。通常はenterかexit。ほかのタイプもあるが、本書の範囲を超えるのでここでは述べない。
8. path.dep。ruleSignalでは常にTRUEに設定。

戦略が出来上がったので、実行してみよう。実行するためのコードは以下のとおりである。

```
# Get begin time
t1 <- Sys.time()
out <- applyStrategy(strategy = strategy.st,
  portfolios = portfolio.st)

# Record end time
t2 <- Sys.time()
print(t2 - t1)
```

関数applyStrategy()はすべてのインディケーター、シグナル、ルールを戦略に適用するための関数だ。こうして特定の商品の注文流列が生成される。すべてが正しければ、次のような注文流列が生成されるはずだ。

```
## [1] "2007-10-22 00:00:00 XLY -655 @ 32.3578893111826"
## [1] "2007-10-22 00:00:00 XLY -393 @ 32.3578893111826"
## [1] "2007-10-23 00:00:00 XLY  393 @ 33.1349846702336"
## [1] "2007-10-23 00:00:00 XLY  358 @ 33.1349846702336"
## [1] "2007-10-25 00:00:00 XLY -358 @ 32.8639048938205"
## [1] "2007-10-25 00:00:00 XLY -333 @ 32.8639048938205"
## [1] "2009-09-30 00:00:00 XLY  333 @ 25.9947501843176"
## [1] "2009-09-30 00:00:00 XLY  449 @ 25.9947501843176"
## [1] "2009-10-02 00:00:00 XLY -449 @ 24.8800203565938"
```

パフォーマンスの評価

次は実行の効果を分析する。作業の流れは以下のとおりである。

```
updatePortf(portfolio.st)
dateRange <- time(getPortfolio(portfolio.st)$summary)[-1]
updateAcct(portfolio.st, dateRange)
updateEndEq(account.st)
```

これらの4行は損益を更新し、分析に必要な取引履歴を生成するためのコードだ。トレード統計量には、正しいトレードの比率、プロフィットファクター（総利益÷総損失）、平均勝ちトレード・負けトレード比率などが含まれる。

```
tStats <- tradeStats(Portfolios = portfolio.st, use = "trades",
  inclZeroDays = FALSE)
tStats[, 4:ncol(tStats)] <- round(tStats[, 4:ncol(tStats)], 2)

print(data.frame(t(tStats[,-c(1,2)])))
aggPF <- sum(tStats$Gross.Profits) / -sum(tStats$Gross.Losses)
aggCorrect <- mean(tStats$Percent.Positive)
numTrades <- sum(tStats$Num.Trades)
meanAvgWLR <- mean(tStats$Avg.WinLoss.Ratio[
  tStats$Avg.WinLoss.Ratio < Inf], na.rm = TRUE)
```

tStatsテーブルは以下のように表示される。

```
##                          XLK      XLP      XLU      XLV      XLY
## Num.Txns               105.00    33.00    41.00    93.00    69.00
## Num.Trades              53.00    17.00    21.00    45.00    35.00
## Net.Trading.PL        6016.85 23438.64 20018.73 24191.83 16349.64
## Avg.Trade.PL           113.53  1378.74   953.27   537.60   467.13
## Med.Trade.PL           -97.78   -41.14  -114.53   -79.73  -136.29
## Largest.Winner        7203.51  5403.21 14892.92  1710.61  2287.43
## Largest.Loser        -1541.41  -231.73  -895.47 -1196.50  -786.39
## Gross.Profits       16494.40 24645.83 23631.91 31237.12 22885.87
## Gross.Losses       -10477.55 -1207.19 -3613.17 -7045.29 -6536.23
## Std.Dev.Trade.PL     1197.87  4154.99  3387.87  3619.68  3041.63
## Percent.Positive       35.85    35.29    33.33    37.78    31.43
## Percent.Negative       64.15    64.71    66.67    62.22    68.57
## Profit.Factor           1.57    20.42     6.54     4.43     3.50
## Avg.Win.Trade         868.13  4107.64  3375.99  1837.48  2080.53
## Med.Win.Trade         162.15  1287.61  2128.49   225.36   219.68
## Avg.Losing.Trade     -308.16  -109.74  -258.08  -251.62  -272.34
## Med.Losing.Trade     -172.44  -115.39  -193.79  -202.68  -209.24
## Avg.Daily.PL           51.89   428.46   894.51     3.13   -37.87
## Med.Daily.PL          -98.89   -48.45  -130.50   -82.54  -141.43
## Std.Dev.Daily.PL     1121.49  1428.19  3464.89   503.18   579.12
## Ann.Sharpe              0.73     4.76     4.10     0.10    -1.04
## Max.Drawdown        -8098.15 -3819.66 -8212.64 -5755.91 -7084.35
## Profit.To.Max.Draw      0.74     6.14     2.44     4.20     2.31
## Avg.WinLoss.Ratio       2.82    37.43    13.08     7.30     7.64
## Med.WinLoss.Ratio       0.94    11.16    10.98     1.11     1.05
## Max.Equity           6016.85 23457.62 21210.88 24220.69 16349.64
## Min.Equity          -5258.58  -330.75  -709.58 -3914.56 -4354.96
## End.Equity           6016.85 23438.64 20018.73 24191.83 16349.64
```

どこから見てもXLPが断トツに良い（特にプロフィットファクターがずば抜けて良い）。つまり、XLPにおいては、このトレード戦略は損失を低く抑えることができたということである。しかし、これは1つの例にすぎない。tStatsテーブルの主な目的は、特に注目すべき商品（つまり、ほかの商品では利益が出ているのに損失を出している商品）がないかどうかを見つけることである。

この戦略のトレーディング統計量をまとめたものは以下のとおりである。

```
aggPF <- sum(tStats$Gross.Profits) / -sum(tStats$Gross.Losses)
## [1] 3.663545

aggCorrect <- mean(tStats$Percent.Positive)
## [1] 36.00233

numTrades <- sum(tStats$Num.Trades)
## [1] 1134

meanAvgWLR <- mean(tStats$Avg.WinLoss.Ratio[
    tStats$Avg.WinLoss.Ratio < Inf], na.rm = TRUE)
## [1] 9.871333
```

この戦略は標準的なトレンドフォロワーの特徴を持つ。勝率が低く、勝ちトレード・負けトレード比率が大きい。プロフィットファクターが3.66というのも好ましい。しかし、リターンの分析を行うことも可能だ。ただし、リターンの分析を行うには初期資本を定義しなければならない。さらにすべてのリターンは各商品のトータル資本に対する損益を表す。つまり、これらのリターンはすでに重み付けされたリターンということである。これはリターン流列は同じ重み付けがなされていることを意味する。アセットローテーションを用いる戦略の場合、リターンとポートフォリオに含まれるウエートを考慮しなければならない。リターン分析のコード例は以下のとおりである。

```
instRets <- PortfReturns(account.st)

portfRets <- xts(rowMeans(instRets) * ncol(instRets),
    order.by = index(instRets))
portfRets <- portfRets[!is.na(portfRets)]
cumPortfRets <- cumprod(1 + portfRets)
firstNonZeroDay <- as.character(index(portfRets)[
    min(which(portfRets != 0))])
```

図7.1 クレノーの損益曲線の比較

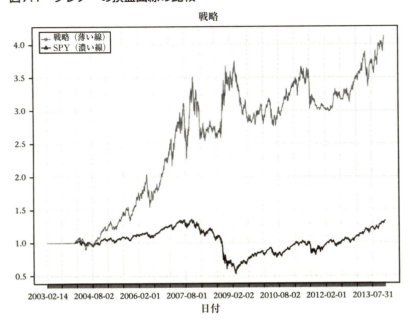

```
# Obtain symbol
getSymbols("SPY", from = firstNonZeroDay, to = to)
SPYrets <- diff(log(Cl(SPY)))[-1]
cumSPYrets <- cumprod(1 + SPYrets)
comparison <- cbind(cumPortfRets, cumSPYrets)
colnames(comparison)  <- c("strategy", "SPY")
chart.TimeSeries(comparison, legend.loc = "topleft",
  colors=c("green", "red"))

# Calculate risk metrics
SharpeRatio.annualized(portfRets)
Return.annualized(portfRets)
maxDrawdown(portfRets)
```

コードの説明をすると、まずリターン（instRets）を入手して、す

べてのリターンを合計した累積リターンを計算（リターンは初期資本の割合に基づいてすでに重み付けされている）し、同じ期間のSPYの累積リターンと比較する。図7.1はこれらの累積リターンをプロットしたものだ。これは損益曲線の比較ともいう。

このケースの場合、システムはうまく機能しているようだ。ポートフォリオ統計量をまとめたものは以下のとおりである。

```
SharpeRatio.annualized(portfRets)
## [1] 0.6424366

Return.annualized(portfRets)
## [1] 0.1392711

maxDrawdown(portfRets)
## [1] 0.278221
```

年間リターンがおよそ14％で、最大ドローダウンはそのおよそ2倍、シャープレシオは1を下回る。あまり良い結果とはいえないが、リスクに見合ったリターンと言えよう。

最後にポジション、損益、ドローダウン、インディケーターを重ね合わせたグラフを作成するための関数を見てみよう。

```
chart.Posn(portfolio.st, "XLB")
tmp <- namedLag(Cl(XLB), k = nLag)
add_TA(tmp$namedLag, col = "blue", on = 1)
```

図7.2はこのグラフを示したものだ。

ルールが極めて直観的（価格が1年前の価格を上回っていれば上昇し続ける可能性が高い）という意味では戦略は機能するかもしれないし、価格の軌跡が1年間の価格の軌跡を反転するならば、現在の価格の方向を判断し、その方向にポジションを建て続ければ、純粋なノ

図7.2 クレノーのXLBの損益曲線

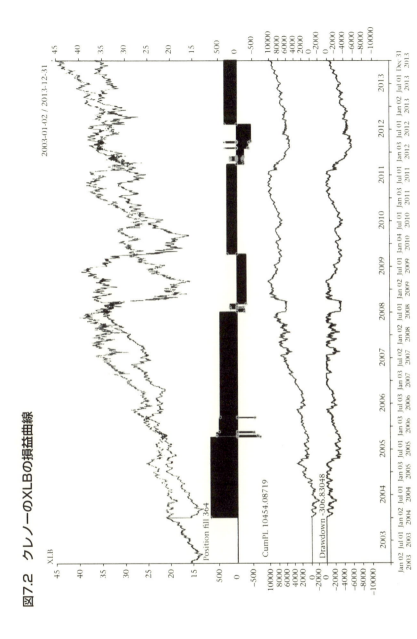

イズで買ったり売ったりしているにすぎないことになり、機能しないかもしれない。このグラフはそういったことを教えてくれる。

簡単なトレンドフォロー戦略をざっと見てきたが、次は平均回帰によって利益を得ようとする戦略を見てみることにしよう。

戦略２──累積コナーズRSI

この戦略は、簡単な戦略（トイ戦略とも言う）の教科書に載っているような例をまねするというよりも、もっと正当なものだ。用いるインディケーターはコナーズRSI（３、２、100）である。このインディケーターの３は日々の終値の３日RSIを計算することを意味する。２は上昇トレンドまたは下降トレンドのデュレーション（経験からデュレーションは２に限定）を意味する。100は、今日のリターンを前の100のリターンと比較し、パーセンタイルで表すことを意味する。これらの値を平均する。コナーズRSIは従来のRSIよりももっと近代的なバージョンだ。累積合計がコナーズRSIの一定値を上回ったら買う。

このインディケーターに馴染みがない人は、『コナーズRSI入門』（パンローリング）か、http://www.qmatix.com/ConnorsRSI-Pullbacks-Guidebook.pdf を参照してもらいたい。

戦略の構築方法の基本はすでに説明したので、このセクションは少し早めに進めることにしよう。この戦略は、累積２日コナーズRSIが40を下回り、終値が200日SMAを上回ったら買う（このバージョンでは空売りはない）。また、１日コナーズRSIが75を上回ったら売る。必要な関数は以下のとおりである（ATRオーダーサイジングについては最初の戦略を参照のこと）。

```
# Compute Connor's RSI, depends on RSI TTR function
connorsRSI <- function(price, nRSI = 3, nStreak = 2,
  nPercentLookBack = 100 ) {
  priceRSI <- RSI(price, nRSI)
  streakRSI <- RSI(computeStreak(price), nStreak)
  percents <- round(runPercentRank(x = diff(log(price)),
    n = 100, cumulative = FALSE, exact.multiplier = 1) * 100)
  ret <- (priceRSI + streakRSI + percents) / 3
  colnames(ret) <- "connorsRSI"
  return(ret)
}

# Computes a running streak of positives and
# negatives of price changes
computeStreak <- function(priceSeries) {
  signs <- sign(diff(priceSeries))
  posDiffs <- negDiffs <- rep(0,length(signs))
  posDiffs[signs == 1] <- 1
  negDiffs[signs == -1] <- -1
  
  # Create vector of cumulative sums and cumulative
  # sums not incremented during streaks.
  # Zero out any leading NAs after na.locf
  posCum <- cumsum(posDiffs)
  posNAcum <- posCum
  posNAcum[posDiffs == 1] <- NA
  posNAcum <- na.locf(posNAcum, na.rm = FALSE)
  posNAcum[is.na(posNAcum)] <- 0
  posStreak <- posCum - posNAcum
  
  # Repeat for negative cumulative sums
  negCum <- cumsum(negDiffs)
  negNAcum <- negCum
  negNAcum[negDiffs == -1] <- NA
  negNAcum <- na.locf(negNAcum, na.rm = FALSE)
  negNAcum[is.na(negNAcum)] <- 0
  negStreak <- negCum - negNAcum
```

```
    streak <- posStreak + negStreak
    streak <- xts(streak, order.by = index(priceSeries))
    return (streak)
}

sigAND <- function(label, data=mktdata,
    columns, cross = FALSE) {
    ret_sig = NULL
  colNums <- rep(0, length(columns))
  for(i in 1:length(columns)) {
    colNums[i] <- match.names(columns[i], colnames(data))
  }
  ret_sig <- data[, colNums[1]]
  for(i in 2:length(colNums)) {
    ret_sig <- ret_sig & data[, colNums[i]]
  }
  ret_sig <- ret_sig * 1
  if (isTRUE(cross))
    ret_sig <- diff(ret_sig) == 1
  colnames(ret_sig) <- label
  return(ret_sig)
}

cumCRSI <- function(price, nCum = 2, ...) {
  CRSI <- connorsRSI(price, ...)
  out <- runSum(CRSI, nCum)
  colnames(out) <- "cumCRSI"
  out
}
```

関数sigANDはカスタムシグナルで、2つ（あるいはそれ以上）のシグナルの交差を検出する。コナーズRSIは前に説明したとおりだが、累積コナーズRSIはインディケーターの累積和を意味する。

戦略のフルコードは以下のとおりである。

```
rm(list = ls(.blotter), envir = .blotter)
initDate = '1990-01-01'
from = "2003-01-01"
to = "2013-12-31"
initEq = 10000

currency('USD')
Sys.setenv(TZ="UTC")
source("demoData.R")

strategy.st <- "CRSIcumStrat"
portfolio.st <- "CRSIcumStrat"
account.st <- "CRSIcumStrat"

rm.strat(portfolio.st)
rm.strat(strategy.st)

initPortf(portfolio.st, symbols = symbols,
   initDate = initDate, currency = 'USD')

initAcct(account.st, portfolios = portfolio.st,
   initDate = initDate, currency = 'USD',
   initEq = initEq)

initOrders(portfolio.st, initDate = initDate)
strategy(strategy.st, store = TRUE)

# Parameters
cumThresh <- 40
exitThresh <- 75
nCum <- 2
nRSI <- 3
nStreak <- 2
nPercentLookBack <- 100
nSMA <- 200
pctATR <- .02
period <- 10
```

```
# Indicators
add.indicator(strategy.st, name = "cumCRSI",
  arguments = list(price = quote(Cl(mktdata)), nCum = nCum,
  nRSI = nRSI, nStreak = nStreak,
  nPercentLookBack = nPercentLookBack),
  label = "CRSIcum")

add.indicator(strategy.st, name = "connorsRSI",
  arguments = list(price = quote(Cl(mktdata)), nRSI = nRSI,
  nStreak = nStreak,
  nPercentLookBack = nPercentLookBack),
  label = "CRSI")

add.indicator(strategy.st, name = "SMA",
  arguments = list(x = quote(Cl(mktdata)), n = nSMA),
  label = "sma")

add.indicator(strategy.st, name = "lagATR",
  arguments = list(HLC = quote(HLC(mktdata)), n = period),
  label = "atrX")

# Signals
add.signal(strategy.st, name = "sigThreshold",
  arguments = list(column = "cumCRSI.CRSIcum",
  threshold = cumThresh, relationship = "lt", cross = FALSE),
  label="cumCRSI.lt.thresh")

add.signal(strategy.st, name = "sigComparison",
  arguments = list(columns = c("Close", "SMA.sma"),
  relationship = "gt"), label = "Cl.gt.SMA")

add.signal(strategy.st, name = "sigAND",
  arguments = list(columns = c("cumCRSI.lt.thresh",
  "Cl.gt.SMA"), cross = TRUE), label = "longEntry")

add.signal(strategy.st, name = "sigThreshold",
  arguments = list(column = "connorsRSI.CRSI",
  threshold = exitThresh, relationship = "gt",
```

```
      cross = TRUE), label = "longExit")


# Rules
add.rule(strategy.st, name = "ruleSignal",
  arguments = list(sigcol = "longEntry", sigval = TRUE,
  ordertype = "market", orderside  ="long", replace = FALSE,
  prefer = "Open", osFUN = osDollarATR, tradeSize = tradeSize,
  pctATR = pctATR, atrMod = "X"), type = "enter", path.dep
   = TRUE)

add.rule(strategy.st, name = "ruleSignal",
  arguments = list(sigcol = "longExit", sigval = TRUE,
  orderqty = "all", ordertype = "market", orderside = "long",
  replace = FALSE, prefer = "Open"), type = "exit", path.dep
  = TRUE)

# Apply Strategy
t1 <- Sys.time()
out <- applyStrategy(strategy = strategy.st,
  portfolios = portfolio.st)
t2 <- Sys.time()
print(t2 - t1)

# Set up analytics
updatePortf(portfolio.st)
dateRange <- time(getPortfolio(portfolio.st)$summary)[-1]
updateAcct(portfolio.st,dateRange)
updateEndEq(account.st)
```

　この戦略にはsigThresholdシグナル、sigComparisonシグナル、sigANDシグナルが出てくる。sigThresholdシグナルはオシレータータイプのシグナルや一定のレンジの値を取るスケールタイプのシグナルに用いられる。sigComparisonシグナルはsigCrossoverに似ているが、最初の時点だけでなく条件が続いている間はずっと真である点が異なる。sigANDはカスタムシグナルを作成するためのシグナルだ。

インディケーター同様、シグナルは既存のデータを取り込んで関連する数値を計算するR関数にすぎない。作成したルールは以前定義したカスタムATRオーダーサイジングのロジックを使うことに注意しよう。

平均回帰戦略の評価

以下はこの戦略の統計量をまとめたものだ。

```
aggPF <- sum(tStats$Gross.Profits)/-sum(tStats$Gross.Losses)
## [1] 1.699368

aggCorrect <- mean(tStats$Percent.Positive)
## [1] 71.608

numTrades <- sum(tStats$Num.Trades)
## [1] 1500

meanAvgWLR <- mean(tStats$Avg.WinLoss.Ratio[
  tStats$Avg.WinLoss.Ratio < Inf], na.rm = TRUE)
## [1] 0.725
```

これまでのところはまずまずだ。平均回帰戦略はおおよそ次のような特徴を持つ——勝率が高く、プロフィットファクターは正の適度な数値（素晴らしいとは言いがたいが）を示し、勝ちトレード・負けトレード比率は1を下回る（負けトレードが多い）。

次はもっと重要なパフォーマンス統計量を見ていくことにしよう。最初のいくつかの統計量は、この戦略が市場で毎日どういったパフォーマンスを上げるかを示したものだ。したがって、プロフィットファクターはトレードごとに計算するのではなく、日ごとに計算する。10の利益の出たトレードのうち10を使えば、tradeStatsではプロフィッ

トファクターは無限大になる。しかし、これらの各トレードが下落した日よりも上昇した日がわずかに多ければ、日々のプロフィットファクターは1に近づく。

日々の統計量を算出するためのコードは以下のとおりである。

```
dStats <- dailyStats(Portfolios = portfolio.st, use = "Equity")
rownames(dStats) <- gsub(".DailyEndEq", "", rownames(dStats))
print(data.frame(t(dStats)))
```

テーブルの各列はそれぞれの商品の統計量を示している。

```
##                         XLU        XLV        XLY
## Total.Net.Profit     2822.01    3844.99    4081.33
## Total.Days            384.00     314.00     344.00
## Winning.Days          206.00     168.00     191.00
## Losing.Days           178.00     146.00     153.00
## Avg.Day.PL              7.35      12.25      11.86
## Med.Day.PL             15.41      13.00      18.76
## Largest.Winner        725.62     690.22     632.56
## Largest.Loser        -950.62    -821.22    -782.98
## Gross.Profits       23038.84   21038.16   24586.03
## Gross.Losses       -20216.82  -17193.17  -20504.71
## Std.Dev.Daily.PL      155.96     166.35     178.05
## Percent.Positive       53.65      53.50      55.52
## Percent.Negative       46.35      46.50      44.48
## Profit.Factor           1.14       1.22       1.20
## Avg.Win.Day           111.84     125.23     128.72
## Med.Win.Day            92.74      95.73     102.38
## Avg.Losing.Day       -113.58    -117.76    -134.02
## Med.Losing.Day        -79.09     -79.56     -85.41
## Avg.Daily.PL            7.35      12.25      11.86
## Med.Daily.PL           15.41      13.00      18.76
## Std.Dev.Daily.PL.1    155.96     166.35     178.05
## Ann.Sharpe              0.75       1.17       1.06
## Max.Drawdown        -1845.00   -2201.70   -2248.18
```

```
## Profit.To.Max.Draw      1.53      1.75      1.82
## Avg.WinLoss.Ratio       0.98      1.06      0.96
## Med.WinLoss.Ratio       1.17      1.20      1.20
## Max.Equity           4344.64   3892.77   4081.33
## Min.Equity           -729.04  -1228.57   -631.80
## End.Equity           2822.01   3844.99   4081.33
```

次はデュレーション分析を見てみよう。ここでは数々の重労働をやってくれるカスタム関数を定義する。

```
durationStatistics <- function(Portfolio, Symbols,
  includeOpenTrade = FALSE, ...) {

  tmp <- list()
  length(tmp) <- length(Symbols)
  for(Symbol in Symbols) {
  pts <- perTradeStats(Portfolio = Portfolio,
    Symbol = Symbol, includeOpenTrade = includeOpenTrade)
  pts$diff <- pts$End - pts$Start

  durationSummary <- summary(as.numeric(pts$diff))
  winDurationSummary <- summary(as.numeric(
    pts$diff[pts$Net.Trading.PL > 0]))
  lossDurationSummary <- summary(as.numeric(
    pts$diff[pts$Net.Trading.PL <= 0]))
  names(durationSummary) <-
    c("Min", "Q1", "Med", "Mean", "Q3", "Max")
  names(winDurationSummary) <-
    c("Min", "Q1", "Med", "Mean", "Q3", "Max")
  names(lossDurationSummary) <-
    c("Min", "Q1", "Med", "Mean", "Q3", "Max")
  names(winDurationSummary) <-
    paste0("W", names(winDurationSummary))
  names(lossDurationSummary) <-
    paste0("L", names(lossDurationSummary))
```

```
        dataRow <- data.frame(cbind(t(round(durationSummary)),
          t(round(winDurationSummary)),
          t(round(lossDurationSummary))))
        tmp[[Symbol]] <- dataRow
    }
    out <- do.call(rbind, tmp)
    return(out)
}
```

この関数は五数要約と商品ごとのトレード統計量の平均をまとめ、これらを行列で出力する。関数の呼び出しは以下のとおりである。

```
durStats <- durationStatistics(Portfolio=portfolio.st,
  Symbols=sort(symbols))
print(t(durStats))
```

以下は出力例である。

```
##         XLU XLV XLY
## Min      1   1   1
## Q1       5   4   3
## Med      8   6   6
## Mean    10   8   7
## Q3      14  10  10
## Max     27  33  22
## WMin     1   1   1
## WQ1      2   3   2
## WMed     6   5   5
## WMean    6   6   6
## WQ3      8   7   7
## WMax    21  20  20
## LMin     6   6   1
## LQ1     12   9   8
## LMed    16  16  12
## LMean   16  15  11
```

```
## LQ3      20   18   14
## LMax     27   33   22
```

統計量はサマリー、勝ちトレード、負けトレードの順に出力されている。この出力例からは、この戦略の改善方法はほとんどないことが分かる。負けトレードが勝ちトレードよりも長く続いている。この戦略をあえて改善するとするならば、時間ベースの手仕舞いを設定することである。これでポジションが利益になっているかどうかをトラッキングすることができる。小さな時間枠のあと（例えば、8日後）まだ利益が出ていないのであれば、そのトレードは手仕舞って、ほかのセットアップを待つ。

次のコードはマーケットイクスポージャー（戦略が市場にいる時間の割合）を素早く計算するためのコードだ。

```
# Market exposure
tmp <- list()
length(tmp) <- length(symbols)
for(i in 1:nrow(dStats)) {
  totalDays <- nrow(get(rownames(dStats)[i]))
  mktExposure <- dStats$Total.Days[i] / totalDays
  tmp[[i]] <- c(rownames(dStats)[i], round(mktExposure, 3))
}
mktExposure <- data.frame(do.call(rbind, tmp))
colnames(mktExposure) <- c("Symbol", "MktExposure")
```

出力は以下のとおりである。

```
print(mktExposure)
##      Symbol    MktExposure
## 1    EFA       0.113
## 2    EPP       0.122
## 3    EWA       0.137
## 4    EWC       0.137
```

```
## 5      EWG     0.126
## 6      EWH     0.136
## 7      EWJ     0.073
## 8      EWS     0.097
## 9      EWT     0.135
## 10     EWU     0.103
## 11     EWY     0.116
## 12     EWZ     0.108
## 13     EZU     0.123
## 14     IEF     0.155
## 15     IGE     0.144
## 16     IYR     0.127
## 17     IYZ     0.169
## 18     LQD     0.147
## 19     RWR     0.133
## 20     SHY     0.114
## 21     TLT     0.146
## 22     XLB     0.131
## 23     XLE     0.132
## 24     XLF     0.104
## 25     XLI     0.121
## 26     XLK     0.121
## 27     XLP     0.125
## 28     XLU     0.139
## 29     XLV     0.113
## 30     XLY     0.124

print(mean(as.numeric(as.character(mktExposure$MktExposure))))
## [1] 0.1257
```

この戦略は平均で12.5％市場にいることが分かる。では、この戦略の損益曲線はどうなるのだろうか。これを示したものが図7.3である。

イクスポージャーが100％であるSPYに比べると、この戦略のリターンはそれほど良くはない。ドローダウンが大きいのも懸念対象だ。戦略が改善できるとすればこの点だ。結局は低いけれども安定したリターンのほうがレバレッジが効かせられる（同じ戦略のマーケットイ

図7.3　コナーズの損益曲線の比較

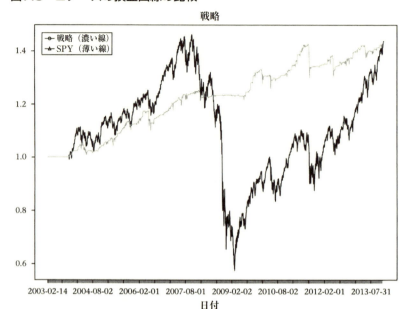

クスポージャーを非常に小さくすればより少ない資金で運用できる)。しかし、ドローダウンが大きいと、レバレッジをかけるわけにはいかない。この戦略は大きなドローダウンを被る可能性がある。

以下はポートフォリオ統計量をまとめたものだ。

```
SharpeRatio.annualized(portfRets)
## [1]  0.6973019

Return.annualized(portfRets)
## [1] 0.03370045

maxDrawdown(portfRets)
## [1] 0.09120687
```

第7章 Quantstratによるバックテスト

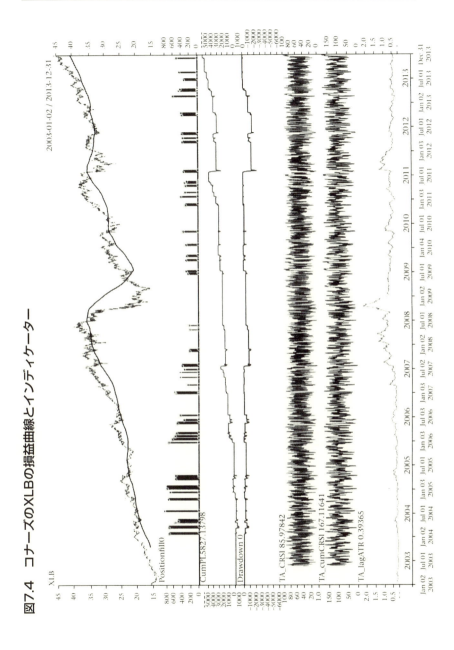

図7.4 コナーズのXLBの損益曲線とインディケーター

259

最大ドローダウンに対する年次リターンの比率を見ると、このレバレッジがすぐさま問題になる。少なくともこの商品に関しては。最後に、各商品の損益曲線を見てみよう。

```
chart.Posn(portfolio.st, "XLB")
TA_CRSI <- connorsRSI(Cl(XLB), nRSI = nRSI,
  nStreak = nStreak, nPercentLookBack = nPercentLookBack)
add_TA(TA_CRSI, col = "red")

TA_cumCRSI <- cumCRSI(price = Cl(XLB),
  nCum = nCum, nRSI = nRSI, nStreak = nStreak,
  nPercentLookBack = nPercentLookBack)
add_TA(TA_cumCRSI, col = "blue")

TA_lagATR <- lagATR(HLC = HLC(XLB), n = period)
add_TA(TA_lagATR, col = "purple")

TA_SMA <- SMA(Cl(XLB), n = nSMA)
add_TA(TA_SMA, col = "blue", lwd = 2, on = 1)
```

引数が on = 1 のadd_TAコマンドは、インディケーターを価格系列と同じグラフにプロットするためのコマンドだ。この引数を入れないと新しいウィンドウが開いてしまう。プロットしたグラフを見ると、一度だけ大きなドローダウンが発生しているが、これは価格が200日移動平均線を下にクロスしたときだ。これはおそらくは戦略のミスだ。しかし、もし価格が完全にこの移動平均線の上にあったとしても同じ結果になっただろう。つまり、この戦略を改善するにはもっと洗練された手仕舞いアプローチが必要ということである。

まとめ

本章ではバックテストの枠組みとしてのquantstratパッケージの使

い方の基本を見てきた。不可欠なお決まりのコードの設定方法を紹介したほか、2つの戦略（トレンドフォロワーとオシレーター）を定義し、コード化して分析した。分析にはquantstrat、blotter、PerformanceAnalyticsを使った。quantstratのお決まりのロジックの上にカスタム分析コードと戦略コードを書いた。また戦略を分析するいろいろな方法についても議論した。

第8章　高頻度データ

High-Frequency Data

　ここまでは日々の株式データのみを使って分析を行ってきた。頻度は粗いが、このデータは均一な時間間隔で発生するという性質を持つ。時間間隔が均一だと、時系列分析の数学的な扱いが簡単になる。一方、ティックデータは時間間隔が均一ではない。ブック（板情報）の更新、トレードの更新、取引所のメッセージ、高頻度なニュースフィードと言ったイベントは気まぐれな時間に発生する。

　高頻度データにはさまざまな情報が含まれている。高頻度データには、取引所から発信される入手可能なあらゆる情報を分析することで収集されるミクロ構造（ミクロ構造とは、株式、債券、オプション、先物といった金融商品における細かい価格の動きのことを言う。市場のミクロ構造を分析することで、相関やボラティリティなどを導き出すことができる。こうした分析はオーダーブックのティックデータを分析することで行われる）に関する多くの情報が含まれている。金融商品の多くは1日に何回もトレードされる。流動性の高い商品になると、日中データやトレードの更新は何十万回にも上る。こうした取引の大部分はマイクロ秒という単位で行われる。SPY ETFはその好例で、1日における平均的なブックの更新は1000万回から2000万回だ（この数字はティックデータ社から提供されたSPYの日中データのサンプルファイルに基づく）。この数字には人間、アルゴリズム、取引所と

の間の注文、注文の変更、注文の取り消しが含まれる。ブックの更新のほんの一部が実際のトレードにつながる。これは高頻度トレーディングが批判される1つの理由だ（高頻度トレーディングの主な批判の1つは、アルゴリズムが指値注文を最悪のタイミングで、つまり機関投資家や個人投資家が流動性を最も必要としているときに、キャンセルすることである。高頻度アルゴリズムは市場の変化をほかの参加者よりも速く探知することができるため、撤退するのも速い。しかし、こういった売買主体が提供する流動性は幻想にすぎない）。つまり、広大なコンピューターネットワークのメッセージのやり取りが実際の実行に結びつくのはほんのわずかにすぎないということである。

ブックの更新とは、オーダーブックのあるレベルにおける価格、量、カウントが変化することを言う。マーケットメイカーや高頻度トレーダーたちが関心を示すのは、最も安い売り気配値と最も高い買い気配値だ。価値のあるトレード情報が得られるのがこうした売り気配値や買い気配値だからだ。

投資家は指値注文を出したり、指値注文を変更またはキャンセルしたり、成り行き注文を出したりすることでオーダーブックとやり取りする。これらの注文は通常はブローカーを通して出され、最終的にはオーダーブックを一元管理する取引所に伝達される。取引所のマッチングエンジンは必要なすべてのマッチングを行い、注文確認書を当事者に発送する。また取引所はデータが更新されたときはオーダーブックの状況を伝える義務もある。これらの更新情報は市場データの変化とトレード情報を指し、トレーダーやシステムはこれらの更新情報を使ってアルゴリズムを更新する。

精度の高い高頻度データは入手が困難だ。こうしたデータを入手するにはコストが高くつき、時間はかかり、複雑でもある。ヘッジファンド、銀行、プロップファームは取引所と専用回線でつながっている。そのため彼らにとってはこういったデータをリアルタイムで入手し、

フィルタリングし、保存するのは簡単だ。こうしたデータ流列は開発チームやIT関連の社員によってクリーニングされ、加工され、完璧なものになる。

本章では高頻度データについて見ていく。本書で用いるこれらのデータはティックデータ社によって提供されたものだ。データは前処理された.csvファイルの形で提供される。これらの情報はシンボル、データタイプ、時間範囲に基づいて素早く検索できるように、時系列データベース（サードパーティーのティックデータベースには、OneMarketDataのOneTick［http://www.onetick.com］、Kx Systemsのkdb［http://kx.com/］、SciDB［http://www.paradigm4.com/］がある）に保存するのがよい。まずは生データを見てみよう。

高頻度データの建値

提供された株価は関数read.csv()を使ってメインメモリーに読み込むことができる。

```
spy_file <- "path/Stocks/QUOTES/SPY_2013_04_15_X_Q.asc"
spy_quotes <- read.csv(file = spy_file, header = FALSE,
  stringsAsFactors = FALSE)
```

spy_quotesオブジェクトはデータフレームで、1GBを少し上回る程度の内部メモリーを必要とする。このデータフレームは7200万を超える行と21列からなる。以下は最初のいくつかの行を示したものだ。

```
head(spy_quotes, 3)
##              V1            V2   V3      V4    V5 V6 V7
## 1 04/15/2013 04:00:00.065  T 156.60   0.00   1  0  R
## 2 04/15/2013 04:00:00.626  P   0.00   0.00   0  0  R
## 3 04/15/2013 04:00:00.633  P 158.25 158.90   1 47  R
```

```
## V8 V9 V10 V11 V12 V13 V14 V15 V16 V17 V18 V19 V20 V21
## NA  1  T   T   1   2   A   C       NA  NA  NA  NA
## NA  2  P   P   0   2   A   C       NA  NA  NA  NA
## NA  3  P   P   1   2   A   C       NA  NA  NA  NA
```

次は、フィールドに適切な列名を割り当てる。

```
names(spy_quotes) <- c("date", "time", "exchange", "bid_price",
  "ask_price", "bid_size", "ask_size", "quote_condition",
  "mode", "market_maker_id", "sequence_number", "bid_exchange",
  "ask_exchange",  "national_bbo_indicator",
  "nasdaq_bbo_indicator", "quote_cancel_correction",
  "quote_source", "short_sale_restriction_indicator",
  "limit_up_down_bbo_indicator_cqs",
  "limit_up_down_bbo_indicator_utp",
  "finra_adf_mpid_indicator")
```

ティックデータ社のドキュメンテーションによれば、フィールド名の意味は以下のとおりである。

- Date —— 建値が提示された日付。
- Time —— 建値が提示された時間。建値がCTS（統合テープシステム）に入った時間を指す。単位はミリ秒。NYSE（ニューヨーク証券取引所）とAMEX（アメリカン証券取引所）は2006年2月7日から、NASDAQは2005年12月5日から。
- Exchange —— 建値を提示した取引所。例えば、NYSEアーカ取引所はPで表される。
- Bid Price —— 小数点以下8桁に丸められた買い気配値。
- Ask price —— 小数点以下8桁に丸められた売り気配値。
- Bid Size —— 単位株数（1単位は100株）で表した買い注文のサイズ。
- Ask Size —— 単位株数（1単位は100株）で表した売り注文のサイズ。

- Quote Condition ―― 提示された建値の状態。例えば、「A」は売りサイドがスローであることを意味する。
- Mode ―― 2004年1月1日以前（入手可能なら）のSows Mode。
- Market Maker Id ―― ナスダックのみのマーケットメイカーのNASD（全米証券業協会）のID。
- Sequence Number ―― NYSEのみ。MSD（マーケットデータシステム）のシーケンス番号。このフィールドはNYSEの取引にのみ適用される。その取引がNYSEの取引でなかったり、シーケンス番号が不明なときはゼロになる。
- Bid Exchange ―― 買いが出された取引所。
- Ask Exchange ―― 売りが出された取引所。
- National BBO Indicator ―― AMEXとNYSEの最良の買い気配値と最良の売り気配値。
- Nasdaq BBO Indicator ―― ナスダックの最良の買い気配値と最良の売り気配値。
- Quote Cancel/Correction ―― AMEXとNYSEのみ。
- Quote Source ―― CはNYSEやAMEXなどのCQS（コンソリデイテッド・クオーテーション・システム）、Nはナスダック。
- Retail Interest Indicator（RPI）―― 空白＝小口投資家の気配値ナシ、A＝小口投資家の買い気配値、B＝小口投資家の売り気配値、C＝小口投資家の買い気配値ならびに売り気配値。
- Short sale restriction indicator ―― 空白＝空売り制限が施行されていない、A＝空売り制限が発効、C＝空売り制限が継続中、D＝空売り制限が解除、E＝空売り制限が施行されている。
- Limit-up/Limit-down BBO Indicator CQS ―― 空白＝ストップ安もストップ高も適用されない、A＝値幅制限の上にある買い気配値。買いは実行されない。
- Limit-up/Limit-down BBO Indicator UTP ―― UTP（非上場取引

図8.1 SPYの買値と外れ値

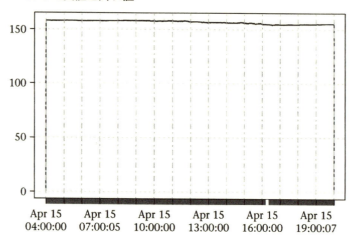

特権）以外、上と同じ。
● Finra ADF MPID Indicator ── オプションは0、1、2、3。

SPYの主要取引所はNYSEアーカ取引所なので、アーカの建値のみを引き出すためにデータフレームの一部のみを使う。アーカの取引所コードは「P」だ。次の例では価格とサイズのフィールドのみを使う。

```
spy_quotes_arca <- spy_quotes[spy_quotes$exchange %in% c("P"),
  c("date", "time", "bid_price",
  "ask_price", "bid_size", "ask_size")]
```

次は、データをxtsオブジェクトに変換する。これには適切な時間フィールドが必要になる。

図8.2 フィルタリングしたSPYの買値

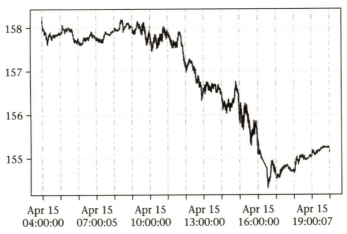

```
require(xts)

# Setting to allow us to view the millisecond precision
options(digits.secs = 3)

time_index <- as.POSIXct(paste(spy_quotes_arca$date,
   spy_quotes_arca$time), format = "%m/%d/%Y %H:%M:%OS")
spy <- xts(spy_quotes_arca[, -c(1, 2)], time_index)
rm(time_index)
```

有効なxts時系列オブジェクトが入手できたので、データをフィルタリングする。買値の折れ線グラフは図8.2に示したとおりである。

```
plot(spy$bid_price, type = 'l',
  main = "SPY bid price",
  cex.main = 0.8,
  cex.lab = 0.8,
  cex.axis = 0.8)
```

時系列の最初と最後は極端な価格であることに注目しよう。これはティックデータ社の生ファイルからasciiファイルを直接読み込んだためだ。データはできればこのように視覚的に見ることが重要だ。高頻度ティックデータのときはなおさらである。不自然な物は闇の中で待ち伏せするものだ。不自然なものは早めに見つけだして、適切な方法で処理する必要がある。このケースの場合、解決するのは簡単だ。ゼロを取り除けばよい。

```
spy_filtered <- spy[spy$bid_price > 0, ]
```

いくつかの行が取り除かれたかを見るには、

```
rows_removed <- nrow(spy) - nrow(spy_filtered)

rows_removed
## [1] 2
```

修正されたプロットは前よりも良くなった。

```
plot(spy_filtered$bid_price, type = 'l',
  main = "SPY filtered bid price",
  cex.main = 0.8,
  cex.lab = 0.8,
  cex.axis = 0.8)
```

次のフィルターは、売り気配値の不一致と、買い注文のサイズと売り注文のサイズを見つけるためのフィルターだ。

```
summary(as.numeric(spy_filtered$ask_price))
##  Min.   1st Qu.  Median   Mean   3rd Qu.   Max.
## 154.3   156.1    156.7    156.8  157.7     158.9
```

数値は妥当なように見える。サイズ列のサマリー統計量は以下のとおりである。

```
summary(as.numeric(spy_filtered$bid_size))
## Min. 1st Qu.  Median  Mean 3rd Qu.  Max.
## 1.00 22.00 52.00 94.93 100.00 1565.00

summary(as.numeric(spy_filtered$ask_size))
## Min. 1st Qu. Median Mean 3rd Qu. Max.
## 1.0   24.0   59.0   110.8 118.0 1412.0
```

これらの数値も妥当なようだ。ここで、データに大きなずれがないこと、そして価格のクロスがないことを確認するためのフィルターがおそらくは必要になる。価格のクロスとは、買い気配値がどこかの地点で売り気配値と同じかそれ以上になることを言う。

```
# Boolean vector where bid price >= the ask price
crossed_prices <- spy_filtered$bid_price >=
  spy_filtered$ask_price

any(crossed_prices)
## [1] FALSE
```

建値の到着時間

次は、建値の更新間の連続する時間差を見てみよう。建値の更新とは、最も安い売値と最も高い買値の変動と定義する。

```
# Extract the time index.
quote_times <- index(spy_filtered)

# Compute the consecutive time differences
```

```
time_differences <- as.numeric(diff(quote_times))

summary(time_differences)
## Min.    1st Qu. Median  Mean    3rd Qu. Max.
## 0.0000  0.0000  0.0010  0.0645  0.0100  1010.0000
```

建値の更新がミリ秒も離れていない場合が数多く存在するが、これはティックレベルのデータでは普通だ。しかし、ブックの2つの連続する更新の間の時間が1010秒（16.8分）というのは問題だ。これについて詳しく見ていこう。

```
# Identify times that seem abnormal
long_times <- which(time_differences > 1000)

long_times
## [1] 884312

# Show the data around the abnormally long time
spy_abnormal <- spy_filtered[(long_times - 2):(long_times + 2), ]
##                          bid_price ask_price bid_size ask_size
## 2013-04-15 16:13:00.987  155.00    155.02    289      270
## 2013-04-15 16:13:01.256  155.00    155.02    290      270
## 2013-04-15 16:13:01.282  155.00    155.02    295      270
## 2013-04-15 16:29:50.869  154.76    154.79    3        3
## 2013-04-15 16:29:50.887  154.76    154.77    3        10
```

この出力結果を見ると、16:13:01.282と16:29:50.869の間には何の動きもない。これは取引所がクローズされたからか、フィードのエラーか、あるいは取引がスローなだけなのか。データフィルタリングでは、こういった疑問に対する具体的な解答が必要だ。ほかにも疑問点はある。

1．この商品の取引所における有効な取引時間は？
2．この商品の通常の取引価格は？
3．取引所によってストップ安やストップ高が設定されているか？

4．この商品の流動性は？
5．取引所の休日はいつ？

連続する２つのブックの更新間で16分の間隔が空くのは、それほど頻繁に取引されない商品にとっては珍しいことではない。この外れ値を気にする必要があるのかないのかを知る唯一の方法は、データに常識的な仮説を設けるとともに、この商品の以前のデータを見てみることだ。

流動性のある時間帯を見つける

次は、高頻度SPYデータの統計学的特徴を見ていくことにしよう。実践家がよく見るのはビッド・アスク・スプレッドだ。ビッド・アスク・スプレッドとは、最も安い売り気配値と最も高い買い気配値の差のことを言う。次のコードは１日のスプレッドをプロットするためのコードだ。

```
# Calculate the bid-ask spread.
bid_ask_spread <- spy_filtered$ask_price -
  spy_filtered$bid_price

# Filter out abnormal value
outliers <- which(bid_ask_spread > 0.25)
if(length(outliers) > 0) {
  bid_ask_spread <- bid_ask_spread[-outliers, ]
}

# Plot the spread.
plot(bid_ask_spread, type = "l",
  main = "Bid ask spread",
  cex.main = 0.8,
  cex.lab = 0.8,
```

図8.3 SPYの日中ビッド・アスク・スプレッド

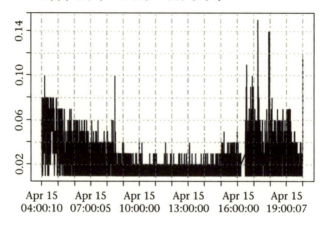

```
  cex.axis = 0.8)
```

図8.3を見ると、SPYには流動性の高い期間が3つあることが分かる。トレード日は早朝の時間帯、通常の取引時間帯、取引時間終了後の3つの時間帯に分けられる。データを次のように分けることでこれらの時間帯ごとの価格の動きをグラフ化することができる。

```
# Create three time partitions for the SPY data
early_morning <- "2013-04-15 04:00:00::2013-04-15 08:29:00"
regular_trading <- "2013-04-15 08:30:00::2013-04-15 16:15:00"
after_hours <- "2013-04-15 16:15:01::2013-04-15 20:00:00"

# Create a histogram of the bid-ask spread for each period
par(mfrow = c(3, 1))

# Morning
data <- bid_ask_spread[early_morning]
hist(data, main = early_morning, breaks = 1000,
  xlim = c(0, 0.1))
```

図8.4 SPYの日中スプレッドのヒストグラム

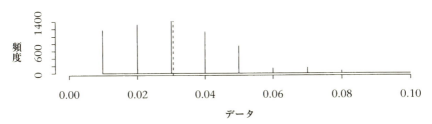

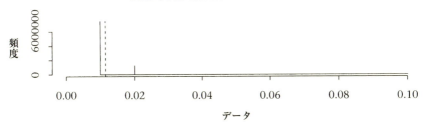

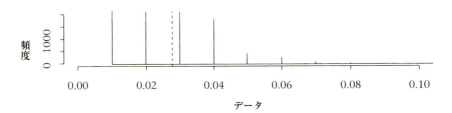

```
abline(v = mean(data), lwd = 2, lty = 2)

# Afternoon
data <- bid_ask_spread[regular_trading]
hist(data, main = regular_trading, breaks = 1000,
  xlim = c(0, 0.1))
abline(v = mean(data), lwd = 2, lty = 2)
```

```
# Evening
data <- bid_ask_spread[after_hours]
hist(data, main = after_hours, breaks = 1000,
  xlim = c(0, 0.1))
abline(v = mean(data), lwd = 2, lty = 2)
```

2番目の時間帯は、ビッド・アスク・スプレッドがほとんどの時間で1ティックであることから、最も流動性が高いことが分かる。次の分析では、この流動性の最も高い時間帯に焦点を当てる。

```
spy_day <- spy_filtered[regular_trading]
```

このデータフレームにはかなりの量の情報が含まれている。取引の大半がこの時間帯に行われることを考えると当然と言えば当然だ。

ミクロ価格

任意の時間における株式の真の理論価格はいくらなのだろうか。驚くべきことに、この質問に対する正しい答えはない。理論価格は買い気配値という人もいるだろうし、売り気配値だという人もいるに違いない。実践家の多くはこの間の価格を好む。「(買い気配値＋売り気配値)÷2」も1つの候補だ。もっと良い方法はないのだろうか。価格と数量に関する情報はすでにあるので、私たちは真の理論価格の代理としてミクロ価格を使う。ミクロ価格とは、価格と数量の加重平均だ。ブックの最も安い売り気配値と最も高い買い気配値の数量が関連情報を含んでいると思うのであれば、これらの値を使って理論価格を計算するとよい。例えば、買い気配値が150.00ドルで数量が1000単位、売り気配値が150.01ドルで数量が1単位だとすると、理論価格はビッド・

図8.5 買値と売値の中間値を取るミクロ価格

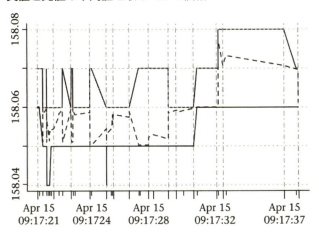

アスク・スプレッドの間の数値になる。この理論価格は売り気配値のほうに近い。なぜなら、買い数量が多いので買い圧力が大きいと思われるからだ。次に示すのはミクロ価格の公式とRコードである。

$$ミクロ価格 = \frac{買い気配値 \times 売り注文のサイズ + 売り気配値 \times 買い注文のサイズ}{買い注文のサイズ + 売り注文のサイズ} \tag{8.1}$$

```
spy_micro_price <- (spy_day$bid_price * spy_day$ask_size +
  spy_day$ask_price * spy_day$bid_size) /
  (spy_day$bid_size + spy_day$ask_size)
```

(市場の分断化、隠された流動性、ブックのなりすましによって)数量が重要でないとみなされるとき、おそらくは中間の値が有効な理論価格になる。

ミクロ価格と買い気配値と売り気配値をプロットしたものが**図8.5**である。

図8.6 ミクロ価格の分布

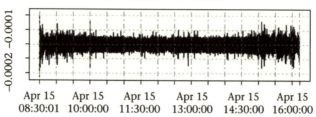

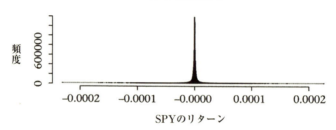

```
par(mfrow = c(1, 1))
range <- 10000:10100
title <- "Micro-price between bid-ask prices"
plot(spy_day$ask_price[range],
  ylim = c(min(spy_day$bid_price[range]),
  max(spy_day$ask_price[range])),
  main = title,
  cex.main = 0.8,
  cex.lab = 0.8,
  cex.axis = 0.8)
lines(spy_day$bid_price[range])
lines(spy_micro_price[range], lty = 2)
```

分布と自己相関

ミクロ価格リターンの分布を見てみよう。

```
spy_returns <- diff(log(spy_micro_price))

par(mfrow = c(2, 1))
plot(spy_returns,
  main = "Time series plot of micro-price returns",
  cex.main = 0.8, cex.lab = 0.8, cex.axis = 0.8)
hist(spy_returns, breaks = 1000,
  main = "Micro-price distribution",
  cex.main = 0.8, cex.lab = 0.8, cex.axis = 0.8)
```

このリターンは極端に急尖的な分布になることに注目しよう。同じ平均と分散を持つ正規分布よりも小さなリターンがたくさんある。正規分布を重ね合わせて違いを見てみよう。

```
par(mfrow = c(1, 1))
mean_spy <- mean(as.numeric(spy_returns), na.rm = TRUE)
sd_spy <- sd(as.numeric(spy_returns), na.rm = TRUE)

hist(spy_returns, breaks = 10000, prob = TRUE,
  xlim = c(-0.00003, 0.00003),
  main = "Micro-price distribution vs. Normal",
  cex.main = 0.8,
  cex.lab = 0.8,
  cex.axis = 0.8)
curve(dnorm(x, mean_spy, sd_spy), add = TRUE,
  yaxt = "n", lwd = 3, lty = 3)
```

高頻度リターンの自己相関はどうなるだろうか。遅延が1より大きいとき、日々のリターンには自己相関がないことを思い出そう。

```
spy_acf <- acf(as.numeric(spy_returns),
  na.action = na.pass,
```

図8.7　正規分布を重ね合わせたミクロ価格の分布

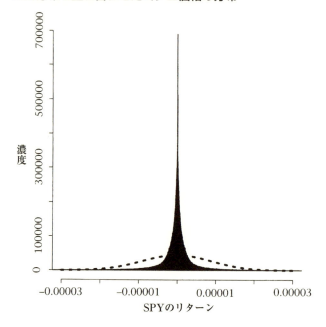

図8.8　ミクロ価格リターンの自己相関

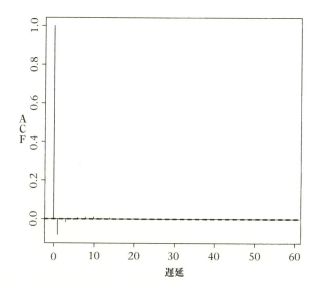

```
  main = "Autocorrelation",
  cex.main = 0.8,
  cex.lab = 0.8,
  cex.axis = 0.8)
```

遅延1では負の自己相関が若干ある。ミクロ価格はビッド・アスクのバウンス効果（ビッド・アスク・バウンスとは、価格が買い気配値と売り気配値の間を頻繁に行き来することをいう。流動性のある商品の場合、ビッド・アスク・スプレッドの間で価格がまったく動くことなく複数の取引が発生する。ビッド・アスク・バウンスは、実際には動きがないのにあるように印象づける。こうした価格を使った日中ボラティリティの計算値は大きくなる傾向がある）を除去する傾向がある。例えば、この効果は買い気配値を使えば顕著に表れただろう。ビッド・アスク・バウンス効果は、SPYで発生する連続トレードの自己相関を分析することでより明確に観測することができる。これはマーケットメイカーやプロップトレーダーたちは1ティックの利益をとらえようとするので、複数のトレードが買い気配値と売り気配値の間で発生する傾向があるという事実による。SPYのティックサイズは0.01であるため、価格が買い気配値と売り気配値の間を頻繁に行き来するこの動きは、値動きが本質的に個別に発生するという事実と併せて、この人工的な自己相関を生みだす。

```
  # Get the SPY traded prices from our tick data file
  spy_trades_file <- "path/SPY_2013_04_15_X_T.asc"
  spy_trades <- read.csv(file = spy_trades_file,
    header = FALSE, stringsAsFactors = FALSE)

  names(spy_trades) <- c("date", "time", "price",
    "volume", "exchange", "sales_condition",
    "correction_indicator", "sequence_number",
    "trade_stop_indicator", "source_of_trade", "trf",
    "exclude_record_flag", "filtered_price")
```

図8.9 リターンの自己相関

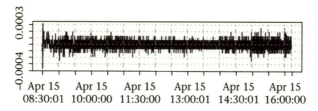

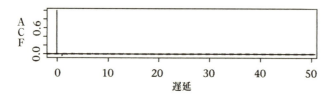

```
# Extract only the ARCA trades
spy_trades_arca <- spy_trades[spy_trades$exchange %in% c("P"),
   c("date", "time", "price", "volume", "correction_indicator",
   "filtered_price")]

# Check if any filtered prices exist
any(!is.na(spy_trades_arca$filtered_price))
## [1] FALSE

# Check if there are any special correction indicators present
unique(spy_trades_arca$correction_indicator)
## [1] 0

# Drop the last two columns from the data frame
spy_trades_arca <- spy_trades_arca[, 1:4]

# Convert to an xts object for subsequent analysis
time_index <- as.POSIXct(paste(spy_trades_arca$date,
   spy_trades_arca$time), format = "%m/%d/%Y %H:%M:%OS")

spy_t <- xts(spy_trades_arca[, -c(1, 2)], time_index)
rm(time_index)
```

```
# First 6 entries
head(spy_t)
##                          price volume
## 2013-04-15 04:00:00.697 158.25    100
## 2013-04-15 04:00:00.697 158.24    200
## 2013-04-15 04:00:00.697 158.15    150
## 2013-04-15 04:01:42.190 158.06    200
## 2013-04-15 04:07:16.545 157.94    100
## 2013-04-15 04:12:45.265 157.92  10000

# Subset to regular trading hour range
regular_trading <- "2013-04-15 08:30:00::2013-04-15 16:15:00"
spy_t_day <- spy_t[regular_trading]

# Look at the number of trade entries
dim(spy_t_day)
## [1] 93197     2

# Look at the amount of memory taken up
object.size(spy_t_day)
## [1] 2239080 bytes
```

トレードはフィルタリングして最初の517516個から93197個に減らした。spy_t_dayオブジェクトはおよそ22.4MBのメモリーを使う。ここで連続トレードの自己相関を見てみることにしよう。

```
# Compute returns
spy_t_day_returns <- diff(log(spy_t_day$price))[-1]

# Plot the distribution and the autocorrelation plot
par(mfrow = c(2, 1))
plot(spy_t_day_returns, main = "SPY returns on trades",
  cex.main = 0.8, cex.lab = 0.8, cex.axis = 0.8)
acf(as.numeric(spy_t_day_returns), main = "SPY trades acf",
  cex.main = 0.8, cex.lab = 0.8, cex.axis = 0.8)
```

図8.10 リターン分布

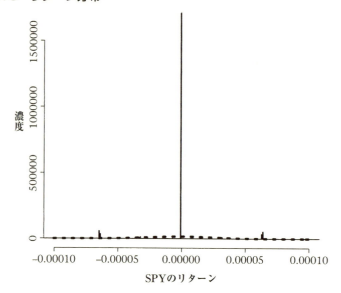

正規分布を重ね合わせたリターン分布は図8.10に示したとおりである。

```
# Distribution of trade returns
par(mfrow = c(1, 1))
hist(spy_t_day_returns, breaks = 1000, prob = TRUE,
  xlim = c(-0.0001, 0.0001),
  main = "Distribution of SPY trade returns",
  cex.main = 0.8,
  cex.lab = 0.8,
  cex.axis = 0.8)

curve(dnorm(x, mean(spy_t_day_returns),
  sd(spy_t_day_returns)),
  add = TRUE,
  yaxt = "n",
  lwd = 3,
  lty = 3)
```

第8章 高頻度データ

　トレードの大部分が同じ価格水準で発生しているのは興味深い。分布はゼロでスパイクが発生している。このスパイクの高さは非常に高く、この**図8.10**では描ききれないほどだ。トレードが異なる価格で発生したらどうなるだろうか。各価格水準の出来高を足し合わせれば、その価格水準でトレードがどれくらい発生しているのかを知ることができる。こうすることで出来高情報を効果的に保全することができる。

```
# Use the rle() function to find price sequences
prices_rle <- rle(as.numeric(spy_t_day$price))

# Here are the row indexes we want to keep
end_indexes <- cumsum(prices_rle$lengths)

# Here are the start indexes we want to sum the volumes from
start_indexes <- end_indexes - prices_rle$lengths + 1

# Create a vector of total volumes for each price
volume_list <- list()
volume_vector <- as.numeric(spy_t_day$volume)
for (i in 1:length(end_indexes)) {
  volume_list[[i]] <- sum(volume_vector[start_indexes[i]:
    end_indexes[i]], na.rm = TRUE)
}

# Create a reduced data set with distinct trade prices
spy_t_day_reduced <- spy_t_day[end_indexes, ]
spy_t_day_reduced$volume <- unlist(volume_list)
```

以下は出力例である。

```
head(spy_t_day_reduced, 10)
##                            price  volume
## 2013-04-15 08:30:01.964 158.17    510
## 2013-04-15 08:30:02.783 158.15    1000
```

285

図8.11　価格水準のヒストグラム

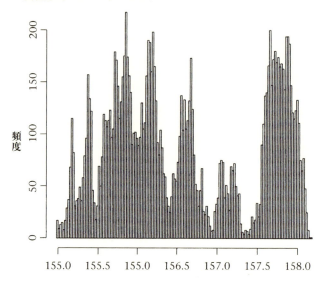

```
## 2013-04-15 08:30:04.930 158.14    340
## 2013-04-15 08:30:11.964 158.12    100
## 2013-04-15 08:30:23.763 158.11   1100
## 2013-04-15 08:30:29.739 158.10   1720
## 2013-04-15 08:30:31.963 158.09    200
## 2013-04-15 08:30:45.164 158.08   4995
## 2013-04-15 08:30:46.888 158.07    100
## 2013-04-15 08:30:46.970 158.06   3330

head(spy_t_day, 10)
##                           price volume
## 2013-04-15 08:30:01.964 158.17    100
## 2013-04-15 08:30:01.964 158.17    410
## 2013-04-15 08:30:02.783 158.15   1000
## 2013-04-15 08:30:04.930 158.14    340
## 2013-04-15 08:30:11.964 158.12    100
## 2013-04-15 08:30:23.763 158.11   1000
## 2013-04-15 08:30:23.763 158.11    100
## 2013-04-15 08:30:28.153 158.10    400
```

```
## 2013-04-15 08:30:28.529 158.10    320
## 2013-04-15 08:30:29.739 158.10    180
```

フィルタリングした取引価格のほかの測度も見てみよう。

```
# Identify the most traded prices throughout the day
hist(as.numeric(spy_t_day_reduced$price), breaks = 200,
  main = "Histogram of traded prices for SPY on 2013-04-15",
  cex.main = 0.8,
  cex.lab = 0.8,
  cex.axis = 0.8)
```

特に注目すべき測度はないようだ。取引がどの価格水準に集中しているのかを見るには、各価格水準で取引がどれくらい集中的に発生しているかを見ればよい。

各価格帯におけるトレードリターンの自己相関をプロットするためのコードは以下のとおりである。

```
acf(diff(log(as.numeric(spy_t_day_reduced$price)))),
  main = "Autocorrelation of trades",
  cex.main = 0.8,
  cex.lab = 0.8,
  cex.axis = 0.8)
```

遅延2で若干正の自己相関が存在する。これが有意かどうかは自己回帰分析（自己回帰モデルは、時系列の結果を表す変数を前の入力変数［説明変数］の関数に関連づけるものだ。一般公式は以下のとおりである。

$$X_t = \alpha + \sum_{i=1}^{p} \beta_i X_{t-i} + \epsilon_t$$

図8.12　トレード価格の自己相関

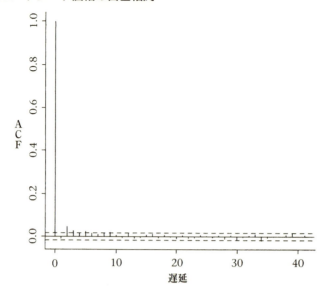

を行ってみなければ分からない。

　よく問われる質問は、そのトレードは買い手と売り手のどちらが最初に始めたものなのかということである。トレードは正確なタイムスタンプ、価格、数量で記録される。私たちが見逃しがちなのは、そのトレードは買い手が始めたものなのか、あるいは売り手が始めたものなのかという点だ。しかし、この情報はトレードと市場データから探り出すことができる。結果はいつも100％正しいとは限らないが、ある程度の予測は可能だ。1991年、リーとレディーは、そのトレードが売り気配値で発生したのなら買い手が始めたトレードで、そのトレードが買い気配値で発生したのなら売り手が始めたトレードとして区別することを提案した。そのためには、建値とトレードの時間的整合を正しく取る必要がある。昔はこれは難しかったが、正確なタイムスタンプが提示されるようになった今、分析は非常に簡単になり、それ以

降、リーとレディーのアルゴリズムは進化した [69]。流動性の供給者と需要者が何をしているのかを知ることは非常に重要だ。特に日中の高頻度環境では重要だ。流動性の流れを検出したいとしよう。VPINモデル（volume synchronized probability of informed trading）はこの効果を数値化するアルゴリズムの1つだ。このアルゴリズムの入力の1つは、トレードは買い手が始めたものなのか、売り手が始めたものなのかを指定する [26、144]。

データについてのもう1つの疑問は、リターンスペースにおける連続する遅延間には非線形関係が存在するのかどうかである。そこで、連続するリターンを縦軸に取り、遅延を横軸に取った散布図をプロットして、散布図の点が時間とともにどう動くかを見てみよう。無作為に選択した点の間には、認識できる関係はないことが予想される。点がリターンが集中的に発生している中心に向かう確率と離れていく確率はほぼ同じだろう。

```
# Random return cloud with lag 1
n <- rnorm(50, 0, .20)
n_lag1 <- c(NA, n[-length(n)])
plot(n_lag1, n)

# Create arrows between the points
s <- seq(length(n)-1)
arrows(n_lag1[s], n[s], n_lag1[s+1], n[s+1])
```

実際のデータでは、点はリターンが集中的に発生している中心に戻る前に周辺をうろつくのにより多くの時間を費やすことが分かる。コードは以下のとおりである。

```
# SPY return cloud with lag 1
spy_t_returns <- diff(log(as.numeric(
  spy_t_day_reduced$price[100:150])))
spy_t_returns_lag1 <- c(NA, spy_t_returns[
  -length(spy_t_returns)])
plot(spy_t_returns_lag1, spy_t_returns)

s <- seq(length(spy_t_returns)-1)
arrows(spy_t_returns_lag1[s], spy_t_returns[s],
  spy_t_returns_lag1[s+1], spy_t_returns[s+1])
```

highfrequencyパッケージ

これまで高頻度データを調べるためのカスタム関数を作成してきた。こうした関数の作成に便利なのがhighfrequencyパッケージだ。このパッケージには便利な分析ツールが含まれている［57］。このパッケージの製作者は、ジョナサン・コーネリッセン、クリス・ボーツ、スコッチ・ペイサーだ。含まれる機能には次のようなものがある。

- ●価格、建値、トレードデータをまとめる機能
- ●ティックデータのフィルタリング機能
- ●流動性を計算する機能
- ●ボラティリティの予測機能
- ●ミクロ構造のノイズと日中周期性の解析機能

highfrequencyパッケージは高頻度時系列を扱うのにxtsフレームワークを使う。xtsは今では読者にとって馴染みのあるパターンのはずだ。このパッケージのソースコードの最新バージョンは次のコマンドを入力すると取得できる。

```
library("devtools")
install_github("highfrequency", "jonathancornelissen")
```

highfrequencyパッケージのチュートリアルについては巻末の参考文献を参照してもらいたい（highfrequencyパッケージのチュートリアルについては、http://cran.r-project.org/web/packages/highfrequency/highfrequency.pdf）。

まとめ

本章では高頻度ティックデータについて見てきた。本章で行った議論とコード例は、フリーオンラインのリポジトリからダウンロードした日々のデータに基づいている。本章では、ティックデータのベンダー固有のデータフォーマット方式について説明し、生ファイルのフィルタリングを行った。また、時間的に不均一な建値の更新を調べるのにティックデータを使った。さらに、高頻度リターンの分布を分析し、日中ビッド・アスク・スプレッドをグラフ化した。理論価格を導きだすためのミクロ価格の概念を紹介し、理論価格がビッド・アスク・スプレッドの間の数値になることを見てきた。個々の時点間の非線形関係について調べてみることを提案し、買い手主導と売り手主導のトレードインディケーターの一般的な使い方についても説明した。最後にhighfrequencyパッケージについても簡単に触れた。

第9章　オプション

Options

　オプションとは、その価値が原資産の変数の値によって決められる（派生する）デリバティブである。ウィキペディアでは次のように定義されている――オプションとは、その買い手（所有者）に、特定の期日以前に特定の行使価格で原資産を売買する権利（義務ではない）を与える取引のことをいう［130］。現在分かっている価格で将来のどこかの地点で物理的資産、あるいは金融資産を売買する権利を与えるという意味では、オプションは先物に似ている。先物は同意した価格で原資産を必ず決済しなければならないのに対して、オプションは同意した価格で原資産を売買するかどうか「選択できる」という点が異なる。この柔軟性、つまり選択性をプレミアム（代金）を支払って買うわけである。先物の場合、買い手と売り手が契約を結ぶとき、事前に資金のやり取りはない。しかし、オプションを買うには、買い手はプレミアムを支払わなければならない。そのプレミアムは売り手が受け取る。

オプションの理論的価値

　オプションのプレミアムはいくつかの変数によって決まる。これらの変数には、事前に合意した購入（あるいは販売）価格 K（行使価格

図9.1　ブラックショールズの入力量

ともいう）、原資産の現在価格S、満期日までの時間T、満期日までの間に配当という形で支払われるキャッシュフロー流列d、無リスク金利r、誤差σが含まれる。この誤差はオプションのインプライドボラティリティである。

オプションの歴史

オプションは古代からさまざまな形で存在してきた。アリストテレスはターレス（ミレトス出身の古代ギリシャの哲学者）が次の収穫期の間、地元のオリーブオイルの圧搾機を使える権利を確保するために手付金を支払った話をしている。ターレスは次の収穫期は前の収穫期よりも多くの収穫が見込めると思っていたのだ。つまり、彼は圧搾機を使用するコールオプションを買ったわけである。彼はおそらくはこの取引で多くの利益を得たことだろう［51］。数千年、早送りしよう。1848年、CBOT（シカゴ商品取引所）が操業を開始した。CBOTは今でも世界最大のオプション取引所だ。また、最古の取引所でもある。CBOTは2007年にCMEと合併した。

オプションは大昔から取引されてきたが、業界が画期的に変わったのは1973年のことである。フィッシャー・ブラックとマイロン・ショールズが論文でオプションの理論的価値を算出するためのエレガントな公式を発表したのだ。これはブラック・ショールズの偏微分方程式

（PDE）として知られ、前に述べたパラメーター（S、K、r、T、d、σ）を市場価格 V に関連づけたものだ［27］（これはブラック・ショールズ・マートン・モデルとも呼ばれている。マートンはオプション価格付けの数学理論に厳密な証明を与えた。「ブラック・ショールズオプション価格付けモデル」を命名したのも彼である。http://en.wikipedia.org/wiki/Black-Scholes_model を参照のこと）。

$$\frac{\partial V}{\partial t} + rV\frac{\partial V}{\partial S} + \frac{1}{2}V^2\sigma^2\frac{\partial^2 V}{\partial S^2} - rV = 0 \qquad (9.1)$$

オプションはさまざまなタイプに分けられるが、大きく「ヨーロピアン」タイプと「アメリカン」タイプに分けられる。ヨーロピアンタイプのオプションは事前に合意した満期日にのみ行使可能で、アメリカンタイプのオプションは満期日以前ならいつでも行使できる。これは小さな違いに思えるが、評価の観点から言えば重大だ。例えば、上のすべてのパラメーターが与えられても、アメリカンタイプのプットオプションには閉形式解は存在しない。もちろん解は得られるが、アメリカンタイプのオプションでは上の公式は使えない。

オプションの評価

Rには閉形式解だけでなく、ツリー、グリッド、モンテカルロソルバーを含むパッケージがいくつかある。fOptions、RQuantLib、AmericanCallOpt、LSMonteCarloなどのパッケージがそうだ。本章ではRQuantLibパッケージを使う（ダーク・エッデルブエッテルはQuantLibのRラッパーを作成した［2］。例、インストールなどに関しては詳しくは、http://dirk.eddelbuettel.com/code/rquantlib.html を参照のこと）。

http://www.quantlib.org/ によれば、「QuantLibはモデリング、トレーディング、リスク管理のためのオープンソースのライブラリーで、オブジェクトモデルを使ってC++で書かれている。C#、Objective Caml、Java、Perl、Python、GNU R、Ruby、Schemeなど異なる言語にもエクスポートされている」。

パッケージをインストールして読み込んだら、lsf.str()コマンドを使って利用できる関数の一覧を見ることができる。

```
install.packages("RQuantLib")
library(RQuantLib)

lsf.str("package:RQuantLib")
## adjust : function (calendar = "TARGET", dates = Sys.Date(),
##     bdc = 0)
## advance : function (calendar = "TARGET", dates = Sys.Date(),
##     n, timeUnit, period, bdc = 0, emr = 0)
## AmericanOption : function (type, underlying, strike, dividendYield,
##     riskFreeRate, maturity, volatility, timeSteps = 150,
##     gridPoints = 149, engine = "BaroneAdesiWhaley")
## AmericanOption.default : function (type, underlying, strike,
##     dividendYield, riskFreeRate, maturity, volatility,
##     timeSteps = 150, gridPoints = 149, engine = "BaroneAdesiWhaley")
## AmericanOptionImpliedVolatility : function (type, value,
##     underlying, strike, dividendYield, riskFreeRate,
##     maturity, volatility, timeSteps = 150, gridPoints = 151)
## AmericanOptionImpliedVolatility.default : function (type, value,
##     underlying, strike, dividendYield, riskFreeRate, maturity,
##     volatility, timeSteps = 150, gridPoints = 151)
## ...
```

ヨーロピアンタイプのオプションを評価するには、関数EuropeanOption()を使う。コールの閉形式解は以下のとおりである。

$$c = SN(d_1) - Ke^{-rT} N(d_2) \qquad (9.2)$$

プットの場合は次のようになる。

$$p = -Ke^{-rT}N(-d_2) - SN(-d_1) \tag{9.3}$$

d_1項とd_2項は以下のとおりである。

$$d_1 = \frac{ln(S/K) + (r + \sigma^2)T}{\sigma\sqrt{T}}, d_2 = d_1 - \sigma\sqrt{T} \tag{9.4}$$

ヨーロピアンタイプのコールオプションとプットオプションのグリークス（各変数についてのオプション価格の感応度）は似たような閉形式解を持つ（オプション価格の原資産、ボラティリティ、配当、金利、行使価格に対する感応度の公式については、http://en.wikipedia.org/wiki/Black-Scholes_model を参照のこと）。数値例を見てみよう。

```
call_value <- EuropeanOption(type = "call", underlying = 100,
  strike = 100, dividendYield = 0, riskFreeRate = 0.03,
  maturity = 1.0, volatility = 0.30)

## Concise summary of valuation for EuropeanOption
## value      delta    gamma    vega     theta
## 13.2833    0.5987   0.0129   38.6668  -7.1976
## rho        divRho
## 46.5873    -59.8706
```

call_valueオブジェクトのクラスは以下のとおりである。

```
class(call_value)
## [1] "EuropeanOption" "Option"
```

EuropeanOption()オブジェクトの良い点は、それがオプションの価値だけでなく、グリークスも含んでいる点だ。ヨーロピアンコールオ

プションのペイオフ特性と関連するグリークスを原資産価格の関数として算出するためのコードは以下のとおりである。

```r
type <- "call"
underlying <- 20:180
strike <- 100
dividendYield <- 0
riskFreeRate <- 0.03
maturity <- 1.0
volatility <- 0.10

# Function to create plots of option values and Greeks.
option_values <- function(type, underlying, strike,
  dividendYield, riskFreeRate, maturity, volatility) {

  # Output list with option values and Greeks
  out <- list()
  for(i in seq_along(underlying)) {
    out[[i]] <- EuropeanOption(type = type, underlying = i,
      strike = strike, dividendYield = dividendYield,
      riskFreeRate = riskFreeRate, maturity = maturity,
      volatility = volatility)
  }

  # Set up the plot window
  par(mfrow = c(3, 2))
  names <- c("Value", "Delta", "Gamma",
    "Vega", "Theta", "Rho")

  for(i in 1:6) {
    plot(unlist(lapply(out, "[", i)) , type = "l",
      main = paste(names[i], "vs. Underlying"),
      xlab = "Underlying", ylab = names[i])
        grid()
        abline(v = strike, col = "red")
  }
  return(out)
}
```

関数を呼び出すと、以下の結果が得られる。

```
option_values(type, underlying, strike, dividendYield,
  riskFreeRate, maturity, volatility)
```

```
## ...
## [[96]]
## Concise summary of valuation for EuropeanOption
## value    delta    gamma    vega     theta
## 3.3493   0.4768   0.0415   38.2336  -3.1843
## rho      divRho
## 42.4222  -45.7715

## [[97]]
## Concise summary of valuation for EuropeanOption
## value    delta    gamma    vega     theta
## 3.8468   0.5181   0.0411   38.6575  -3.3252
## rho      divRho
## 46.4098  -50.2566

## [[98]]
## Concise summary of valuation for EuropeanOption
## value    delta    gamma    vega     theta
## 4.3853   0.5588   0.0403   38.6707  -3.4449
## rho      divRho
## 50.3788  -54.7642
```

オプションの満期までの期間が短縮された場合、どういったグラフになるか見てみよう。

```
option_values(type, underlying, strike, dividendYield,
  riskFreeRate, maturity = 0.1, volatility)
```

この種の分析はオプションのポートフォリオを扱うときにも便利だ。

図9.2 オプションの感応度

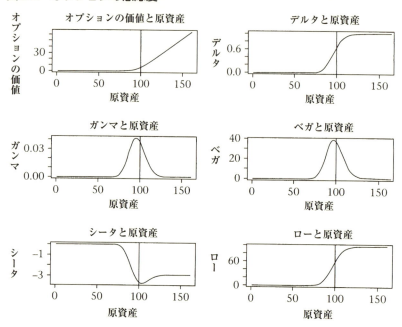

図9.3 満期までの期間を短縮した場合のオプションの感応度

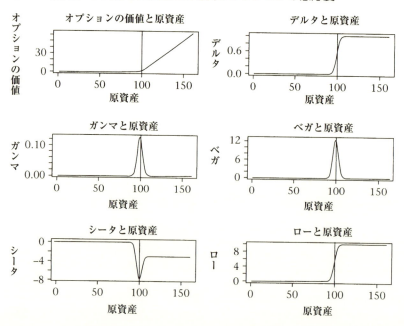

パラメーターに対する影響とグリークスを簡単に調べることができる。

オプションのトレードデータ

2013年4月15日のSPYオプションのすべてのトレードを見てみることにしよう。このトレード情報もまたティックデータ社によって提供されたものである。各ファイルの名前は慣例として、Symbol、Call/Put、Expiration、Strike、Date、Tradeが使われる。ファイルは、SPY_C_20130420_124.00_XX_20130415_T.csvのように呼び出す。

```
# Create a vector of filenames
folder <- "path/Options/SPY_20130415_T/"
available_files <- list.files(folder)

# Explore the first few lines of the file
temp <- read.csv(file = paste0(folder, available_files[1]),
  header = FALSE, stringsAsFactors = FALSE)

## head(temp)
##          V1              V2    V3       V4 V5 V6     V7
## 1 04/15/2013 15:11:32.191  TRUE  7943215  A  L  35.94
## 2 04/15/2013 15:24:54.590  TRUE 24152315  N  L  36.21
## 3 04/15/2013 15:24:54.629  TRUE 24152415  N  L  36.21
## 4 04/15/2013 15:45:51.843  TRUE 45189165  N  L  35.60
## 5 04/15/2013 15:46:22.622  TRUE 45773488  I  Q  35.63
## 6 04/15/2013 15:46:53.716  TRUE 46313964  A  L  35.74

##     V8     V9  V10  V11   V12    V13    V14    V15 V16
## 1 2500 155.92  400    P  @ 155.91   3 155.92    41
## 2 2400 156.05  300    P  F 156.06  10 156.07   155
## 3  100 156.05  300    P  F 156.06  10 156.07   155
## 4 5000 155.61  100    P  F 155.59  75 155.61    83
## 5 2500 155.66 1900    P  @ 155.65  55 155.66    21
## 6 4500 155.72  200    P  F 155.71  73 155.72    24
```

これらの列にもっと良い名前を付けよう。

```r
column_names <- c("date", "time", "trade_indicator",
  "sequence_number", "option_exchange_code",
  "option_condition_code", "sale_price", "sale_size",
  "underlying_last_trade_price",
  "underling_last_trade_size",
  "stock_exchange_code", "stock_condition_code",
  "underlying_bid_price", "underlying_bid_size",
  "underlying_ask_price", "underlying_ask_size")
names(temp) <- column_names
```

オプションのトレードデータは、いろいろな行使価格や満期にわたって取引された出来高をグラフ化するのによく使われる。

```r
output <- list()
for(i in 1:length(available_files)) {
  file_name <- available_files[i]

  type <- substr(file_name, 5, 5)
  date <- substr(file_name, 7, 14)
  date <- as.Date(date, format = "%Y%m%d")
  strike <- substr(file_name, 16, 26)
  strike <- strsplit(strike, "_XX")[[1]][1]

  temp <- read.csv(file = paste0(folder, file_name),
    header = FALSE, stringsAsFactors = FALSE)
  names(temp) <- column_names

  number_of_trades <- nrow(temp)
  avg_trade_price <- round(mean(temp$sale_price,
    na.rm = TRUE), 3)

  if(number_of_trades <= 1) {
    sd_trade_price <- 0
```

```
  } else {
    sd_trade_price <- round(sd(temp$sale_price,
      na.rm = TRUE), 3)
  }

  total_volume <- sum(temp$sale_size, na.rm = TRUE)
  avg_underlying_price <- round(mean(
    temp$underlying_bid_price, na.rm = TRUE), 2)
  underlying_range <- max(temp$underlying_ask_price) -
    min(temp$underlying_bid_price)

  output[[i]] <- data.frame(symbol = 'SPY', date = date,
    type = type, strike = strike,
    trades = number_of_trades,
    volume = total_volume,
    avg_price = avg_trade_price,
    sd_price = sd_trade_price,
    avg_stock_price = avg_underlying_price,
    stock_range = underlying_range,
    stringsAsFactors = FALSE)
}

# Convert the list into a table
results <- do.call(rbind, output)

head(results)
##   symbol       date type strike trades volume
## 1    SPY 2013-04-20    C 120.00     12  33000
## 2    SPY 2013-04-20    C 124.00      1     15
## 3    SPY 2013-04-20    C 130.00      1      2
## 4    SPY 2013-04-20    C 133.00      1      1
## 5    SPY 2013-04-20    C 140.00      4     95
## 6    SPY 2013-04-20    C 142.00      1      6

##   avg_price sd_price avg_stock_price stock_range
##      35.973    0.261          155.74        0.68
##      31.380    0.000          155.44        0.01
##      26.210    0.000          156.24        0.02
```

```
## 24.600       0.000          157.58         0.01
## 16.465       0.751          156.44         1.51
## 13.920       0.000          155.87         0.01
```

結果が作業可能なフォーマットで入手できたところで、取引された
オプションの出来高と満期および行使価格の分布を見てみることにし
よう。これらのグラフはタイプ別（プットまたはコール）に見ること
ができる。

```
unique_maturities <- unique(results$date)

today <- as.Date("2013-04-15")
days_to_expiration <- as.Date(unique_maturities[1]) - today

# Extract only the relevant maturity range
single_maturity_table <- results[results$date ==
  unique_maturities[1], ]

# Look at the calls and puts separately
calls <- single_maturity_table[
  single_maturity_table$type == "C", ]
puts <- single_maturity_table[
  single_maturity_table$type == "P", ]

par(mfrow = c(2, 1))
plot(calls$strike, calls$volume,
  xlab = "Strike", ylab = "Volume",
  main = "Call volume", cex.main = 0.9)
abline(v = mean(calls$avg_stock_price), lty = 2)
grid()
plot(puts$strike, puts$volume,
  xlab = "Strike", ylab = "Volume",
  main = "Put volume", cex.main = 0.9)
abline(v = mean(puts$avg_stock_price), lty = 2)
grid()
```

図9.4　取引されたオプションの出来高

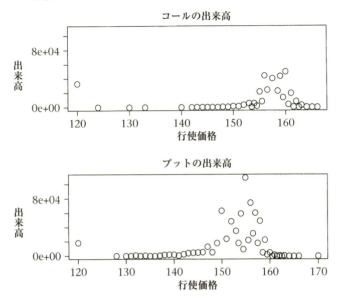

満期が5日のオプションの場合、出来高は若干アウト・オブ・ザ・マネーに偏っている。行使価格120で外れ値が発生しているのは興味深い。

インプライドボラティリティ

トレーダーにとってオプション価格は最も重要な変数ではない。彼らが最も重視するのはオプションのインプライドボラティリティである。特に、さまざまな行使価格、満期におけるインプライドボラティリティやそのほかの関連商品のインプライドボラティリティの動きである。

次の2つの引用句を見てみよう。

1. 「インプライドボラティリティは、間違った公式に入れれば正しい価格が得られる間違った数値だ」──リカルド・レボナト［90］
2. 「基本的にすべてのモデルは間違っているが、なかには便利なものもある」──ジョージ・ボックス

オプショントレードではいずれの引用句も的を射ている。ブラック・ショールズ・モデルはモデル化しようとするオプションの真の価値をとらえるにはあまり良いモデルではないが、世界中のオプショントレーダーのほとんどが使っている。間違ってはいるが便利なこのモデルのインプライドボラティリティを用いることが標準になってしまったのである。

オプションの建値データにはさまざまな情報が詰まっている。満期は、さまざまな行使価格を持つプットとコールの満期が示される。各オプションは1日中、建値とトレードプロフィールが記録される。

オプションの建値のファイルフォーマットは、オプションのトレードファイルのフォーマットに似ている。ファイル名は、プットかコールかにかかわらず、原資産のシンボル、満期日、行使価格、トレード日によって構成されている（例えば、SPY_C_20130412_145.00_XX_20130410_QT.csv）。

次に示す例は、以下の手順に従って進める。

1. 各満期日における買値、売値を取得する。
2. 建値から中間値を算出し、それをインプライドボラティリティとする。
3. その日のインプライド・ボラティリティ・スマイル（ブラック・ショールズ式によって算出されるインプライドボラティリティ）をプロットする。

```
# Create a vector of filenames
folder <- "path/SPY_20130410_QT/"
available_files <- list.files(folder)

# Explore the first few lines of the file
temp <- read.csv(file = paste0(folder, available_files[1]),
  header = FALSE, stringsAsFactors = FALSE)

head(temp)
##            V1           V2    V3    V4 V5 V6    V7  V8
## 1  04/10/2013 08:30:00.189    Q 21538  Z  F  0.00   0
## 2  04/10/2013 09:30:00.710    Q 26105  Z  A 14.68   1
## 3  04/10/2013 09:30:00.727    Q 26856  Z  A 14.68   3
## 4  04/10/2013 09:30:00.730    Q 27019  Z  A 14.68   3
## 5  04/10/2013 09:30:00.892    Q 33429  N  R 16.80 118

##       V9 V10 V11 V12    V13 V14    V15 V16
##    0.00   0   P   R 157.06   4 157.07 186
##   19.68   1   P   R 157.16  33 157.17   7
##   19.68   1   P   R 157.16  33 157.17   7
##   19.68   3   P   R 157.16  33 157.17   7
##   17.59  10   P   R 157.16  33 157.17   7

column_names <- c("date", "time", "trade_indicator",
"sequence_number", "option_exchange_code",
"option_condition_code", "bid_price", "bid_size",
"ask_price", "ask_size", "stock_exchange_code",
"stock_condition_code", "underlying_bid_price",
"underlying_bid_size", "underlying_ask_price",
"underlying_ask_size")
```

2013年7月20日が満期のオプションに注目しよう。基準点として、現在のトレード日は2013年4月10日に設定する。これは101日で満期になるオプションチェーン（特定の原証券について現在取引可能なすべてのオプションの一覧表）だ。

```
# Find files for July 20, 2013 expiry
files_to_use <- available_files[grep("20130720",
  available_files)]

length(files_to_use)
## [1] 142

strikes <- sapply(strsplit(files_to_use, "_"), "[", 4)
type <- sapply(strsplit(files_to_use, "_"), "[", 2)

# Extract relevant columns of data
quote_list <- list()
for(i in 1:length(files_to_use)) {
  temp <- read.csv(file = paste0(folder, files_to_use[i]),
    header = FALSE, stringsAsFactors = FALSE)
  names(temp) <- column_names

  # Extract quotes from CBOE only
  filter <- temp$trade_indicator == "Q" &
    temp$option_exchange_code == "C"

  data <- temp[filter, ]

  # Create xts object
  require(xts)
  time_index <- as.POSIXct(paste(data$date, data$time),
    format = "%m/%d/%Y %H:%M:%OS")
  data_filtered <- data[, c("bid_price", "ask_price",
    "underlying_bid_price", "underlying_ask_price")]
  data_filtered$type <- type[i]
  data_filtered$strike <- strikes[i]
  xts_prices <- xts(data_filtered, time_index)
  quote_list[[i]] <- xts_prices
}
```

図9.5　オプションのビッド・アスク・スプレッド

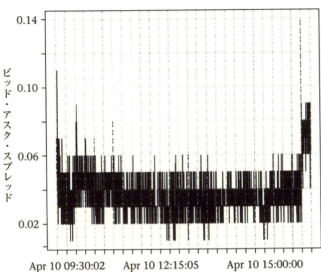

その日のオプションのビッド・アスク・スプレッドをプロットするためのコードは以下のとおりである。ここでは行使価格が158のアット・ザ・マネー・オプション時系列のビッド・アスク・スプレッドをプロットする。

```
data <- quote_list[[49]]
spread <- as.numeric(data$ask_price) -
  as.numeric(data$bid_price)
plot(xts(spread, index(data)),
  main = "SPY | Expiry = July 20, 2013 | K = 158",
  cex.main = 0.8, ylab = "Quote bid-ask spread")
```

特定の時間における行使価格を調べるためのコードは以下のとおりである。

```
time_of_interest <- "2013-04-10 10:30:00::
  2013-04-10 10:30:10"

strike_list <- list()
for(i in 1:length(quote_list)) {
  data <- quote_list[[i]][time_of_interest]
  if(nrow(data) > 0) {
    mid_quote <- (as.numeric(data$bid_price) +
      as.numeric(data$ask_price)) / 2
    mid_underlying <- (as.numeric(data$underlying_bid_price) +
      as.numeric(data$underlying_ask_price)) / 2
    strike_list[[i]] <- c(as.character(index(data[1])),
      data$type[1], data$strike[1], names(quote_list[i]),
      mid_quote[1], mid_underlying[1])
  }
}

# Aggregate the columns
df <- as.data.frame(do.call(rbind, strike_list),
  stringsAsFactors = FALSE)
names(df) <- c("time", "type", "strike",
  "mid_quote", "mid_underlying")

head(df)
##                   time type strike mid_quote mid_underlying
## 1 2013-04-10 10:30:00    C 110.00     47.98        157.905
## 2 2013-04-10 10:30:00    C 111.00    46.985        157.905
## 3 2013-04-10 10:30:00    C 112.00    45.985        157.905
## 4 2013-04-10 10:30:00    C 113.00    44.995        157.905
## 5 2013-04-10 10:30:00    C 114.00    43.995        157.905

plot(as.numeric(df$strike), as.numeric(df$mid_quote),
  main = "Option Price vs. Strike for Calls and Puts",
  ylab = "Premium",
  xlab = "Strike",
  cex.main = 0.8)
grid()
```

図9.6　コールとプットのプレミアム

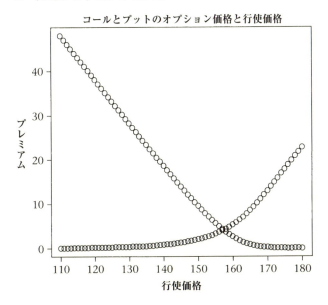

　図9.6はプットとコールのプレミアムを同じグラフ上にグラフ化したものだ。インプライドボラティリティを調べるには、アウト・オブ・ザ・マネーのオプションのみが保持されるようにデータをフィルタリングする必要がある。この時点で技術と科学にまたがる領域に踏み込む。オプション価格にインプライドボラティリティをうまくフィットさせるのは非常に難しい。これに関しては現在研究が進められており、このステップをボラティリティを効果的にトレードする秘密のソースの重要な材料と位置づけているトレーディング会社は多い。

```
# Filter the otm options
otm_calls <- df$type == "C" & df$mid_underlying <= df$strike
otm_puts <- df$type == "P" & df$mid_underlying > df$strike
otm <- df[otm_calls | otm_puts, ]
```

```
# Order by strike
otm <- otm[order(otm[, "strike"]), ]
plot(otm$strike, otm$mid_quote,
  main = "OTM prices",
  xlab = "Strike",
  ylab = "Premium",
  cex.main = 0.8)
  grid()
```

SPYオプションはアメリカンタイプなので、建値からインプライドボラティリティを算出するには、モンテカルロアプローチ、あるいはツリーや有限差分ソルバーを使う必要がある。これにはRQuantLibの関数AmericanOptionImpliedVolatility()が便利だ。この例では配当利回りと無リスク金利は任意に選ぶ。これらのパラメーターはオプション価格にインプライドボラティリティを適度にフィットさせるのに極めて重要だ。正しい価格を使わなければ、プットとコールのインプライドボラティリティは不連続になる。

```
# Compute the implied vols for otm options
otm$iv <- NA
for(i in 1:nrow(otm)) {
  type <- ifelse(otm$type[i] == "C", "call", "put")
  value <- as.numeric(otm$mid_quote[i])
  underlying <- as.numeric(otm$mid_underlying[i])
  strike <- as.numeric(otm$strike[i])
  dividendYield <- 0.03
  riskFreeRate <- 0.02
  maturity <- 101/252
  volatility <- 0.15

  otm$iv[i] <- AmericanOptionImpliedVolatility(type,
    value, underlying, strike,dividendYield,
    riskFreeRate, maturity, volatility)$impliedVol
}
```

図9.7　インプライドボラティリティのゆがみ

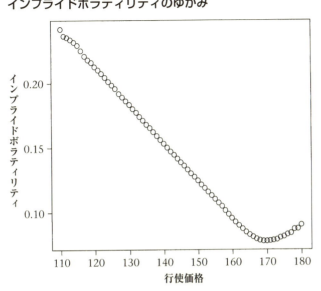

```
# Generate plot
plot(otm$strike, otm$iv,
  main = "Implied Volatility skew for SPY on April 10,
  2013 10:30 am",
  xlab = "Strike",
  ylab = "Implied Volatility",
  cex.main = 0.8)
grid()
```

まとめ

本章ではRQuantLibパッケージによるオプションの価格付けについて見てきた。基本的なオプション理論について簡単に説明したあと、ブラック・ショールズの公式を紹介した。重要なグリークスについてもカスタムコードとグラフで検証した。また、ティックデータ社によ

って提供された高頻度データを使って、オプショントレードと建値のティックデータの日中分析も行った。さらに、オプション価格をさまざまな行使価格にわたって1日に焦点を当てて分析した。最後に、SPY ETFの1時点における日中インプライドボラティリティのひずみを算出した。

第10章　最適化

Optimization

　最小のリスクで最大のリターンが得られるように、何千という投資対象間で最適に資産配分する方法を見つけるにはどうすればよいかという問題を考えてみよう。こうした問題を解くには、制約のかかった目的関数を最大化、あるいは最小化するためのパラメーターを見つけなければならない。私たちのケースでは、目的関数は、事前に定義した期間にわたる戦略のトータルリターンを戦略の最大ドローダウンで割ったものになる。制約は、ポートフォリオを構成する各資産に配分する資産額の合計である。金融、コンピューターサイエンス、物理科学の分野の問題の多くは、モデルの設計と使い方に依存する。こうした数学の公式には、入力として1つ以上のパラメーターが含まれるのが普通だ。最適化は、こうした制約下にあるパラメーターの最良の値を求める数学の一分野だ。Rには最適化に対応する多くのパッケージがある。本章ではそのうちの一部を見ていく。

放物線

　関数$f(x)=(1+x)^2$を最小化するxの値は？　この問題を解くには微積分を使えばよい。f(x)のxに対する一次導関数を取り、これをゼロと置く。この方程式を解けば、解を求めることができる。

$$\frac{df(x)}{dx} = 2(1+x) = 0 \ \rightarrow \ 2 + 2x = 0 \ \rightarrow \ x = -1 \tag{10.1}$$

解が最大値を与えるものなのか、最小値を与えるものなのかを調べるには、二次導関数を取ってみる。この例の目的は微積分をおさらいすることではなく、導関数の使用を促し、それを高次元へ拡張することである。最適化アルゴリズムではこうした導関数をさまざまな方法で操作する。

図10.1は関数$f(x)$とその導関数$f'(x)$を示したものだ。

```
# Create the function
f <- function(x) {
  return((1 + x) ^ 2)
}
# Create the derivative
fp <- function(x) {
  return(2 * (1 + x))
}

# Plot the function and its derivative
x <- seq(-5, 5, 0.1)
plot(x, f(x), type = 'l', lwd = 2,
  main = "f(x) and f'(x)",
  cex.main = 0.8,
  cex.lab = 0.8,
  cex.axis = 0.8)
grid()
lines(x, fp(x), lty = 3, lwd = 2)
abline(h = 0)
abline(v = 0)
```

図10.1 放物線関数とその導関数

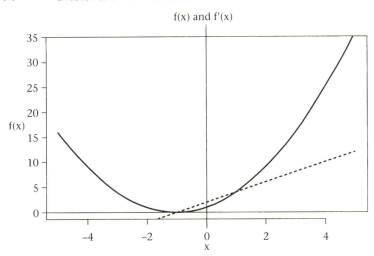

点線（f(x)の導関数）はx=−1でy=0と交わっている。

ここでは導関数の関数形式は分かっているものと仮定する。その関数の偏導関数が分かっていれば、この方法は多次元に拡張することができる。

ニュートン法

ニュートン法は、関数のゼロ点を求めるのによく使われる［95］。前にも述べたように、最適化問題の多くは与えられた目的関数の一次導関数と二次導関数を求めることで解くことができる。こうした関数のゼロ点を見つけることは、最適化問題を素早く解くうえで重要なプロセスだ。ニュートン法はそうしたアルゴリズムの１つである。ニュートン法は最も理解しやすいものだ。もっと堅牢なアルゴリズムについては、必要な計算を行うにはＲライブラリーが必要になる。

ニュートン法ではf(x)をX_nの回りでテイラー展開して、$f'(x^*)=0$とな

るようなx^*に収束する数列x_nを作る。まず初期値x_0から出発し、関数$f(x)$上の点$(x_0, f(x_0))$での接線が、x軸と交わる点を次の近似解x_1とする。そして、次の接線がx軸と交わる点を次の近似解x_2とする。同じことを繰り返して、x_3, x_4……と求め、より精度の高い解を求めていく。この数列を計算するための漸化式は以下のとおりである。

$$x_{n+1} = x_n - f(x_n)/f'(x_n), n = 0, 1, \ldots \tag{10.2}$$

これをRでやってみよう。

```
f <- function(x) {
  return(x ^ 2 + 4 * x - 1)
}
```

この関数をプロットすると、-4と0のあたりで解が見つかる。

```
uniroot(f, c(-8, -1))
## $root
## [1] -4.236068

## $f.root
## [1] -2.568755e-07

## $iter
## [1] 8

## $estim.prec
## [1] 6.103516e-05

uniroot(f, c(-1, 2))
## $root
## [1] 0.236044
```

```
## $f.root
## [1] -0.0001070205

## $iter
## [1] 6

## $estim.prec
## [1] 6.103516e-05
```

関数uniroot()はRの標準インストールに含まれる関数で、私たちの求めているものを返してくる。実際の値は−4.236068と0.236044に近い。これらの数値をニュートン法で求めた数値と比較してみよう。

以下は、http://www.theresearchkitchen.com/archives/642 に基づくものだ。この著者のRによるニュートン法は実にシンプルだ。

```
# Newton's method with a first order approximation
newton <- function(f, tol = 1E-12, x0 = 1, N = 20) {
  # N = total number of iterations
  # x0 = initial guess
  # tol = abs(xn+1 - xn)
  # f = function to be evaluated for a root

  h <- 0.001
  i <- 1; x1 <- x0
  p <- numeric(N)
  while (i <= N) {
    df_dx <- (f(x0 + h) - f(x0)) / h
    x1 <- (x0 - (f(x0) / df_dx))
    p[i] <- x1
    i <- i + 1
    if (abs(x1 - x0) < tol) {
      break
    }
    x0 <- x1
  }
```

```
    return(p[1:(i-1)])
}
```

関数$f(x)=x^2+4x-1$に対して、関数newton()は実際の解に収束する解をベクトルで生成する。解は2つあるので、この関数は異なるx_0で2回呼び出さなければならない。

```
newton(f, x0 = -10)
## [1] -6.312270 -4.735693 -4.281609 -4.236513
## [5] -4.236068 -4.236068 -4.236068 -4.236068

newton(f, x0 = 10)

## [1] 4.2085746 1.5071738 0.4665599 0.2468819
## [5] 0.2360964 0.2360680 0.2360680 0.2360680
```

同じ数字が繰り返し現れるのは、私たちが指定した誤差閾値のためだ。誤差閾値は1e-12に設定されている。表示する桁数を増やせば、精度は増す。

```
options(digits = 14)
newton(f, x0 = 10)
## [1] 4.20857464272283 1.50717378796250 0.46655991958819
## [5] 0.24688186711921 0.23609640037269 0.23606798403444
## [8] 0.23606797750125 0.23606797749979 0.23606797749979
```

これは政府機関の統計数値として使うことができるほどの精度だ。初期値が解に近いほど、正しい値を求めるための計算を繰り返す回数は少なくてすむことは明らかだ。解を求めるスピードは、誤差閾値の関数でもある。つまり、誤差閾値が小さい（精度が低い）ほど、解は

スピーディーに求められるということである。

```
newton(f, x0 = 0.25)
## [1] 0.23611419684515 0.23606798830978 0.23606797750221
## [4] 0.23606797749979 0.23606797749979
```

Rは記号演算も行うことができる。任意の数式が与えられたとすると、関数D()は指定した変数に関するその数式（記号式）の導関数を求めるための関数だ。記号演算の例は以下のとおりである。

```
# Create an expression
e <- expression(sin(x))

# Compute the derivative
D(e, "x")
## cos(x)
```

関数とその導関数を評価する1つの方法を紹介しよう。Rではexpressionオブジェクトを使う。

```
f_expr <- expression(x ^ 2 + 4 * x - 1)
```

特定の値xにおける式を評価するには、その値を関数eval()のリストに引き渡す。

```
eval(f_expr, list(x = 2))
[1] 11
```

関数newton()のなかで記号式の導関数を求めるには、関数D()を使えばよい。

```
newton_alternate <- function(f, tol = 1E-12, x0 = 1, N = 20) {
  # N = total number of iterations
  # x0 = initial guess
  # tol = abs(xn+1 - xn)
  # f = expression to be evaluated for a root

  # Compute the symbolic derivative
  df_dx = D(f, "x")

  i <- 1; x1 <- x0
  p <- numeric(N)
  while (i <= N) {
    x1 <- (x0 - eval(f, list(x = x0)) /
      eval(df_dx, list(x = x0)))
    p[i] <- x1
    i <- i + 1
    if (abs(x1 - x0) < tol) {
      break
    }
    x0 <- x1
  }
  return(p[1:(i-1)])
}

newton_alternate(f_expr, x0 = 10)
## [1] 4.20833333333333 1.50685123042506 0.46631585084907
## [4] 0.24681560399775 0.23609368309733 0.23606797764754
## [7] 0.23606797749979 0.23606797749979

newton_alternate(f_expr, x0 = -10)
## [1] -6.3125000000000 -4.7359601449275 -4.2817360731259
## [4] -4.2365249924418 -4.2360680241934 -4.2360679774998
## [7] -4.2360679774998
```

総当たり法

次の例では、データ点に最もよく合うラインを多数の点を通して決定する。最良適合ラインは傾きと切片によって決まる。多くのデータ点が与えられれば、一定の目的関数を最小化する最適な傾きと切片パラメーターを求めることができる。入力パラメーターに制約のある関数を最大化、あるいは最小化するという考え方は最適化にほかならない。この例では、目的関数は、データ点と最終的に取得したい最良適合ラインとの差を二乗したものになる。このプロセスを説明するにあたって、傾きと切片の真の値が分かっている人工的な散布図を作成する。最終的には、傾きと切片の値をデータを通して決めるために、このプロセスをリバースエンジニアリングする。

```
# Create a set of random points x
set.seed(123)
x <- rnorm(100, 0, 1)

# Make y a function of x
y <- 3.2 + 2.9 * x + rnorm(100, 0, 0.1)

plot(x, y)
```

確率変数xとyとの間には線形関係が存在する。例えば、xとyとの関係をy=ax+bであると仮定する。目標は、aとbの値を求めることである。

最小化する目的関数は以下のとおりである。

```
objective_function <- function(y, x, a, b) {
  value <- sum((y - (a * x + b)) ^ 2)
  return(value)
}
```

目的関数を最小化するaとbの値は、真のaとbの値の候補になる値だ。この問題を解く総当たり法のコードは以下のとおりである。

```
# Create a range of a and b values and loop through all of them
a <- seq(-10, 10, 0.25)
b <- seq(-10, 10, 0.25)

output <- list()
z <- 1
for(i in 1:length(a)) {
  for(j in 1:length(b)) {
    output[[z]] <- c(objective_function(y, x, a[i], b[j]),
      a[i], b[j])
    z <- z + 1
  }
}

# Create a matrix out of the list and find the minimum value
mat <- do.call(rbind, output)
colnames(mat) <- c("obj", "a", "b")

smallest <- which(mat[, "obj"] == min(mat[, "obj"]))

mat[smallest, ]
 ##    obj       a       b
 ## 2.16076 3.00000 3.25000
```

総当たり法によって真の値に近い値を得ることができた。検索スペースの精度がそれほど高くないので、これらはまったくの真の値というわけではない。aとbの間隔を縮めれば、計算時間は長くなるが大域的最小点により近づく。

```
a = seq(-5, 5, 0.1)
b = seq(-5, 5, 0.1)
```

これらのパラメーターの解は以下のとおりである。

```
##    obj       a      b
## 0.9077592 2.9000 3.2000
```

総当たり法の精度をもっと上げれば、変数の数や検索スペースの複雑さにかかわらず、目的関数を最小化する最適なパラメーターを求めることができるだろう。総当たり法の問題点は時間がかかることだ。したがって、総当たり法は簡単な問題を解くにはよいが、複雑な問題では時間がかかりすぎる。

現実世界のアプリケーションでは、目的関数やその導関数を閉形式で表現する方法はない。こういった場合は、理にかなったパラメーターの推定にはほかの最適化手法に頼らざるを得ない。

Rの最適化ルーティン

Rには最適化問題を解くための関数が用意されている。よく知られているのは、optimize()、optim()、solve.QP()、DEOptim()だ [10、11、60]。最適化問題をいろいろなアングルから解くサードパーティーのライブラリーもたくさんある（Rには最新のリサーチを実行するための最適化ルーティンがたくさんある。CRANタスクビューには入手可能なパッケージがリストアップされている。http://cran.r-project.org/web/views/Optimization.html）。

関数optim()は目的関数を最適化するのに使う。optim()の引数は以下のとおりである。

```
args(optim)
function (par, fn, gr = NULL, ...,
  method = c("Nelder-Mead",
  "BFGS", "CG", "L-BFGS-B", "SANN", "Brent"),
  lower = -Inf,
  upper = Inf,
  control = list(),
  hessian = FALSE)
```

引数fnは最適化したい関数を表す。この関数は入力としてベクトルparを取り、スカラー値を返す。引数parは初期値ベクトルである。残差の二乗の和は実用でよく使われる目的関数である。引数methodは6つの最適化モデルを提示するので、そのなかから使いたいモデルを選ぶ。「BFGS」methodは疑似ニュートンモデルで、以前説明したニュートン法に似ている。これは関数とその傾きを使って最適化問題を解く。そのほかのmethod、例えば「CG」は共役勾配を使って、多数のパラメーターで最適化問題を解く（勾配降下法とは、ある点における傾きを計算し、その点における傾きが負になる方向に変数を変化させる方法。この方法は速いが、傾きあるいは部分勾配を計算しなければならない。http://en.wikipedia.org/wiki/Gradient_descent を参照のこと）。

カーブフィッティングの練習問題

次のケースは、債券トレーダーにとっては興味があるかもしれない。x軸に各満期の利回りを取り、y軸に金利を取った利回り曲線があるとする。これらの点にフィットする滑らかな曲線を描いてみよう。オプショントレーダーの場合、インプライドボラティリティ特性に曲線をフィットさせるのに同じ方法を使う。これらの曲線が無裁定かどうかはどうでもよい（無裁定価格理論では、さまざまな満期［確定利付

商品］と行使価格［オプション］を持つ商品間の関係は、無リスクの利益機会が発生しないように定義しなければならない。つまり、キャッシュの支出がゼロかマイナスで、将来的に正のリターンを生みだす可能性があるようなポートフォリオは作成されることはないということである）。それでは簡単なカーブフィッティングの練習問題をやってみよう。

```
# Create fictitious yields
rates = c(0.025, 0.03, 0.034, 0.039, 0.04,
  0.045, 0.05, 0.06, 0.07, 0.071,
  0.07, 0.069, 0.07, 0.071, 0.072,
  0.074, 0.076, 0.082, 0.088, 0.09)
maturities = 1:20

plot(maturities, rates, xlab = "years",
  main = "Yields",
  cex.main = 0.8,
  cex.lab = 0.8,
  cex.axis = 0.8)
grid()
```

このプロットを簡単な五次多項式にフィットさせてみる。

```
poly_5 <- function(x, p) {
  f <- p[1] + p[2] * x + p[3] * x^2 +
    p[4] * x^3 + p[5] * x^4 + p[6] * x^5
  return(f)
}

obj_5 <- function(x, y, p) {
  error <- (y - poly_5(x, p)) ^ 2
  return(sum(error))
}
```

図10.2 金利と満期のグラフ

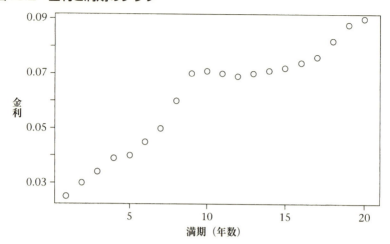

```
# Fit the parameters. Assume 0 for all initial values
out_5 = optim(obj_5, par = c(0, 0, 0, 0, 0, 0),
  x = maturities, y = rates)
```

```
out
## $par
## [1]  2.4301235956099e-02  1.3138951147963e-03
## [3]  5.5229326602931e-04  7.5685740385076e-07
## [5] -4.2119475163787e-06  1.5330958809806e-07

## $value
## [1] 0.00017311660458207

## $counts
## function gradient
##      501       NA

## $convergence
## [1] 1

## $message
## NULL
```

図10.3 多項式にフィットさせた金利グラフ

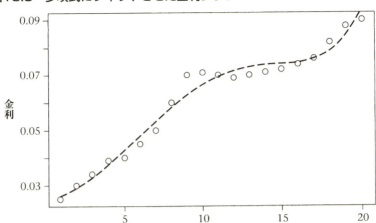

係数を抽出して多項式をプロットに重ね合わせる。

```
lines(poly_5(maturities, out_5$par), lwd = 1.5, lty = 2)
```

データ点にはそこそこフィットしているように見えるが、もっとよくフィットさせることができると思う。この多項式は中央の出っ張った部分に十分フィットしきれていないので、もっと高次の多項式を使うとどうなるか見てみよう。

```
poly_7 <- function(x, p) {
  f <- p[1] + p[2] * x + p[3] * x^2 +
    p[4] * x^3 + p[5] * x^4 +
    p[6] * x^5 + p[6] * x^6 +
    p[7] * x^7
  return(f)
}

obj_7 <- function(x, y, p) {
```

図10.4 2つの多項式をフィットさせた金利グラフ

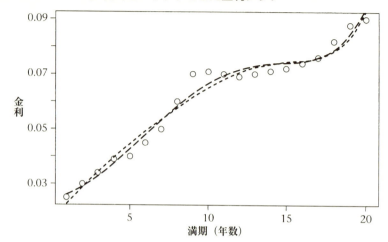

```
error <- (y - poly_7(x, p)) ^ 2
return(sum(error))
}

# Fit the parameters. Assume 0 for all initial values
out_7 <- optim(obj_7, par = c(0, 0, 0, 0, 0, 0, 0, 0),
    x = maturities, y = rates)

lines(poly_7(maturities, out_7$par), lwd = 1.5, lty = 3)
```

この多項式もフィットの仕方は前とそれほど変わらない。多項式の次元を上げていけばよりフィットすると思いがちだが、これはオーバーフィッティングにつながる（オーバーフィッティングとは、モデルが完全に間違った出力を生みだすか、予測力を持たない出力を生みだす状態を言う。オーバーフィッティングかどうかを調べるのは難しい。特に高次元モデルだと困難を極める。モデルをデータにフィットさせるときには十分注意する必要がある。正規化や縮小[シュリンケージ]を使えば、少しはオーバーフィッティング問題を制限できる）。

ところで、データプロットを見ると、10年のあたりで市場に何らかの変化が起こっているのは明らかだ。2つの低次元の多項式を曲線が連続するようにつなぎ合わせて、オーバーフィッティングを緩和できるかどうか調べてみよう。このアプローチは科学というよりも技術に近い。なぜなら実践家はカーブフィッティングに個人的なバイアスを持ち込む可能性が高いからだ。例えば、さまざまなマクロ経済学的な理由で、トレーダーは満期が短い場合の利回りは、満期が中期あるいは長期の場合の利回りとは違った挙動をすると信じる傾向がある。

```
# Specify two polynomials to be used for fitting purposes
poly_5 <- function(x, a) {
  f <- a[1] + a[2] * x + a[3] * x ^ 2 +
    a[4] * x ^ 3 + a[5] * x ^ 4 +
    a[6] * x ^ 5
  return(f)
}

poly_3 <- function(x, offset, intercept, b) {
  f <- intercept + b[1] * (x - offset) +
    b[2] * (x - offset) ^ 2 +
    b[3] * (x - offset) ^ 3
  return(f)
}
```

満期が9のところでは、2つの多項式は同じ値でなければならない。これは三次多項式のx軸にオフセット値を用いることで達成できる。xがこのオフセット値に等しければ、切片以外の項はすべてゼロになる。この切片は、五次多項式の値に等しくなければならない。こうして2つの多項式をなめらかにつなぎあわせることができる。

```
obj_3_5 <- function(x, y, offset, p) {

  # All points are at infinity initially
  fit <- rep(Inf, length(x))
  ind_5 <- x <= offset
  ind_3 <- x > offset

  fit[ind_5] <- poly_5(x[ind_5], p[1:6])
  fit[ind_3] <- poly_3(x[ind_3], offset,
    poly_5(offset, p[1:6]), p[7:9])

  error <- (y - fit) ^ 2
  return(sum(error))
}

# Fit the parameters. Assume 0 for all initial values
offset <- 9
out_3_5 <- optim(obj_3_5, par = rep(0, 9),
  x = maturities, y = rates, offset = offset)

plot(maturities, rates, xlab = "years",
  main = "Yields",
  cex.main = 0.8,
  cex.lab = 0.8,
  cex.axis = 0.8)
grid()
lines(poly_5(maturities[maturities <= offset],
  out_3_5$par[1:6]), lwd = 2)
lines(c(rep(NA, offset),
  poly_3(maturities[maturities > offset], offset,
  poly_5(offset, out_3_5$par[1:6]),
  out_3_5$par[7:9])), lwd = 2)
abline(v = offset)
```

2つの多項式をデータにフィットさせるというこの方法は少し不自然なところがある。そこでもっと良い方法を見てみることにしよう。

図10.5　2つの多項式をつなぎ合わせた金利グラフ

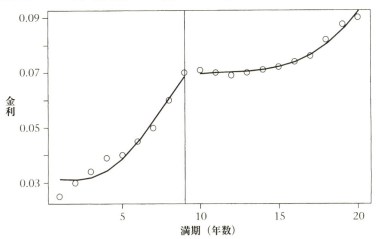

平滑化スプラインを用いるのも1つの方法だ。しかし、よく使われる別の方法は局所回帰だ。関数loess()はこのタスクを完璧に成し遂げてくれる。

```
# Fit loess to the data
obj <- loess(rates ~ maturities, span = 0.5)

# Plot the data and the fit
plot(maturities, rates, main = "Rates", cex.main = 0.8)
lines(predict(obj), lty = 2)
```

引数spanはそれぞれの多項式をデータにフィットさせるときに用いる平滑化度をコントロールする。

この練習問題の目的は、関数optim()の使い方と、目的関数は恣意的に複雑になることもあることを示すことである。こうした見識を持つことで、金融関係のさまざまな実用的な最適化問題を解くことができるはずだ。

図10.6 loessを使ってフィットさせた金利グラフ

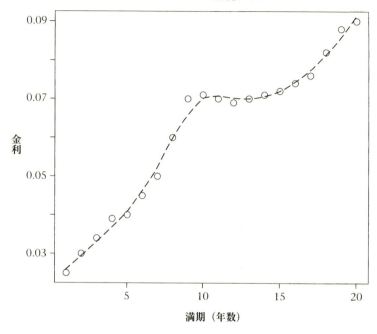

ポートフォリオの最適化

　最適化テクニックは、資金に制約があるときに望ましいリスク・リワード・レシオで投資ポートフォリオを作成することにも応用できる。次の最適化例は、ガイ・ヨーリンの研究をベースにしたものだ [39]。彼のプレゼンテーションについては、http://www.rinfinance.com/RinFinance2009/presentations/yollin_slides.pdf を参照してもらいたい。

　私たちが興味があるのは、最適なリスク・リワード特性を持つ株式ポートフォリオを構築することだ。文献でよく取り上げられる例は最小分散ポートフォリオである。このポートフォリオは、次の二次方程式を解くことで得られる。

$$Obj = c^T x + \frac{1}{2} x^T Q x$$
$$s.t\ Ax \geq b \tag{10.3}$$
$$x \geq 0$$

　ポートフォリオ全体のリターンに対してリスクが最小のポートフォリオが最小分散ポートフォリオである。ポートフォリオに含まれる各株式の比率に制約を設けることもできる。この二次方程式は極めて効率的に解くことができる。Rのquadprogパッケージに含まれる.QP()という汎用二次式ソルバーを使えばよい。

　もっと実用的で興味深い例は、挙動があまりよくなくて、エレガントな数学解を持たない目的関数を最小化するというものだ。この場合、もっと高度な最適化パッケージが必要になる。このアルゴリズムを提供してくれるのがDEoptimパッケージだ。ヨーリンによれば、「DEは非常にシンプルで、非常にパワフルな母集団をベースとする確率関数のミニマイザーで、多様な多次元関数（解くのが非常に難しい）のグローバルな最適化に適している。これは1990年半ばにバークレー研究所のケン・プライスとレイナー・ストームによって開発された[62]」。ここではDEアルゴリズムの詳細については触れない。詳しくは、http://www1.icsi.berkeley.edu/~storn/code.html を参照してもらいたい。

　私たちが興味があるのは次のような例だ――ポートフォリオに含まれる株式が与えられた場合、ポートフォリオの最大ドローダウンが最小になるような各株式の最適な比率を求めよ。この場合、すべての株式の比率を合わせると100％になるという条件を設ける必要がある。また、2％に満たない比率はゼロとする。

　これはかなり複雑な目的関数だ。しかし、Rコードでは簡単なプログラミングですむ。

```
install.packages("DEoptim")
require(DEoptim)

# Drawdown function
compute_drawdown <- function(x, returns_default = TRUE,
  geometric = TRUE) {

# x = Vector of raw pnl or returns
# If returns_default = FALSE, the geometric
# argument is ignored and the pnl is used.
# Output = the maximum drawdown

if(returns_default) {
  # Cumulative return calculation
  if(geometric) {
    cumulative_return <- cumprod(1 + x)
  } else {
    cumulative_return <- 1 + cumsum(x)
  }
  max_cumulative_return <- cummax(c(1, cumulative_return))[-1]
  drawdown <- -(cumulative_return / max_cumulative_return - 1)
} else {
  # PnL vector is used
  cumulative_pnl <- c(0, cumsum(x))
  drawdown <- cummax(cumulative_pnl) - cumulative_pnl
  drawdown <- drawdown[-1]
}

# Drawdown vector for either pnl or returns
return(drawdown)
}

obj_max_drawdown <- function(w, r_matrix, small_weight) {
  # w is the weight of every stock
  # r_matrix is the returns matrix of all stocks
  # Portfolio return
  portfolio_return <- r_matrix %*% w
```

```r
  # Max drawdown
  drawdown_penalty <- max(compute_drawdown(portfolio_return))

  # Create penalty component for sum of weights
  weight_penalty <- 100 * (1 - sum(w)) ^ 2

  # Create a penalty component for negative weights
  negative_penalty <- -sum(w[w < 0])

  # Create penalty component for small weights
  small_weight_penalty <- 100 * sum(w[w < small_weight])

  # Objective function to minimize
  obj <- drawdown_penalty + weight_penalty +
    negative_penalty + small_weight_penalty

  return(obj)
}

# Calculate a returns matrix for multiple stocks
symbol_names <- c("AXP", "BA", "CAT", "CVX",
  "DD", "DIS", "GE", "HD", "IBM",
  "INTC", "KO", "MMM", "MRK",
  "PG", "T", "UTX", "VZ")

# Load these prices into memory
price_matrix <- NULL
for(name in symbol_names) {
  # Extract the adjusted close price vector
  price_matrix <- cbind(price_matrix, get(name)[, 6])
}
colnames(price_matrix) <- symbol_names

# Compute returns
returns_matrix <- apply(price_matrix, 2, function(x)
diff(log(x)))

# Specify a small weight below which the allocation should
```

```
            be 0%
small_weight_value <- 0.02

# Specify lower and upper bounds for the weights
lower <- rep(0, ncol(returns_matrix))
upper <- rep(1, ncol(returns_matrix))

optim_result <- DEoptim(obj_max_drawdown, lower, upper,
  control = list(NP = 400, itermax = 300, F = 0.25, CR = 0.75),
  returns_matrix, small_weight_value)
```

コンソールに表示された最適化結果は以下のとおりである。コントロールベクターのなかに trace = FALSE と設定すれば、表示を無効にすることができる。

```
     ...
Iteration: 299 bestvalit: 0.515606 bestmemit:
     0.020494     0.021594     0.020232
     0.044563     0.020729     0.172967
     0.021248     0.105254     0.084343
     0.032526     0.067988     0.034999
     0.020617     0.196651     0.042869
     0.033833     0.056965

Iteration: 300 bestvalit: 0.515606 bestmemit:
     0.020494     0.021594     0.020232
     0.044563     0.020729     0.172967
     0.021248     0.105254     0.084343
     0.032526     0.067988     0.034999
     0.020617     0.196651     0.042869
     0.033833     0.056965
```

関数DEoptim()はリストのリストを出力する。optimリストには興味のあるパラメーターが含まれ、リストの入れ子になったbestmem

要素には最良の比率が含まれている。

```
weights <- optim_result$optim$bestmem
```

ゼロでない比率は2％を上回ることに注目しよう。これは目的関数に加えた小さい比率のペナルティー条項によるものだ。また、比率の合計がほぼ1になることも確認できる。

```
sum(weights)
0.9978
```

比率の合計をきっかり1にすることも可能だ。

```
weights <- weights / sum(weights)
```

均等比率ポートフォリオと推奨された比率を用いたポートフォリオの累積リターンを見てみよう。最大ドローダウンが推奨されたポートフォリオのほうが小さいことを確認できれば、DEoptimの結果が正しいものであることを確認することができる。

```
# Equally weighted portfolio
equal_weights <- rep(1 / 17, 17)
equal_portfolio <- returns_matrix %*% equal_weights
equal_portfolio_cumprod <- cumprod(1 + equal_portfolio)

# Optimal max drawdown portfolio
optimized_portfolio <- returns_matrix %*% weights
drawdown_portfolio_cumprod <- cumprod(1 + optimized_portfolio)

main_title <- "Equal vs. Optimized Weights"
plot(drawdown_portfolio_cumprod, type = 'l', xaxt = 'n',
```

```
    main = main_title, xlab = "", ylab = "cumprod(1 + r)")
lines(equal_portfolio_cumprod, lty = 3)
grid(col = 'black')

# Set x-axis labels
label_location <- seq(1, length(drawdown_portfolio_cumprod),
    by = 90)
labels <- rownames(returns_matrix)[label_location]
axis(side = 1, at = label_location, labels = labels,
    las = 2, cex.axis= 0.8)
```

両方のポートフォリオの最大ドローダウンは以下のとおりである。

```
# Equal weighted
max(compute_drawdown(equal_portfolio))
[1] 0.597

# Optimized for the smallest max drawdown
max(compute_drawdown(optimized_portfolio))
[1] 0.515
```

最適化されたポートフォリオのほうが累積幾何リターンは良い。この分析はインサンプル・データセットで行ったため、これは予測できた。最適化された比率が本当によいのかどうかを判断するためには、同じ分析をアウトオブサンプル・データセットを使ってやってみる必要があり、データの3番目の部分は堅牢性の検証のためにとっておく。

差分進化アルゴリズムは実行するたびに異なる結果になることに注目することも重要だ。これはアルゴリズムに内包される確率的性質による。最適化アルゴリズムの結果はうのみにしてはいけない。選択した比率が合理的で安定しているだけでなく、期待するパフォーマンスも提供してくれることを確認するためには、ポートフォリオの構築者には相当な注意が必要だ。

最適化の数学理論は非常に幅広い。これをRでもっと追求してみた

図10.7　均等比率と最適化された比率

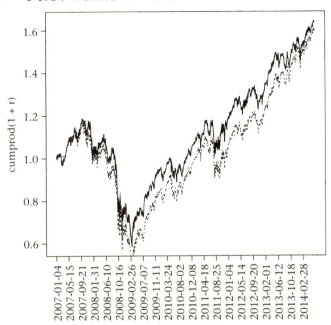

い人は、http://zoonek.free.fr/blosxom/R/2012-06-01_Optimization.html を参照してもらいたい。

まとめ

　本章ではRの最適化ツールを使って、制約のあるカスタム目的関数を最小化または最大化する問題の解き方について見てきた。これを解くための例や、ニュートン法、総当たり法を使って解く方法についても説明した。カーブフィッティングの練習問題では関数optim()を使った。最後にDEoptim（差分進化）パッケージを使ったより高度なポートフォリオの最適化について説明した。

第11章 スピード、検証、レポートの作成

Speed, Testing, and Reporting

　最後のこの章は、いわば「その他もろもろ」の章といったところだ。本章では、Rプログラマーが知っておくべき3つの重要なテーマについて議論する。最初のテーマは、Rコードを高速化する方法と、RとC++との相互運用性について、2番目のテーマは、テスト駆動開発という概念と、コードの質と信頼性を高めるための単体テストの書き方について、そして3番目のテーマは、リサーチの再現性とレポートの作成についてである。この数年、Rはこれらの分野で大きな進歩を遂げてきた。コア言語でのパフォーマンスは常に改善されてきた（Rエンジンのパフォーマンスについてはルーク・ティアニーのプレゼンテーションを参照のこと。http://www.rinfinance.com/agenda/2014/talk/LukeTierney.pdf）。これに貢献したのがRcpp、Rcpp11、RInsideなどのパッケージだ [20、21]。単体テストの支援を行うのはtestthatパッケージだ [41]。さらに、RStudioチームとsweaveやknitrなどのパッケージによって、効率的でエレガントなレポートの作成が可能になった [145、146]。本章の最後ではknitrによる.pdfレポートの作成例を紹介する。

実行時間の向上

　Rでは人気のアルゴリズムはかなり効率的に実行できるが、アプリケーションによっては速度が遅いものもある。一般に、アルゴリズムの効率性と実行スピードは、どのプログラマーもいつかは必ず解決しなければならない問題だ。しかし、開発者にとってはコードを正しく動かすことが最も重要な課題であって、効率化はそのあとの問題だ。計算を一度だけ行い、結果が一刻を争うものでなければ遅いコードでも構わない。ドナルド・クヌースは次のように言っている——「小さな効率性については97％の時間帯で忘れるべきだ。時期尚早の効率化はすべての悪の根源である［23］」。

　私たちが書くすべてのプログラムは正確で、持続可能で、効率的であるのが理想的だ。この聖杯状態には最終的には到達するかもしれないが、最初から得られるものではない。一般に、プログラマーはまずは正しい結果を得ることに集中し、それが達成できたら実行時間の短縮に取りかかるべきである。コードの持続可能性と効率性はときとして相反することもある。どちらが重要かはビジネス要件による。

　Rには実行スピードを上げる方法がいくつかある。まずはより良いコードを書くことだ。より良いという言葉は相対的な言葉で、ある言語では速く思えるものがRでも必ず速いとは限らない。この代表例がforループである。次のRコードは実行するのに時間がかかる。

```
sum_with_loop_in_r <- function(max_value) {
  sum <- 0
  for(i in 1:max_value) {
    sum <- sum + i
  }
  return(sum)
}
```

次の例はベクトルを使ったものだが、こちらのほうがはるかに速い。

```
sum_with_vectorization_in_r = function(max_value) {
  numbers <- as.double(1:max_value)
  return(sum(numbers))
}
```

Rコードの評価

2つのコードの実行速度の違いをテストするにはmicrobenchmarkライブラリーを使う。

```
library(microbenchmark)
microbenchmark(loop = sum_with_loop_in_r(1e5),
  vectorized = sum_with_vectorization_in_r(1e5))

## Unit: microseconds
## expr          min        lq        median
## loop          57615.323 59424.740 60992.7720
## vectorized    260.602   273.673   286.5495

## uq         max        neval
## 89608.441  96694.469  100
## 294.236    414.349    100
```

ベクトルを使った場合、forループよりもおよそ213倍速いことが分かる。

Rはインタープリター型言語なので、基本的にコンパイルは不要だが、compilerパッケージを使ってRの特定の関数の実行スピードを上げることができる。このパッケージについては詳しくは、http://homepage.stat.uiowa.edu/~luke/R/compiler/compiler.pdf を参照してもらいたい。コンパイラーはRのバージョン2.13.0から使用可能にな

った。

```
compiled_sum_with_loop_in_r <- cmpfun(sum_with_loop_in_r)

microbenchmark(loop = sum_with_loop_in_r(1e5),
  compiled = compiled_sum_with_loop_in_r(1e5),
  vectorized = sum_with_vectorization_in_r(1e5))

## Unit: microseconds
## expr          min        lq         median
## loop          56746.652  58343.8945 60602.445
## compiled      4688.146   4758.6770  4892.246
## vectorized    249.457    273.8635   284.050

##   uq          max        neval
##   86599.9875  96736.750  100
##   5498.9710   46484.009  100
##   292.3135    473.927    100
```

コンパイルしたものはforループよりも速いが、ベクトルを使ったものよりは遅い。cmpfun()は特効薬ではないのだ。事前にコンパイルされた関数や、コンパイル言語で書かれた関数にcmpfun()を適用しても、スピードアップにはつながらない。

Rcppによる高速化

次のC++の関数は実行速度がはるかに速い。

```
long sum = 0;
for(long i = 1; i <= max_value; ++i) {
  sum = sum + i;
}
return sum;
```

```
    return sum;
}
```

　Rの枠組みでは、Rの関数をFortran、C、C++で書くことで実行速度が速くなる。書いた関数はあとからRのなかで呼び出すことができる。詳しくは「Writing R Extensions」ドキュメントを参照してもらいたい（http://cran.r-project.org/doc/manuals/R-exts.html）。しかし、このアプローチはそれほど簡単ではない。FortranやCでRを書く方法については少しだけ説明するにとどめる。

　その代わりにここではRcppライブラリーを使う。これはダーク・エッデルブエッテルとロマン・フランシスによって書かれたもので、彼らが管理している。Rcppの関連情報については、http://dirk.eddelbuettel.com/code/rcpp.html を参照してもらいたい。フランシスは最近、このパッケージのRcpp11バージョンをリリースした。その詳細とリンクについては、http://blog.r-enthusiasts.com/ を参照してもらいたい。また、ハドリー・ウィッカムによるチュートリアルは、http://adv-r.had.co.nz/Rcpp.html からアクセス可能だ。

　Rcppを使えばRの関数をC++で簡潔に書くことができる。そのコードをRで呼び出すことも簡単だ。ユーザーはC APIの内部の働きを気にする必要はない。

　Rの標準インストールに含まれる関数のほとんどは、Fortran、C、C++といったコンパイル言語で書かれている。関数名をRコンソールに入力し、Rコード以外に何も現れなければ、その関数はRで書かれていることが分かる。しかし、.C、.Call、.Fortran、.External、.Internal、.Primitiveといった言葉が現れたら、その関数はコンパイル言語で書かれているということになる。

　.Internal()を呼び出す関数は以下のとおりである。

```
lapply
## function (X, FUN, ...)
## {
##   FUN <- match.fun(FUN)
##   if (!is.vector(X) || is.object(X))
##       X <- as.list(X)
##       .Internal(lapply(X, FUN))
## }
```

lapply()のコードを見ると、Rのなかで別の言語で書かれたコードを呼び出すことが可能であることが分かる。ここからが楽しい部分だ。次は、Rで利用できるC++関数の作り方を見てみよう。

設定
1. あなたのマシンにC++コンパイラーがインストールされていることを確認する。この設定については以下を参照してもらいたい。
   http://dirk.eddelbuettel.com/code/rcpp/Rcpp-FAQ.pdf
   https://www.rstudio.com/ide/docs/packages/prerequisites
   　ウィンドウズの場合、コマンドラインツールとMinGWコンパイラーを利用するには、Rtoolsパッケージ（Rtoolsパッケージは元々はブライアン・リプリーが作成したものだが、現在はダンカン・マードックが管理している。関連するインストールファイルとリリースノートについては、http://cran.r-project.org/bin/windows/Rtools/ を参照のこと）をインストールする必要がある。
2. Rcppパッケージとその従属物をインストールする。

これでRで使えるC++コードを書く準備が整った。ここでは関数cppFunction()とsourceCpp()を使う。cppFunction()はインラインC++コードを書くのに使い、sourceCpp()は外部.cppファイルを参照するのに使う。

```
library(Rcpp)

# Create a C++ function
cppFunction('
  long add_cpp(long max_value) {
    long sum = 0;
    for(long i = 1; i <= max_value; ++i) {
     sum = sum + i;
    }
    return sum;
  }'
)
```

この関数の仕様は以下のとおりである。

```
add_cpp
## function (max_value)
## .Primitive(".Call")(<pointer: 0x10f52fbb0>, max_value)
```

関数がコンパイルされたので、この関数はほかのR関数と同じように使える。

```
add_cpp(1e5)
## [1] 5000050000
```

ミクロベンチマーク・テストは、C++コードの実行効率性を検証するものだ。

```
microbenchmark(loop = sum_with_loop_in_r(1e5),
   compiled = compiled_sum_with_loop_in_r(1e5),
   vectorized = sum_with_vectorization_in_r(1e5),
   compiled_cpp = add_cpp(1e5))
```

```
## Unit: microseconds
##  expr              min         lq          median
##  loop              73049.461   76640.5945  79635.8810
##  compiled          7359.040    7487.9655   7795.9125
##  vectorized        804.773     932.9285    1031.9695
##  compiled_cpp      79.573      88.2615     98.9385

##  uq          max         neval
##  80676.6600  94618.174   100
##  12101.8610  135353.743  100
##  1373.8565   2148.409    100
##  105.2440    135.781     100
```

C++コードのほうがRのループよりも800倍以上速い。これはR環境のなかでコンパイル言語を使おうとしている私たちにとってはエキサイティングなニュースだ。この性能測度を見ると、スピードはもはやRユーザーにとって懸念対象にはならないことが分かる。スピードを必要とする「不可欠な」機能がC++で書けるのである。

Rコードを使ってC++関数をインラインで書けば非常に効率的だが、C++コードを別々のファイルに保存しておけばもっと分かりやすくなる。sourceCpp()は外部の.cppファイルを取り込むためのパッケージだ。

例えば、次のような.cppファイルがあるとしよう。

```
#include <Rcpp.h>
using namespace Rcpp;

// [[Rcpp::export]]
long add_2_cpp(long max_value) {
  long sum = 0;
  for(long i = 1; i <= max_value; ++i) {
    sum = sum + i;
  }
```

```
  return sum;
}
```

sourceCpp()はまず関数をコンパイルして、Rの等価な関数を同じ名前で作成し、それをR環境のなかに取り込む（http://adv-r.had.co.nz/Rcpp.html を参照）。

```
sourceCpp('path/add_2_file.cpp')

add_2_cpp(100)
## [1] 5050
```

RInsideを使ってC++からRを呼び出す

時にはC++プログラムからRの関数を直接呼び出さなければならないこともある。RInsideは、「APIを組み込んだRの周辺に抽象レイヤーを設け、アプリケーション内のRインスタンスに簡単にアクセスできるようにするパッケージだ。さらに、Rcppによって提供されたクラスにより、RとC++の間でのデータのやり取りが簡単になる[18]」。

C++で書かれたRコードをコンパイルして実行する例は、エッデルブエッテルの著書で紹介されている。以下はその例の1つを示したものだ。

```
#include <RInside.h>

int main(int argc, char *argv[]) {
  // create an embedded R instance
  RInside R(argc, argv);
```

```
    // assign a char* (string) to "txt"
    R["txt"] = "Hello, world!\n";

    // eval the init string, ignoring any returns
    R.parseEvalQ("cat(txt)");

    exit(0);
}
```

testthatによる単体テスト

　テストは開発者が避けて通りたいと思うものだ。テストは退屈な仕事とみなされ、何か新しいもののように思われがちだ。しかし、そうではない。私がプログラミングの流れのなかでテスト駆動アプローチを使い始めてから、生産性は向上し、プログラムのバグの数も減少した。テスト駆動開発（詳しくは、http://www.agiledata.org/essays/tdd.html を参照のこと）は、必要条件というよりも、考え方と言ったほうがよいだろう。基本的な考え方は以下のとおりである。

1．概念的には、プログラムを多数の小さなモジュールに分解する。各モジュール（関数）に1つのことをうまくやらせる。
2．各関数の失敗するテストを書く。
3．すべてのテストを実行する。テストはすべて失敗する。
4．この機能を実装するコードを書く。
5．再びテストをする。今度は成功しなければならない。
6．テストを常に成功させ、コードの改善を図る。

　Rで最もよく使われるテストパッケージはRUnitとtestthatだ。testthatもハドリー・ウィッカムが開発したもので、詳しくは、http://adv-r.had.co.nz/Testing.html を参照してもらいたい。

第11章 スピード、検証、レポートの作成

testthatを使った例を見てみよう。この例では、価格ベクトルが与えられたと仮定して、対数リターンを計算する。上記のレシピに従えば、まず関数の骨組みを書いて、失敗するテストを書く。

```
# Define function
convert_to_returns <- function(prices) {
  return(9)
}
```

これが失敗するテストのコードだ。関数context()は関連する関数をグループにまとめる。関数test_that()は予想される挙動を1つにまとめる。テストはexpect_キーワードから始まる。

```
require(testthat)

# Group related functionality together with context()
context("Price to log-return conversion")

# Define the expectations using expect_that()
test_that("convert_to_returns produces the correct values", {

  # For these inputs
  input_prices <- c(100, 101, 102, 103, 99)

  # Expect these outputs
  expected_returns <- c(0.009950331,
    0.009852296, 0.009756175, -0.039609138)

  # Verify the expectation of equality
  expect_equal(expected_returns,
    convert_to_returns(input_prices))
})
```

このテストを実行した結果は以下のとおりである。

```
## Error: Test failed: 'convert_to_returns produces
## the correct values'
## Not expected: expected_returns not equal to
## convert_to_returns(input_prices)
## Numeric: lengths (1, 4) differ.
```

関数を1つ追加して、今度はテストを成功させる。

```
# Define function
convert_to_returns <- function(prices) {
  return(diff(log(prices)))
}
```

テストを実行してもエラーは出ない。ここで、2を下回る長さの価格をチェックし、この条件が発生したときに適切なエラーメッセージを出す関数を追加する。しかし、最初はテストは失敗させる必要がある。

```
# Verify the error message
input_prices <- c(100)
msg <- "Not enough price entries."

expect_message(msg, convert_to_returns(input_prices))
## Error: expected_message no messages shown
```

この問題をチェックする関数を書く。

```
# Function with corner case check
convert_to_returns <- function(prices) {
  if(length(prices) < 2) {
    message("Not enough price entries.")
  }
```

```
   return(diff(log(prices)))
}
```

　さまざまなシナリオや予測をテストすることができる。テストの完全リストについては、http://adv-r.had.co.nz/Testing.html を参照してもらいたい。テストを実行する1つの方法は、ソースファイルを別に作成し、次のコマンドを実行する。

```
test_file("example_test_file.r")
```

knitrを使ってレポートを作成する

　これまではデータを処理、分析、可視化するRスクリプトを書くことに集中的に取り組んできた。これによって、どういった流れで問題を解決していくのかというワークフローというものが理解できたはずだ。ワークフローとは、クオンツや開発者が調査をよりやりやすくし、結果を簡単に再現し、発見したことを興味のある人に公開するためのタスクを実行するためのシステマティックな方法だ。ワークフローは次のステップからなる。

1. 特定のトレード戦略や市場のミクロ構造的イベントに関する仮説を立てる。
2. その仮説を検証するのに必要なデータを収集する。
3. データの変換、処理、フィルタリングを行う。
4. フィルタリングしたデータで演算を行うためのコードを書く。
5. 結果を視覚化し、サマリー統計量を作成する。

　最後のステップは、重要な結果を正確かつ効率的に再現することだ。

外部観察者は他人の主張を適時に正確に再現できなければならない。こうして科学は進歩してきた。このプロセスを容易に行うにはどうすればよいだろうか。

観察者は元のデータや、グラフや表、分析結果を生成したプログラムにアクセスする必要があるだろう。現在、学術界や業界では、プログラム、データ、ドキュメンテーションは公表された最終結果と緊密に結びつかない。莫大な科学出版物からこれらの要素の一部、あるいは時にはすべてを取得するというのは非常に難しい。

データ、プログラム、ドキュメンテーションが結果と緊密に結びつかないことはなぜ問題なのだろうか。表や図を研究提案として提出する必要のある研究者を考えてみよう。問題が複雑化するにつれ、これらの要素を正しく分類し、トラッキングすることは難しくなる。その研究者が複数の研究プロジェクトを抱えているとしたらどうなるだろうか。それらのプロジェクトのリソースをすべて管理することは困難になるはずだ。さらに、元のデータが変化すると、別の問題が発生する。分析を再び行わなければならず、分析を繰り返すごとにグラフ、表、結果は違ってくるだろう。

これらの問題を解決する1つの方法は、それらのデータをプログラムに取り込み、そのプログラムをドキュメンテーションに埋め込むことである。これを可能にしてくれるのがknitrパッケージだ。イーフイ・シェー（knitrの開発者）はRコードをLaTeXやマークダウン形式と関連付ける便利な方法を提供してくれた。LaTeXやマークダウンは見栄えのする.pdfドキュメントや.htmlドキュメントを作成する人気の高いスクリプト型のメタ言語だ。knitrの素晴らしいところは、RスクリプトをLaTeXやマークダウンコードのなかに埋め込むことができる点である。

ステップは次のとおりである。

1. RコードとLaTeXまたはマークダウンを含む.rnwファイルを作成する。
2. pdfLatexを使って.rnwファイルを.texおよび.pdfドキュメントにコンパイルする。

これらのステップはRStudio（https://www.rstudio.com/）を使えば簡単に行える。もちろん、Rコンソールからコマンドを入力してもよい。しかし、RStudioを使ったほうが作業をスムーズに進めることができる。RStudioはRのための統合開発環境（IDE）で、http://www.rstudio.com/ide/download/ から無料でダウンロードできる。使用しているOSによっては、適切なバージョンのLaTeXコンパイラーをインストールしなければならないこともある。ウィンドウズ用のLaTeXコンパイラー（MikeTeX）は、http://miktex.org/download から、マック用（MacTeX）は、http://www.tug.org/mactex/ からダウンロードできる。手順は以下のとおりである。

1. RStudioを開いて、コンソールに次のコマンドを入力してknitrパッケージをインストールする。
   入力するコマンド　　install.packages("knitr"); require(knitr)
2. ［Tools］→［Options］→［Sweave］をクリックして、knitrおよびpdfLaTeXを選択する。
3. RStudioでは、［File］→［New］→［R Sweave］をクリックする。
4. .rnwドキュメントが終了したら、compile PDFボタンをクリックしてそれを.pdfドキュメントにコンパイルする。

次のGithubリポジトリーにはknitrの使い方についてのいろいろな例が紹介されている（https://github.com/yihui/knitr-examples/）。そのうちの1つを見てみよう。

図11.1　knitrとpdflatexの設定

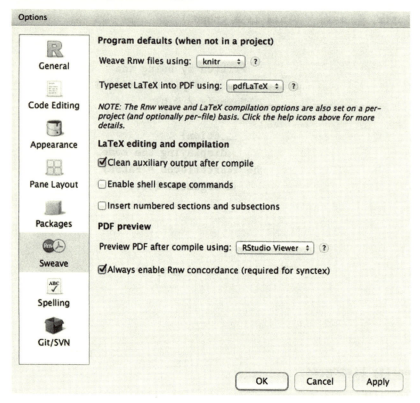

```
\documentclass{article}
\usepackage[T1]{fontenc}

\begin{document}

This is an example LaTeX document with some embedded
R code woven in for convenience.

<<foo, fig.height = 4>>=
x = 1:10
y = x ^ 2
```

```
plot(x, y, main = "This is a graph")
@

Inline expressions can be written by using the
\verb|\Sexpr{}| convention, e.g. $\pi=\Sexpr{pi}$
and \Sexpr{2.3492e7} and \Sexpr{x / 2.0}.

\subsection*{A different subsection}
We can insert graphs without displaying the code.
This can be done using the \texttt{echo = FALSE}
command within the code chunk argument list.

<<foo2, fig.height = 3, echo = FALSE>>=
x = 1:10
y = x ^ 3
plot(x, y, main = "This is a second graph")
@

Any R code can be run within the code chunks
provided by knitr. This next example loads up
\texttt{ggplot2}, and the code creates a nice looking
density histogram.

<<foo3, fig.height = 6, tidy = FALSE >>=
require(ggplot2)
my_data = data.frame(returns = c(0.03, 0.04, 0.05,
  0.032, 0.01, 0.23, 0.4, 0.05, 0.066, 0.5),
  stock = c("SPY", "CVX", "CVX", "SPY",
  "XOM", "XOM", "CVX", "SPY", "SPY", "XOM"))

ggplot(my_data, aes(x = returns, fill = stock)) +
  geom_density(alpha = 0.2)
@
\end{document}
```

図11.2と図11.3は.rnwファイルをpdfLaTexを使ってコンパイルしたときの.pdf出力例を示したものだ。

図11.2 pdfドキュメントの出力例

これはRコードを埋め込んだLaTeXのドキュメント例

x=1:10
y=x^2
plot(x,y,main="This is a graph")

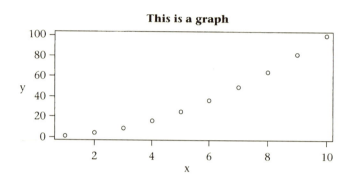

インライン表現は\Sexpr()を使って書くことができる。例えば、3.1416、2.3492×10^7、0.5, 1, 1.5, 2, 3, 3.5, 4, 4.5, 5など。

縮小グラフ

引数としてecho=FALSEを指定すれば、コードを表示することなくグラフを挿入することができる。

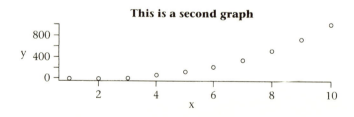

どんなRコードもknitrのコード片のなかで実行することができる。次の例はggplot2をロードし、濃度ヒストグラムを作成するためのものだ。

1

図11.3 pdfとggplot2プロット

require (ggplot2)

Loading required package: ggplot2

my_data = data.frame (returns = c(0.03, 0.04, 0.05, 0.032, 0.01,
     0.23, 0.4, 0.05, 0.066, 0.5),
   stock = c ("SPY", "CVX", "CVX", "SPY", "XOM",
    "XOM", "CVX", "SPY", "SPY", "XOM"))

ggplot (my_data, aes (x=returns, fill=stock)) +
 geom_density (alpha = 0.2)

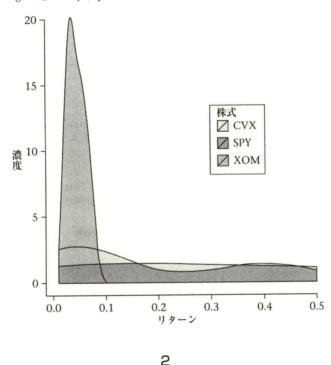

2

まとめ

本章では、Rプログラミングに本気で取り組もうとするRプログラマーたちが知っておくべき3つの概念——実行速度とRとC++の相

互運用性、単体テストによるコードの検証、コードとLaTeXやマークダウンを組み合わせることによるリサーチの再現性——について議論した。実行の効率化は、「より良い」コードを書くことと、RcppやRcpp11といったパッケージを使うことで達成できる。RとC++の相互運用性については少しだけ触れたが、これにはRInsideパッケージを使うことを推奨した。またRInsideパッケージを使うことで、RをC++から直接呼び出すこともできる。異なるコードの実行時間をmicrobenchmarkパッケージを使って比較した結果、特定のタイプの問題に関しては、C++アプローチのほうがはるかに速いことが分かった。またコードの検証はtestthatを使って行った。RとLaTeXを含む.pdf文書は、knitrパッケージとRStudioを使って作成することができる。

参考資料

[1] Clenow A.F. *Following the trend: diversified managed futures trading*. Wiley Trading. Wiley, New York, 2012.
[2] Ferdinando Ametrano and Luigi Ballabio. Quantlib - a free/open-source library for quantitative finance, 2003.
[3] Clenow Andreas. Twelve months momentum trading rules - part 2. http://www.followingthetrend.com/2014/03/improving-the-free-trend-following-trading-rules/, March 2014.
[4] Pfaff B. *Analysis of Integrated and Cointegrated Time Series with R*. Springer, New York, second edition, 2008. ISBN 0-387-27960-1.
[5] Johnson Barry. *Algorithmic Trading and DMA: An introduction to direct access trading strategies*. 4Myeloma Press, February 2010.
[6] Ripley Brian D. *Spatial statistics*. Wiley-Interscience, Hoboken, NJ, 2004.
[7] Bacon Carl R. *Practical portfolio performance: measurement and attribution*. Wiley finance. Wiley, Chichester, England, 2nd edition, 2008.
[8] Bartholomew Daniel. *Getting started with MariaDB*. Packt Publishing, Birmingham, UK, 2013.
[9] Ardia David, Ospina Arango Juan, and Gomez Norman Giraldo. Jump-diffusion calibration using Differential Evolution. *Wilmott Magazine*, 55:76–79, 2011.
[10] Ardia David, Mullen Katharine M., Peterson Brian G., and Joshua Ulrich. DEoptim: *Differential Evolution in R*, 2013. version 2.2-2.
[11] Ardia David, Boudt Kris, Carl Peter, Mullen Katharine M., and Peterson Brian G. Differential Evolution with DEoptim: An application to non-convex portfolio optimization. *The R Journal*, 3(1):27–34, 2011.
[12] Smith David. Fast and easy data munging, with dplyr. http://blog.revolutionanalytics.com/2014/01/fast-and-easy-data-munging-with-dplyr.html.
[13] Belsley David A. and Kontoghiorghes Erricos John. *Handbook of computational econometrics*. Wiley, 2009.
[14] James David A. and DebRoy Saikat. Package rmysql. http://cran.r-project.org/web/packages/RMySQL/RMySQL.pdf, July 2014.
[15] Tyler David E. A short course on robust statistics. http://www.rci.rutgers.edu/~dtyler/ShortCourse.pdf, July 2014.
[16] Kwiatkowski Denis and Philips Peter C. B. Testing the null hypothesis of stationarity against the alternative of a unit root. *Journal of Econometrics*, 54:159–178, 1991.
[17] Derryberry DeWayne R. *Basic data analysis for time series with R*. Wiley, 2014.
[18] Eddelbuettel Dirk. *Seamless R and C++ integration with RCPP*. Springer, New York, 2013.
[19] Eddelbuettel Dirk. Rcpp overview. http://dirk.eddelbuettel.com/code/rcpp.html, July 2014.
[20] Eddelbuettel Dirk and Francois Romain. Rcpp: Seamless R and C++ integration. *Journal of Statistical Software*, 40(8):1–18, 2011.
[21] Eddelbuettel Dirk and Francois Romain. RInside: *C++ classes to embed R in C++ applications*, 2014. R package version 0.2.11.

[22] Chance Don. A brief history of derivatives. http://husky1.stmarys.ca/~gye/derivativeshistory.pdf, July 2014.
[23] Knuth Donald E. Structured programming with go to statements. *ACM Comput. Surv.*, 6(4):261–301, December 1974.
[24] Zimmerman Donald W., Zumbo Bruno D., and Williams Richard H. Bias in estimation and hypothesis testing of correlation. *Psicologica*, 24:133–158, 2003.
[25] Zivot Eric and Wang Jiahui. *Modeling financial time series with S-plus.* Springer, New York, NY, 2nd edition, 2006.
[26] Chan Ernie. How useful is order flow and vpin? http://epchan.blogspot.com/2013/10/how-useful-is-order-flow-and-vpin.html, October 2013.
[27] Black Fischer and Scholes Myron S. The Pricing of Options and Corporate Liabilities. *Journal of Political Economy, University of Chicago Press*, 81(3):637–54, May-June 1973.
[28] James Gareth, Witten Daniela, Hastie Trevor, and Tibshirani Robert. *An Introduction to Statistical Learning: with Applications in R.* Springer Texts in Statistics. Springer New York, 2014.
[29] A.K.I.I. Gary, J.U. Schluetter, and H. Brumfield. Click based trading with intuitive grid display of market depth, August 3, 2004. US Patent 6,772,132.
[30] Henry Gary T. *Practical Sampling.* SAGE Publications, Inc., 1990.
[31] Box George E. P. and Draper Norman Richard. *Empirical model-building and response surfaces.* Wiley, New York, 1987.
[32] Mirai Solutions GmbH. Xlconnect 0.2-0. http://www.r-bloggers.com/xlconnect-0-2-0/, July 2012.
[33] Mirai Solutions GmbH. Package xlconnect. http://cran.r-project.org/web/packages/XLConnect/XLConnect.pdf, July 2014.
[34] CME Group. Leading products q1 2014. http://www.cmegroup.com/education/files/cme-group-leading-products-2014-q1.pdf.
[35] CME Group. Growth of cme globex platform: A retrospective. *CME Group*, page 2, 2012.
[36] CME Group. Daily exchange volume and open interest. *CME Group*, 2014.
[37] Zaner Group. A study in platform volume. *CME Group*, page 2, 2010.
[38] Lebanon Guy. Bias, variance, and mse of estimators. http://www.cc.gatech.edu/~lebanon/notes/estimators1.pdf.
[39] Yollin Guy. R tools for portfolio optimization. http://www.rinfinance.com/RinFinance2009/presentations/yollin_slides.pdf, April 2009.
[40] Wickham Hadley. *ggplot2: elegant graphics for data analysis.* Springer New York, 2009.
[41] Wickham Hadley. testhat: Get started with testing. *The R Journal*, 3/1, June 2011.
[42] Wickham Hadley. Advanced r. http://adv-r.had.co.nz/, July 2014.
[43] Wickham Hadley. Tidy data. *The Journal of Statistical Software*, Submitted.
[44] Wickham Hadley and Francois Romain. Introduction to dplyr. http://cran.rstudio.com/web/packages/dplyr/vignettes/introduction.html.
[45] Wickham Hadley and Francois Romain. *dplyr: dplyr: a grammar of data manipulation*, 2014. R package version 0.2.
[46] Allaire J. Rstudio and inc. (2014), rmarkdown: R markdown document conversion, r package. github.com/rstudio/rmarkdown, 2014.
[47] Maindonald J. H. and Braun John. *Data analysis and graphics using R: an example-based approach*, volume 10 of *Cambridge series in statistical and probabilistic mathematics.* Cambridge University Press, 3rd edition, 2010.

[48] Humme Jan and Peterson Brian G. Using quantstrat to evaluate intraday trading strategies. http://www.rinfinance.com/agenda/2013/workshop/Humme+Peterson.pdf, 2013.
[49] Ryan Jeffrey A. and Ulrich Joshua M. *xts: eXtensible Time Series*, 2013. R package version 0.9-7.
[50] Knight J.L. and Satchell S. *Forecasting Volatility in the Financial Markets*. Butterworth-Heinemann Finance. Butterworth-Heinemann, 2002.
[51] Weisenthal Joe. The story of the first-ever options trade in recorded history. http://www.businessinsider.com/the-story-of-the-first-ever-options-trade-in-recorded-history-2012-3, March 2012.
[52] Fox John and Weisberg Sanford. *An R companion to applied regression*. SAGE Publications, Thousand Oaks, CA, 2nd edition, 2011.
[53] Miyamoto John. Demo 02-1: Using r to think about bayesian inference. https://faculty.washington.edu/jmiyamot/p548/demo02-1.p548.w14.pdf, July 2014.
[54] Mount John. Frequentist inference only seems easy. http://www.win-vector.com/blog/2014/07/frequenstist-inference-only-seems-easy/, July 2014.
[55] O'Connor John J. and Robertson Edmund F. The mactutor history of mathematics archive. http://www-history.mcs.st-and.ac.uk/.
[56] Kruschke John K. *Doing bayesian data analysis: a tutorial with R and BUGS*. Academic Press, Burlington, MA, 2011.
[57] Cornelissen Jonathan, Boudt Kris, and Payseur Scott. *highfrequency: highfrequency*, 2013. R package version 0.2.
[58] Ulrich Joshua. How can i view the source code for a function? http://stackoverflow.com/questions/19226816/how-can-i-view-the-source-code-for-a-function, October 2013.
[59] Ulrich Joshua. *TTR: Technical Trading Rules*, 2013. R package version 0.22-0.
[60] Mullen Katharine, Ardia David, Gil David, Windover Donald, and Cline James. DEoptim: An R package for global optimization by differential evolution. *Journal of Statistical Software*, 40(6):1–26, 2011.
[61] Price Kenneth and Storn Rainer. Differential evolution (de) for continuous function optimization. http://www1.icsi.berkeley.edu/~storn/code.html, July 2014.
[62] Price Kenneth V., Storn Rainer M., and Lampinen Jouni A. *Differential Evolution - A Practical Approach to Global Optimization*. Natural Computing. Springer-Verlag, January 2006. ISBN 540209506.
[63] Andrey N. Kolmogorov. *Foundations of the Theory of Probability*. Chelsea Pub Co., 2 edition, June 1960.
[64] Boudt Kris, Cornelissen Jonathan, and Payseur Scott. Highfrequency: Toolkit for the analysis of highfrequency financial data in r. http://cran.r-project.org/web/packages/highfrequency/vignettes/highfrequency.pdf, July 2014.
[65] Connors L.A. and Alvarez C. *Short Term Trading Strategies that Work: A Quantified Guide to Trading Stocks and ETFs*. Tradingmarkets Publishing Group, 2009.
[66] Torgo Luis. *Data mining with R: learning with case studies*. Chapman and Hall/CRC data mining and knowledge discovery series. Chapman and Hall/CRC, Boca Raton, FL, 2011.
[67] Tierney Luke. A byte code compiler for r. http://homepage.stat.uiowa.edu/~luke/R/compiler/compiler.pdf, March 2012.
[68] Lang Mabel L. *Life, death, and litigation in the Athenian Agora*, volume no. 23. American School of Classical Studies at Athens, Princeton, NJ, 1994.
[69] Blais Marcel and Protter Philip. Signing trades and an evaluation of the leeready algorithm. *Annals of Finance*, 8(1):1–13, 2012.

[70] Bogard Matt. Regression via gradient descent in r. http://econometricsense.blogspot.gr/2011/11/regression-via-gradient-descent-in-r.html, July 2014.
[71] Golder Matt and Golder Sona. Lecture 8: Estimation. https://files.nyu.edu/mrg217/public/lecture8_handouts.pdf, July 2014.
[72] Dowle Matthew. Introduction to the data.table package in r. http://cran.r-project.org/web/packages/data.table/vignettes/datatable-intro.pdf, February 2014.
[73] Kuhn Max and Johnson Kjell. *Applied predictive modeling*. Springer, New York, 2013.
[74] Way Michael J. *Advances in machine learning and data mining for astronomy*. Chapman and Hall/CRC data mining and knowledge discovery series. Chapman and Hall/CRC, 2012.
[75] Naguez Naceur and Prigent Jean-Luc. Kappa performance measures with johnson distributions. *International Journal of Business*, 16(3):210, 2011.
[76] Sommacal Nicola Sturaro. Read excel file from r. http://www.milanor.net/blog/?p=779, July 2013.
[77] Ross Noam. Faster! higher! stronger! - a guide to speeding up r code for busy people. http://www.noamross.net/blog/2013/4/25/faster-talk.html, April 2013.
[78] Matloff Norman S. *The art of R programming: tour of statistical software design*. No Starch Press, San Francisco, 2011.
[79] Valavanes Panos and Delevorrias Angelos. *Great moments in Greek archaeology*. J. Paul Getty Museum, Los Angeles, CA, 2007.
[80] Teetor Paul. *25 recipes for getting started with R*. O'Reilly Media, Beijing, 1st ed edition, 2011.
[81] Teetor Paul. *R cookbook*. O'Reilly, Beijing, 1st edition, 2011.
[82] Cowpertwait Paul S. P. and Metcalfe Andrew V. *Introductory time series with R*. Use R! Springer, Dordrecht, 2009.
[83] Carl Peter and Peterson Brian G. *PerformanceAnalytics: Econometric tools for performance and risk analysis*, 2013.
[84] Diggle Peter and Chetwynd Amanda. *Statistics and scientific method: an introduction for students and researchers*. Oxford University Press, 2011.
[85] Roy Peter V. Programming paradigms for dummies: What every programming paradigms for dummies: What every programmer should know. http://www.info.ucl.ac.be/~pvr/VanRoyChapter.pdf.
[86] Spector Phil. *Data manipulation with R*. Springer, New York, 2008.
[87] Qusma. Equity curve straightness measures. http://qusma.com/2013/09/23/equity-curve-straightness-measures/, September 2013.
[88] R Core Team. *R: A Language and Environment for Statistical Computing*. R Foundation for Statistical Computing, Vienna, Austria, 2014.
[89] Subba Rao, T., Subba Rao, S., and Radhakrishna Rao C. *Time series analysis: methods and applications*, volume v. 30 of *Handbook of statistics*. North Holland, Amsterdam, 1st edition, 2012.
[90] Rebonato Riccardo. *Volatility and correlation: the perfect hedger and the fox*. J. Wiley, Chichester, West Sussex, England, 2nd edition, 2004.
[91] Becker Richard A. and Chambers John M. *S: An interactive environment for data analysis and graphics*. Wadsworth Advanced Book Program, Belmont, CA, 1984.
[92] Bookstaber Richard M. *A demon of our own design: markets, hedge funds, and the perils of financial innovation*. J. Wiley, Hoboken, NJ, 2007.
[93] Becker Rick. A brief history of s. *ATT Bell Laboratories*, 11, 1994.

[94] Peng Roger D. Interacting with data using the filehash package. *The Newsletter of the R Project*, 6/4, 2006.
[95] Winston Rory. Newton's method in r. `http://www.theresearchkitchen.com/archives/642`, July 2014.
[96] Ihaka Ross and Gentleman Robert. R: A language for data analysis and graphics. *Journal of Computational and Graphical Statistics*, 5(3):299–314, 1996.
[97] Tsay Ruey S. *Analysis of financial time series*. Wiley series in probability and statistics. Wiley, Cambridge, MA, 3rd edition, 2010.
[98] Higginbottom Ryan. Introduction to scientific typesetting. lesson 12: Verbatim text and drawing in latex. `http://www2.washjeff.edu/users/rhigginbottom/latex/resources/lecture12.pdf`, January 2012.
[99] Jeffrey A. Ryan. *quantmod: Quantitative Financial Modeling Framework*, 2013. R package version 0.4-0.
[100] Meyers Scott. *Effective STL: 50 specific ways to improve your use of the standard template library*. Addison-Wesley, Boston, 2001.
[101] Meyers Scott. *Effective C++: 55 specific ways to improve your programs and designs*. Addison-Wesley, Upper Saddle River, NJ, 3rd edition, 2005.
[102] Ao Sio-Iong, Rieger Burghard B., and Amouzegar Mahyar A. *Advances in machine learning and data analysis*, volume 48 of *Lecture notes in electrical engineering*. Springer Science+Business Media, Dordrecht, 2010.
[103] Prata Stephen. *C++ primer plus*. Addison-Wesley, Upper Saddle River, NJ, 6th ed edition, 2012.
[104] R Core Team. R language definition. `http://cran.r-project.org/doc/manuals/r-devel/R-lang.pdf`.
[105] Stan Development Team. Rstan: the r interface to stan, version 2.3. `http://mc-stan.org/rstan.html`, 2014.
[106] Stan Development Team. Stan; a c++ library for probability and sampling, version 2.3. `http://mc-stan.org`, 2014.
[107] Andersen Torben G. *Handbook of financial time series*. Springer, Berlin, 2009.
[108] Hastie Trevor, Tibshirani Robert, and Friedman Jerome. H. *The elements of statistical learning: data mining, inference, and prediction*. Springer series in statistics. Springer, New York, 2nd edition, 2009.
[109] Durden Tyler. Here is how high frequency trading hurts everyone. http://www.zerohedge.com/news/2014-02-20/here-how-high-frequency-trading-hurts-everyone, February 2014.
[110] Zoonekynd Vincent. Optimization. http://zoonek.free.fr/blosxom/R/2012-06-01_Optimization.html, July 2014.
[111] Venables W. N. and Ripley Brian D. *Modern applied statistics with S*. Springer, New York, 4th edition, 2002.
[112] Brainerd Walter S. and Landweber Lawrence H. *Theory of computation*. Wiley, New York, 1974.
[113] Wikipedia. Agora—Wikipedia, the free encyclopedia. `http://en.wikipedia.org/wiki/Agora`, July 2014.
[114] Wikipedia. Basel committee on banking supervision—Wikipedia, the free encyclopedia. `wikipedia.org/wiki/Basel_Committee_on_Banking_Supervision`, July 2014.
[115] Wikipedia. Bayes theorem—Wikipedia, the free encyclopedia. `http://en.wikipedia.org/wiki/Bayes'_theorem`, July 2014.
[116] Wikipedia. Black scholes model—Wikipedia, the free encyclopedia. `http://en.wikipedia.org/wiki/Black-Scholes_model`, July 2014.

[117] Wikipedia. Central limit theorem—Wikipedia, the free encyclopedia. http://en.wikipedia.org/wiki/Central_limit_theorem, July 2014.
[118] Wikipedia. Cftc—Wikipedia, the free encyclopedia. http://en.wikipedia.org/wiki/Commodity_Futures_Trading_Commission, August 2014.
[119] Wikipedia. Checking whether a coin is fair—Wikipedia, the free encyclopedia. http://en.wikipedia.org/wiki/Checking_whether_a_coin_is_fair, July 2014.
[120] Wikipedia. Chicago board of trade—Wikipedia, the free encyclopedia. http://en.wikipedia.org/wiki/Chicago_Board_of_Trade, July 2014.
[121] Wikipedia. Fama-french three-factor model—Wikipedia, the free encyclopedia. http://en.wikipedia.org/wiki/Fama%E2%80%93French_three-factor_model, July 2014.
[122] Wikipedia. Frequentist probability—Wikipedia, the free encyclopedia. http://en.wikipedia.org/wiki/Frequentist_probability, July 2014.
[123] Wikipedia. Gaussmarkov theorem—wikipedia, the free encyclopedia, 2014. [Online; accessed 13-September-2014].
[124] Wikipedia. Hello world programs—Wikipedia, the free encyclopedia. http://en.wikipedia.org/wiki/List_of_Hello_world_program_examples, July 2014.
[125] Wikipedia. Jensen's inequality—wikipedia, the free encyclopedia, 2014. [Online; accessed 13-September-2014].
[126] Wikipedia. Law of large numbers—Wikipedia, the free encyclopedia. http://en.wikipedia.org/wiki/Law_of_large_numbers, July 2014.
[127] Wikipedia. Markdown—Wikipedia, the free encyclopedia. http://en.wikipedia.org/wiki/Markdown, July 2014.
[128] Wikipedia. Omega ratio—Wikipedia, the free encyclopedia. http://en.wikipedia.org/wiki/Omega_ratio, July 2014.
[129] Wikipedia. Operational risk—Wikipedia, the free encyclopedia. wikipedia.org/wiki/Operational_risk, July 2014.
[130] Wikipedia. Option (finance)—Wikipedia, the free encyclopedia. http://en.wikipedia.org/wiki/Option_(finance), July 2014.
[131] Wikipedia. Pairs trade—Wikipedia, the free encyclopedia. http://en.wikipedia.org/wiki/Pairs_trade, July 2014.
[132] Wikipedia. Posix—wikipedia, the free encyclopedia, 2014. [Online; accessed 13-September-2014].
[133] Wikipedia. Principal component analysis—wikipedia, the free encyclopedia, 2014. [Online; accessed 14-September-2014].
[134] Wikipedia. Probability axioms—Wikipedia, the free encyclopedia. http://en.wikipedia.org/wiki/Probability_axioms, July 2014.
[135] Wikipedia. Probability interpretations—wikipedia, the free encyclopedia, 2014. [Online; accessed 13-September-2014].
[136] Wikipedia. Program / optimization—Wikipedia, the free encyclopedia. http://en.wikipedia.org/wiki/Program/optimization, July 2014.
[137] Wikipedia. Programming paradigm—Wikipedia, the free encyclopedia. http://en.wikipedia.org/wiki/Programming_paradigm, July 2014.
[138] Wikipedia. Rank correlation—Wikipedia, the free encyclopedia. en.m.wikipedia.org/wiki/Rank_correlation, July 2014.
[139] Wikipedia. Sec—Wikipedia, the free encyclopedia. http://en.wikipedia.org/wiki/Securities_and_Exchange_Commission, August 2014.
[140] Wikipedia. Sharpe ratio—Wikipedia, the free encyclopedia. wikipedia.org/wiki/Sharpe_ratio, July 2014.

[141] Wikipedia. Test driven development—Wikipedia, the free encyclopedia. `http://en.wikipedia.org/wiki/Test-driven_development`, July 2014.
[142] Wikipedia. Ulcer index—Wikipedia, the free encyclopedia. `wikipedia.org/wiki/Ulcer_index`, July 2014.
[143] Wikipedia. Unbiased estimation of standard deviation—Wikipedia, the free encyclopedia. `http://en.wikipedia.org/wiki/Unbiased_estimation_of_standard_deviation`, July 2014.
[144] Wikipedia. Vpin—Wikipedia, the free encyclopedia. `http://en.wikipedia.org/wiki/VPIN`, July 2014.
[145] Xie Yihui. *Dynamic Documents with R and knitr*. Chapman and Hall/CRC, Boca Raton, Florida, 2013. ISBN 978-1482203530.
[146] Xie Yihui. *knitr: A general-purpose package for dynamic report generation in R*, 2014. R package version 1.6.
[147] Xie Yihui. knitr reference card. `http://cran.at.r-project.org/web/packages/knitr/vignettes/knitr-refcard.pdf`, May 2014.
[148] Ross Zev. Four reasons why you should check out the r package dplyr. http://zevross.com/blog/2014/03/26/four-reasons-why-you-should-check-out-the-r-package-dplyr-3/.

■著者紹介
ハリー・ゲオルガコプロス（Harry Georgakopoulos）
シカゴのプロップファームでクオンツトレーダーとして勤務するかたわら、ロヨラ大学で数量ファイナンスの非常勤講師も勤める。2007年から高頻度トレーディングの世界でクオンツとして活躍。それ以前はモトローラやアンドリュー・コーポレーションで、RFエンジニアとして移動通信技術用マイクロ波送受信機の設計・テストを行っていた。専門は先物、株式、オプションの自動化トレードシステムの研究開発。シカゴ大学で金融数学の修士号を修得。電気工学の修士号も持っている。

■監修者紹介
長尾慎太郎（ながお・しんたろう）
東京大学工学部原子力工学科卒。北陸先端科学技術大学院大学・修士（知識科学）。日米の銀行、投資顧問会社、ヘッジファンドなどを経て、現在は大手運用会社勤務。訳書に『魔術師リンダ・ラリーの短期売買入門』『新マーケットの魔術師』（いずれもパンローリング、共訳）、監修に『高勝率トレード学のススメ』『ラリー・ウィリアムズの短期売買法【第2版】』『コナーズの短期売買戦略』『コナーズRSI入門』『アメリカ市場創世記』『ウォール街のモメンタムウォーカー』『FX 5分足スキャルピング』『グレアム・バフェット流投資のスクリーニングモデル』『勘違いエリートが真のバリュー投資家になるまでの物語』（いずれもパンローリング）など、多数。

■訳者紹介
山下恵美子（やました・えみこ）
電気通信大学・電子工学科卒。エレクトロニクス専門商社で社内翻訳スタッフとして勤務したあと、現在はフリーランスで特許翻訳、ノンフィクションを中心に翻訳活動を展開中。主な訳書に『EXCELとVBAで学ぶ先端ファイナンスの世界』『リスクバジェッティングのためのVaR』『ロケット工学投資法』『投資家のためのマネーマネジメント』『高勝率トレード学のススメ』『勝利の売買システム』『フルタイムトレーダー完全マニュアル』『新版 魔術師たちの心理学』『資産価値測定総論1、2、3』『テイラーの場帳トレーダー入門』『ラルフ・ビンスの資金管理大全』『テクニカル分析の迷信』『タープ博士のトレード学校 ポジションサイジング入門』『アルゴリズムトレーディング入門』『クオンツトレーディング入門』『スイングトレード大学』『コナーズの短期売買実践』『ワン・グッド・トレード』『FXメタトレーダー4 MQLプログラミング』『ラリー・ウィリアムズの短期売買法【第2版】』『損切りか保有かを決める最大逆行幅入門』『株式超短期売買法』『プライスアクションとローソク足の法則』『トレードシステムはどう作ればよいのか 1 2』『トレードコーチとメンタルクリニック』『トレードシステムの法則』『トレンドフォロー白書』『スーパーストック発掘法』『出来高・価格分析の完全ガイド』『アメリカ市場創世記』『ウォール街のモメンタムウォーカー』『グレアム・バフェット流投資のスクリーニングモデル』（以上、パンローリング）、『FORBEGINNERSシリーズ90 数学』（現代書館）、『ゲーム開発のための数学・物理学入門』（ソフトバンク・パブリッシング）がある。

2016年1月2日　初版第1刷発行

ウィザードブックシリーズ ㉛

Rとトレード
――確率と統計のガイドブック

著　者	ハリー・ゲオルガコプロス
監修者	長尾慎太郎
訳　者	山下恵美子
発行者	後藤康徳
発行所	パンローリング株式会社
	〒160-0023　東京都新宿区西新宿7-9-18-6F
	TEL 03-5386-7391　FAX 03-5386-7393
	http://www.panrolling.com/
	E-mail　info@panrolling.com
編　集	エフ・ジー・アイ（Factory of Gnomic Three Monkeys Investment）合資会社
装　丁	パンローリング装丁室
組　版	パンローリング制作室
印刷・製本	株式会社シナノ

ISBN978-4-7759-7200-7

落丁・乱丁本はお取り替えします。
また、本書の全部、または一部を複写・複製・転訳載、および磁気・光記録媒体に
入力することなどは、著作権法上の例外を除き禁じられています。

本文　©Emiko Yamashita／図表　© Pan Rolling　2016 Printed in Japan

キース・フィッチェン

先物市場向けのテクニカルなトレードシステムの開発に25年以上にわたって携わり、その間、自らもこれらのシステムで活発にトレードしてきた。1986年、最高のメカニカルシステムの1つと言われるアベレイションを開発。アベレイションは1993年に市販され、それ以来『フューチャーズ・トゥルース』誌の「史上最高のトレードシステムトップ10」に4回仲間入りを果たした。

ウィザードブックシリーズ217

トレードシステムの法則

定価 本体7,800円+税　ISBN:9784775971864

利益の出るトレードシステムの開発・検証・実行とは

トレーダブルな戦略とは自分のリスク・リワード目標に一致し、リアルタイムでもバックテストと同様のパフォーマンスが得られる戦略のことを言う。カーブフィッティングから貪欲まで、さまざまな落とし穴が待ち受けているため、トレーダブルな戦略を開発するのは容易なことではない。しかし、正しい方法で行えば、トレーダブルな戦略を開発することは可能である。

目次

第1章 トレーダブルな戦略とは何か
第2章 バックテストと同様のパフォーマンスを示す戦略を開発する
第3章 トレードしたい市場で最も抵抗の少ない道を見つける
第4章 トレードシステムの要素──仕掛け
第5章 トレードシステムの要素──手仕舞い
第6章 トレードシステムの要素──フィルター
第7章 システム開発ではなぜマネーマネジメントが重要なのか
第8章 バースコアリング──新たなトレードアプローチ
第9章 「厳選したサンプル」のワナに陥るな
第10章 トレードの通説
第11章 マネーマネジメント入門
第12章 小口口座のための従来のマネーマネジメントテクニック──商品
第13章 小口口座のための従来のマネーマネジメントテクニック──株式
第14章 大口口座のための従来のマネーマネジメントテクニック──商品
第15章 大口口座のための従来のマネーマネジメントテクニック──株式
第16章 株式戦略と商品戦略を一緒にトレードする

ジョージ・プルート

フューチャーズ・トゥルースCTAの研究部長、『フューチャーズ・トゥルース』編集長。メカニカルシステムの開発、分析、実行およびトレーディング経験25年。1990年、コンピューターサイエンスの理学士の学位を取得、ノースカロライナ大学アッシュビル校卒業。数々の論文を『フューチャーズ』誌や『アクティブトレーダー』誌で発表してきた。『アクティブトレーダー』誌の2003年8月号では表紙を飾った。

ウィザードブックシリーズ211

トレードシステムはどう作ればよいのか 1

定価 本体5,800円+税　ISBN:9784775971789

トレーダーは検証の正しい方法を知り、その省力化をどのようにすればよいのか

売買システム分析で業界随一のフューチャーズ・トゥルース誌の人気コーナーが本になった！　システムトレーダーのお悩み解消します！　検証の正しい方法と近道を伝授！
われわれトレーダーが検証に向かうとき、何を重視し、何を省略し、何に注意すればいいのか──それらを知ることによって、検証を省力化して競争相手に一歩先んじて、正しい近道を見つけることができる！

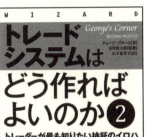

ウィザードブックシリーズ212

トレードシステムはどう作ればよいのか 2

定価 本体5,800円+税　ISBN:9784775971796

トレーダーが最も知りたい検証のイロハ

ケリーの公式とオプティマルfとの関係、短期バイアスの見つけ方、CCIとほかのオシレーター系インディケーター、エクセルのVBAによるシステムの検証とトレード、タートルシステムの再考、2つの固定比率ポジションサイジング、トレンドは依然としてわれわれの友だちか、フューチャーズ・トゥルースのトップ10常連システム、パラメーターはどう設定すればいいのか、など。

ブレント・ペンフォールド

フルタイムのトレーダーであり、教育者、公認アドバイザーでもある。1983年にバンク・オブ・アメリカのディーラーから仕事を始めた。今日では通貨と世界の株価指数のトレーディングを専門としている。ベストセラーになった『トレーディング・ザ・SPI』の著者であり、J・アトキンソンの電子ブックではオーストラリアの株式市場の魔術師と紹介されている。

ウィザードブックシリーズ183

システムトレード 基本と原則
トレーディングで勝者と敗者を分けるもの

定価 本体4,800円+税　ISBN:9784775971505

大成功しているトレーダーには「ある共通項」があった!!

本書は勝者と敗者を分かつトレーディング原則を明確に述べる。トレーディングは異なるマーケット、異なる時間枠、異なるテクニックに基づく異なる銘柄で行われることがある。だが、成功しているすべてのトレーダーをつなぐ共通項がある。トレーディングで成功するための普遍的な原則だ。

目次

- 第1章 現実と向き合う
- 第2章 トレーディングの手順
- 第3章 原則1──準備
- 第4章 原則2──自己啓発
- 第5章 原則3──トレーディングスタイルを作る
- 第6章 原則4──トレードを行う市場を選ぶ
- 第7章 原則5──3本の柱
- 第8章 資金管理
- 第9章 売買ルール
- 第10章 心理
- 第11章 原則6──トレーディングを始める
- 第12章 一言アドバイス
- 第13章 最後に

- ●レイ・バロス
- ●マーク・D・クック
- ●マイケル・クック
- ●ケビン・デイビー
- ●トム・デマーク
- ●リー・ゲッテス
- ●ダリル・ガッピー
- ●リチャード・メルキ
- ●ジェフ・モーガン
- ●グレゴリー・L・モリス
- ●ニック・ラッジ
- ●ブライアン・シャート
- ●アンドレア・アンガー
- ●ラリー・ウィリアムズ
- ●ダール・ウォン

リシ・K・ナラン

短期クオンツアルファ戦略を専門とする代替投資運用会社であるテレシス・キャピタル LLC の創設者兼社長。サンタ・バーバラ・アルファ・ストラテジーズ社では役員および共同ポートフォリオマネジャーを務め、1999年から2002年まではクオンツヘッジファンド、トレードワークス社の共同創設者兼社長を務めた。カリフォルニア大学バークレー校・経済学部卒。

ウィザードブックシリーズ171

クオンツトレーディング入門
規律と秩序で戦略を自動化するための手法

定価 本体4,800円+税　　ISBN:9784775971383

「ブラックボックス」は「クリアボックス」だった!?

クオンツトレーディング戦略はまたの名を「ブラックボックス」ともいい、説明が難しく、理解しづらいというのが世間一般の見方だ。確かにこのアプローチにはある程度の複雑さはある。しかし、正しいガイダンスに従えば、障害を乗り越え、この分野で秀でることも不可能ではない。難しい数式などは一切使わず、実例や役立つエピソードをふんだんに織り込んだ本書は、普通の人にも理解しやすい。

あなたの「知りたい」に答えます

- クオンツはどのようにしてアルファを獲得するのか
- 理論駆動型システムとデータマイニング戦略の違い
- クオンツはリスクをどのようにモデル化するのか
- クオンツトレーディングから投資全般について何を学ぶことができるのか

この数年における厳しい市場環境と、ヘッジファンドやクオンツファンドを取り巻く否定的な見方を考えると、クオンツトレーディングの実態を理解することが今ほど必要とされているときはない。本書で提供した枠組みは、クオンツ戦略への理解を高め、成功するクオンツ戦略を見分け、自分のポートフォリオにクオンツ戦略をどのように組み込むべきかを理解する一助となり、投資プロセスのパフォーマンスを向上させるための良き水先案内人となるだろう。

ラルフ・ビンス

トレーディング業界へは歩合制外務員として入り、のちには大口の先物トレーダーやファンドマネジャーのコンサルタント兼プログラマーを務める。著書には『投資家のためのマネーマネジメント』（パンローリング）、DVDに『世界最高峰のマネーマネジメント』（パンローリング）などがある。ケリーの公式を相場用に改良したオプティマルfによって黄金の扉が開かれた。

オプティマルfの生みの親

ウィザードブックシリーズ151

ラルフ・ビンスの資金管理大全

定価 本体12,800円+税　ISBN:9784775971185

どんな手法にも
最適なマネーマネジメントが存在する

最適なポジションサイズとリスクでリターンを最大化する方法。リスクとリターンの絶妙なさじ加減で、トントンの手法を儲かる戦略に変身させる!!!
資金管理のすべてを網羅した画期的なバイブル！
基本的な数学法則とコントロール不可能なリスクを伴う一連の結果を扱うときに、これらの数学法則がわれわれにどのような影響を及ぼすのか。

 資産を最大限に増やす
ラルフ・ビンスの
マネーマネジメントセミナー

定価 本体100,000円+税　ISBN:9784775962442

中長期トレンドフォローシステムの公開

スペース・レバレッジモデル（資金管理モデル）の公開
↓
オリジナルソフト提供

オプティマルfで定期性リスク率を一般に公表したラルフが次に開発した資金管理モデル。本セミナー参加者だけに公表される数学やプログラムの知識がなくても活用できる資金管理プログラム。

ジョン・R・ヒル

システム検証人

トレーディングシステムのテストと評価を行う業界最有力ニュースレター『フューチャーズ・トゥルース（Futures Truth）』の発行会社の創業者社長。株式専門テレビCNBCのゲストとしてたびたび出演するほか、さまざまな投資セミナーの人気講師でもある。オハイオ州立大学で化学工学の修士号を修得。

ウィザードブックシリーズ54
究極のトレーディングガイド

定価 本体4,800円+税　ISBN:9784775970157

全米一の投資システム分析家が明かす「儲かるシステム」

この『究極のトレーディングガイド』は多くのトレーダーが望むものの、なかなか実現できないもの、すなわち適切なロジックをベースとし、安定した利益の出るトレーディングシステムの正しい開発・活用法を教えてくれる。最近のトレードの爆発的な人気を背景に、多くのトレーダーはメカニカル・トレーディングシステムを使いたいと思っている。その正しい使い方をマスターすれば、これほど便利なツールはほかにない。

ウィザードブックシリーズ113
勝利の売買システム

定価 本体7,800円+税　ISBN:9784775970799

『究極のトレーディングガイド』の著者たちが贈る世界ナンバーワン売買ソフト徹底活用術

ラリーウィリアムズを含む売買システム開発の大家16人へのインタビューも掲載。イージーランゲージにはこんなこともできる！

機能面ばかりが強調され、その機能を徹底活用しようというアイデアについてはあまり聞かれないのが悩みの種だった。この悩みを完全に解消しようとしたのが、システムトレードの第一人者ジョージ・プルートとジョン・ヒルによる本書だ。

トーマス・ストリズマン

アクティブ・トレーダー誌の上級編集者で、トレーディングコンサルタント。また業界内では、数々のセミナーやカンファレンスでも引っ張りだこで、以前はフューチャーズ誌に寄稿していた。1997年にシカゴに移住する前は、スウェーデンでウエブサイトによるトレーディングのコンサルティングを行い、スウェーデン・テクニカルアナリシス連盟の委員長を務めていた。

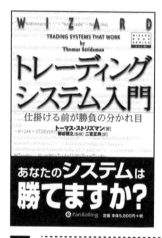

ウィザードブックシリーズ42

トレーディングシステム入門

定価 本体5,800円+税　ISBN:9784775970034

仕掛ける前に勝負はすでに決着がついているのです!

巨額のマネーを動かす機関投資家であろうと、ポケットマネーの身銭を切って戦う個人投資家であろうと、成功と失敗の分かれ目は、結局、あなたが構築したトレーディングシステムにかかっている。あなたのトレーディングの運命を任せるに足るシステムと考え抜かれた戦略的トレーディングシステムの設計方法について、すべてを網羅した画期的書籍!

目次

第1部 パフォーマンスの評価
- 第1部 パフォーマンスの評価
- 第1章 パフォーマンスの測定
- 第2章 より効果的な指標
- 第3章 先物のデータ

第2部 システムのコンセプト
- 第5章 データマイニング
- 第6章 トレードすべきか、しないべきか
- 第7章 トレンドに従う

第3部 手仕舞い
- 第8章 効率的なトレード
- 第9章 スイーニーのMAE(最大逆行幅)とMFE(最大順行幅)
- 第10章 長期の手仕舞いテクニックの追加
- 第11章 ランダムな仕掛けのポイント

第4部 高確率フィルター
- 第12章 フィルタリング
- 第13章 長期のボラティリティ・フィルター
- 第14章 トレンドを創造するもの

第5部 資金管理とポートフォリオ構成
- 第15章 資金管理
- 第16章 ポートフォリオの構成
- 第17章 信頼性の構築

ウィザードブックシリーズ 11

売買システム入門
相場金融工学の考え方→作り方→評価法

定価 本体7,800円+税　ISBN:9784939103315

日本初！ これが「勝つトレーディング・システム」の全解説だ！

本書では、高名なシステム開発者であるトゥーシャー・シャンデが、トレーディング上のニーズに即した「実際的な」システムの構築法を示している。システムを構築・運用する手助けをするために、シャンデは基本原理から最新技術までをここで取り上げている。本書は見やすいように図表や数々の例を用いて、トレードの基本、新しいシステム、資金残高曲線分析、マネーマネジメント、データスクランブルなどについて、深く言及した日本初の投資書籍である。簡潔かつ完璧な本書を読めば、基本概念から実際の運用までシステムデザインを作り上げる過程の複雑さがよく分かる。コンピューターを利用する投資家には必須の書籍である。

現代の錬金術師シリーズ 121

Rubyではじめる
システムトレード
「使える」プログラミングで検証ソフトを作る

定価 本体2,800円+税　ISBN:9784775991282

プログラミングのできるシステムトレーダーになる!! 絶対金持ちになってやる!!

本書は、「どうにかして株で儲けたい」という人のために書かれた。そのトレードで勝つためには、極力感情を排除することが重要だ。そのために、明確なルールに従って機械的に売買する「システムトレード」がどうも有効らしい。しかし、プログラミングが壁になって二の足を踏んでしまう。そういう人たちのために、自分の手を動かし、トレードアイデアをプログラムで表現する喜びを味わってもらおうとして書いたのが本書の一番の目的だ。さあ、あなたも、株で金持ちになってみませんか。

関連書籍

FXメタトレーダー入門
著者：豊嶋久道

定価 本体2,800円+税　ISBN:9784775990636

リアルタイムのテクニカル分析からデモ売買、指標作成、売買検証、自動売買、口座管理まで！ FXトレード・売買プログラミングを真剣に勉強しようという人に最高級の可能性を提供。

FXメタトレーダー実践プログラミング
著者：豊嶋久道

定価 本体2,800円+税　ISBN:9784775990902

メタトレーダーの潜在能力を引き出すためには、メタトレーダーと「会話」をするためのプログラム言語「MQL4」の習得が求められる。強力なプログラミング機能をできるだけ多く紹介。

FXメタトレーダー4&5 一挙両得プログラミング
著者：豊嶋久道

定価 本体2,800円+税　ISBN:9784775991251

MT4ユーザーのためのMT5システムトレード。本書オリジナルライブラリーでメタトレーダー4の自動売買プログラムをバージョン5に簡単移行！

FXメタトレーダー4 MQLプログラミング
著者：アンドリュー・R・ヤング

定価 本体2,800円+税　ISBN:9784775971581

メタエディターを自由自在に使いこなす！ MQL関数徹底解説！ 自動売買システムの実例・ルールが満載。《特典》付録の「サンプルプログラム」がダウンロードできる！

ローレンス・A・コナーズ

TradingMarkets.com の創設者兼 CEO(最高経営責任者)。1982年、メリル・リンチからウォール街での経歴をスタートさせた。著書には、リンダ・ブラッドフォード・ラシュキとの共著『魔術師リンダ・ラリーの短期売買入門(ラリーはローレンスの愛称)』(パンローリング)などがある。

ウィザードブックシリーズ169

コナーズの短期売買入門

定価 本体4,800円+税　ISBN:9784775971369

時の変化に耐えうる短期売買手法の構築法

さまざまな市場・銘柄を例に見ながら、アメリカだけではなく世界で通用する内容を市場哲学や市場心理や市場戦略を交えて展開していく。トレード哲学は「平均値への回帰」である。その意味は単純に、行きすぎたものは必ず元に戻る──ということだ。それを数値で客観的に示していく。
世の中が大きく変化するなかで、昔も儲って、今も変わらず儲かっている手法を伝授。

> マーケットの達人である
> ローレンス・コナーズとセザール・アルバレスが
> 何十年もかけて蓄えた
> マーケットに関する知恵がぎっしり詰まっている

ウィザードブックシリーズ197

コナーズの短期売買戦略

定価 本体4,800円+税　ISBN:9784775971642

機能する短期売買戦略が満載

株式市場に対するユニークかつ簡潔な見方を示した本書には、個人のトレーダーやプロのトレーダー、投資家、資産運用会社、それにマーケットの動きをもっと詳しく知りたいと望む人すべてにとって、必要な情報がこの1冊にコンパクトにまとめられている。本書は、主として株式市場の短期の値動きに焦点を当てているが、紹介した売買戦略はより長期的な投資に対してもうまく機能することが証明されている。

ウィザードブックシリーズ180
コナーズの短期売買実践

定価 本体7,800円+税　ISBN:9784775971475

短期売買とシステムトレーダーのバイブル！

自分だけの戦略や戦術を考えるうえでも、本書を読まないということは許されない。トレーディングのパターンをはじめ、デイトレード、マーケットタイミングなどに分かれて解説された本書は、儲けることが難しくなったと言われる現在でも十分通用するヒントや考え方、システムトレーダーとしてのあなたの琴線に触れる金言にあふれている。

ウィザードブックシリーズ221
コナーズRSI入門

定価 本体7,800円+税　ISBN:9784775971895

勝率が80％に迫るオシレーター！

日本のトレーダーたちに圧倒的な支持を得続けている『魔術師リンダ・ラリーの短期売買入門』（パンローリング）の共著者であるローレンス・コナーズは、今なお新しい戦略やシステムやオシレーターを編み出すのに余念がない。また、それらをすぐに公開するトレーダーにとっての「救世主」である。

ウィザードブックシリーズ1
魔術師リンダ・ラリーの短期売買入門

定価 本体28,000円+税　ISBN:9784939103032

ウィザードが語る必勝テクニック

日本のトレーディング業界に衝撃をもたらした一冊。リンダ・ラシュキとローレンス・コナーズによるこの本は、当時進行していたネット環境の発展と相まって、日本の多くの個人投資家とホームトレーダーたちに経済的な自由をもたらした。裁量で売買することがすべてだった時代に終わりを告げ、システムトレードという概念を日本にもたらしたのも、この本とこの著者2人による大きな功績だった。

ウィザードブックシリーズ216
高勝率システムの考え方と作り方と検証

定価 本体7,800円+税　ISBN:9784775971833

あふれ出る新トレード戦略と新オシレーターとシステム開発の世界的権威！

新しいオシレーターであるコナーズRSIに基づくトレードなど、初心者のホームトレーダーにも理解しやすい戦略が満載されている。